Flughafen München

Lufthansa
D-AIXK

Flughafen München

Horst Jahnke

Vom Flugfeld der Pioniere zum internationalen Verkehrsflughafen

INHALT

GRUSSWORT

Drei Jahrzehnte ist es nun her, dass am 17. Mai 1992 die ersten Passagiere vom neuen Münchner Flughafen München aus zu ihren Reisezielen in aller Welt starteten. Der Flughafen München empfing seine Gäste damals in nur einem Terminal, das in seinen vier Abflug- und fünf Ankunftsbereichen ganz auf kurze Wege und schnelle Abfertigungsprozesse ausgerichtet war. Das noch recht überschaubare Angebot an Restaurants und Einzelhandelsgeschäften deckte vorwiegend den unmittelbaren Reisebedarf – Hotels, Tagungsmöglichkeiten, Arztpraxen und viele andere heute selbstverständliche Serviceeinrichtungen waren zu diesem Zeitpunkt noch kein Bestandteil der Münchner Flughafenwelt. Dennoch markierte bereits der erste Betriebstag des neuen Airports einen echten Quantensprung für den Münchner Luftverkehr, denn die weitsichtig und großzügig geplante neue Infrastruktur brachte Münchens Airport mit einem Schlag architektonisch und technologisch in die erste Reihe der internationalen Verkehrsflughäfen und bot im Hinblick auf künftige Erweiterungen alle Optionen.

Ausgangspunkt für den Bau des neuen Flughafens waren Entwicklungen der späten 1950er- und frühen 1960er-Jahre gewesen, die den Verantwortlichen vor Augen geführt hatten, dass der stadtnahe Flughafen München-Riem langfristig keine Entwicklungsmöglichkeiten bot. Folgerichtig wurden mit dem auf der grünen Wiese geplanten neuen Airport die Voraussetzungen dafür geschaffen, dass der Flughafen sich binnen kurzer Zeit zu einem der führenden europäischen Luftverkehrsdrehkreuze entwickeln konnte.

Horst Jahnke schildert die bewegte Münchner Flughafenhistorie sowie die spannende Genese und Weiterentwicklung des Münchner Flughafens in dem vorliegenden Band in eindrucksvoller Weise. Als Mitarbeiter der Unternehmenskommunikation der Flughafen München GmbH hat der Autor »seinen« Flughafen 34 Jahre lang aus nächster Nähe begleitet. Mit großer Detailkenntnis und erkennbarer Luftfahrtleidenschaft zeichnet der Autor den Weg von den Pionieren der Fliegerei bis zu den globalen Airline-Allianzen der Gegenwart aus der Flughafenperspektive nach. Damit lädt Horst Jahnke, der während seiner aktiven Flughafenzeit auch viele Jahre für die Flugzeug-Oldtimer im Besucherpark verantwortlich war, alle Leser zu einem höchst informativen historischen Rundflug durch mehr als 100 Jahre Münchner Luftfahrtgeschichte ein.

Jost Lammers
Vorsitzender der Geschäftsführung
der Flughafen München GmbH

Titelbild: Terminal 2 des Münchner Flughafens in der Abenddämmerung | Michael Fritz, Flughafen München

Bild Seite 2: Ein Airbus A350-900 der Lufthansa startet am Flughafen München. | Michael Fritz, Flughafen München

VORWORT

Die Geschichte der Münchner Flughäfen ist eng angelehnt an die Geschichte der zivilen Luftfahrt, an die Entwicklung von Verkehrsflugzeugen von den selbstgebastelten Flugapparaten der Aviatiker auf dem Flugfeld von Puchheim in den Anfangsjahren der Fliegerei bis hin zu den besonders energieeffizienten Flugzeugen des Typs Airbus A350, die heute auf dem internationalen Verkehrsflughafen in München eingesetzt werden. Immer mussten die Flughäfen den jeweiligen Anforderungen des Luftverkehrs angepasst werden. Immer waren sie zu klein und mussten ausgebaut, erweitert oder verlegt werden.

Die Entwicklung der Verkehrsluftfahrt verlief stürmisch und einzelne Flugzeugtypen markieren Zeitabschnitte: die Erprobung der Otto-Doppeldecker auf dem Exerzierplatz Oberwiesenfeld, die Anfangsjahre der Verkehrsluftfahrt mit der spartanisch ausgestatteten Junkers F13 in den 1920er-Jahren in Schleißheim, mit der zuverlässigen Junkers Ju 52 auf dem Oberwiesenfeld, die den Streckenausbau der 1930er- und 1940er-Jahren erst ermöglichte und die Zeit glamourösen Reisens mit Propellerflugzeugen wie Convair, DC-3 und Super Constellation vom Flughafen Riem der 50er-Jahre. Schließlich die Ankunft der ersten Düsenverkehrsflugzeuge vom Typ Boeing 707 Anfang der 60er-Jahre, die Zeit der Boeing 737 und des Airbus A320 in den 70er- und 80er-Jahren bis hin zu den Großraumflugzeugen Boeing 747 und Airbus A380 am neuen Flughafen München.

Flugzeuge wurden größer und immer leistungsfähiger, konnten bei jedem Wetter fliegen, Gebirge überwinden, Ozeane überqueren, eine größere Reichweite erzielen, bis sie nach langer Entwicklungsgeschichte zum globalen Massenverkehrsmittel für Millionen von Passagieren wurden und die Verbindung herstellten zwischen Menschen und Kulturen, Märkten und Wirtschaftszentren.

Ähnlich spannend verlief die Entwicklung der Flughäfen, von Graspisten mit einfachen Holzbaracken und primitiven Abfertigungseinrichtungen der Anfangsjahre in Oberwiesenfeld und Schleißheim, über den ersten »richtigen« Verkehrsflughafen mit einem komfortablen Terminal auf dem Oberwiesenfeld im Stadtgebiet von München bis hin zum Riemer Flughafen mit einer gut strukturierten Flughafenanlage am Stadtrand Münchens. Aber auch dieser Flughafen entsprach nicht mehr den Anforderungen des Luftverkehrs, mehrmals wurden die Start- und Landebahn verlängert, Gebäude erweitert, neue Hallen errichtet, bis der Flughafen aus allen Nähten platzte. Nach der Entscheidung, den Flughafen an einen neuen Standort zu verlegen, sollte fast ein Vierteljahrhundert vergehen, bis der neue Flughafen, rund 30 Kilometer vom Münchner Stadtzentrum entfernt, am 17. Mai 1992 eröffnet werden konnte.

Ein langer Weg von einem überschaubaren City Airport bis zu einer Airport City, einer hocheffizienten Verkehrsanlage, die dem Fluggast von heute alle erdenklichen Annehmlichkeiten bietet, mit Hotels, ansprechenden Geschäften und einladender Gastronomie. Doch neue Anforderungen werden gestellt, zukunftsweisende Technologien zur Verbesserung der Ökobilanz eingesetzt, weitere Ausbauten in Angriff genommen, neue Geschäftsfelder erschlossen und neue Quartiere eröffnet – der Flughafen München wird auch künftig im Wandel bleiben.

Hier soll der Bogen gespannt werden von den Anfängen der Fliegerei bis zur modernen Luftverkehrsdrehscheibe, eine Zeitreise zu den Münchner Flugplätzen mit vielen Stationen – 100 Jahre Luftverkehrsgeschichte im Überblick.

Horst Jahnke

PROLOG

DER SPEKTAKULÄRE BALLONAUFSTIEG DER MADAME REICHARD AUF DEM MÜNCHNER OKTOBERFEST 1820

ZUM OKTOBERFEST 1820 wurde in München Luftfahrtgeschichte geschrieben, als sich die »Aeronautin« Wilhelmine Reichard (1788–1848) vor Tausenden von Zuschauern am Nachmittag des 1. Oktober 1820 auf der Theresienwiese mit Hilfe eines Gasballons in die Luft erhob.

Wilhelmine Reichard (zeitgenössisch oft Reichhardt geschrieben) gilt als erste Ballonfahrerin Deutschlands und war mit dem Chemiker und Ballonfahrer Gottfried Reichard (1786–1844) verheiratet, der auch als Professor für Physik in Braunschweig wirkte. Öffentlichkeitswirksam unternahm Reichard insgesamt 17 Ballonaufstiege, die sie jeweils über Zeitungsanzeigen ankündigte, Tausende von Schaulustigen anlockte und für die zu dieser Zeit höchstspektakulären Ballonaufstiege Eintrittsgelder einnahm. »All ihre Aufstiege inszenierte sie mit kleinen Sensationen wie dem Start von Tauben oder dem Abwerfen von Gedichten aus der schwebenden Gondel heraus. Auch der Nachbereitung der Ballonaufstiege durch Vorträge, Presseveröffentlichungen oder Empfänge wurde größte Aufmerksamkeit geschenkt. Auf diese Art verdiente Reichard als »Berufs-Ballonfahrerin« einen Großteil der Mittel für die Finanzierung der chemischen Fabrik ihres Ehemanns.«[1]

Beim Oktoberfest 1820 stieg Wilhelmine Reichard am 1. Oktober 1820 auf der Münchner Theresienwiese erstmals mit einem Gasballon auf. | Bild: private Sammlung, gemeinfrei

Ebenfalls im Jahr 1820 unternahm Frau Reichard in Wien eine vielbeachtete Ballonfahrt.
Bild: picture-alliance/akg-images/Erich Lessing

»Die Ballonfahrt von Wilhelmine Reichardt war die Attraktion auf dem Oktoberfest von 1820. Zum zehnjährigen Jubiläum der Hochzeit von Ludwig und Therese wurde das Ehepaar Reichardt aus Dresden beauftragt, eine Luftschifffahrt auszurichten. Der Ballon wurde zwei Wochen lang im Rathaussaal ausgestellt, bevor Wilhelmine Reichardt am Nachmittag des 1. Oktober 1820 den Korb in einer altbayerischen Tracht bestieg. Vor den Augen des Königs und seiner Familie hob der Ballon von der Theresienwiese ab. Madame Reichardt landete unbeschadet in der Nähe von Zorneding, ein (mit einer Kutsche) vorbei kommender Fabrikant nahm sie wieder mit nach München.«[2]

Und sank ich aus den Wolken wieder
auf Bayerns Mutter Erde nieder,
So find ich Menschen treu und bieder,
im Handeln kräftig und voll Mark,
wie ihre Frauenthürme stark.

Aus dem Flugblatt von Madame Reichard,
abgeworfen über München im Jahr 1820

VON DEN ANFÄNGEN DER FLIEGEREI

IM SOMMER 1891 gelangen dem Flugpionier und Maschinenbauingenieur Otto Lilienthal vom »Windmühlenberg« im märkischen Derwitz bei Potsdam die ersten Gleitflüge mit dem von ihm konstruierten Flugapparat. Er hatte mit seinen Beobachtungen zum Vogelflug auch die theoretischen Grundlagen für die Nachahmung des Segelflugs der Vögel geschaffen, danach zahlreiche Flugmodelle entwickelt und praktisch erprobt.

Mit seinem selbstgebauten Eindecker »Nr. 21« startete der aus dem fränkischen Leutershausen stammende und nach Amerika ausgewanderte findige Tüftler und Konstrukteur Gustav Weißkopf am 14. August 1901 angeblich zum ersten erfolgreichen motorbetriebenen Flug, soll eine Flughöhe von bis zu 15 Metern erreicht und eine Flugstrecke von einer halben Meile (800 Meter) zurückgelegt haben.

Die ersten Motorflüge, die auch gut dokumentiert sind, gelangen den amerikanischen Brüdern Orville und Wilbur Wright. Orville Wright flog am 17. Dezember 1903 mit dem von ihm selbst konstruierten Flugapparat »Flyer I« am Strand von North Carolina 37 Meter weit, noch am gleichen Tag absolvierten er und sein Bruder Wilbur in den Dünen von Kitty Hawk drei weitere Flüge. Beim letzten flogen sie bereits über 250 Meter weit.

Am 12. November 1906 gelang dem Brasilianer Alberto Santos Dumont vor Publikum bei Paris der erste Rekord-Motorflug, im Motorflugzeug »14-bis« flog er eine Distanz von 220 Metern mit einer Dauer von 21,2 Sekunden.

Die Anfänge in Europa

Charles Voisin führte am 30. März 1907 den Erstflug mit dem nach ihm benannten Doppeldecker durch. Der Voisin Standard Doppeldecker sollte in Europa zum ersten erfolgreichen Flugzeugmodell werden, das nachgebaut und weiter modifiziert wurde. Am 25. Juli 1909 überquerte der Franzose Louis Blériot auf seinem Eindecker »Nr. XI« mit einem 28 PS Anzani-Motor den Ärmelkanal und löste damit in ganz Europa Begeisterung für die Fliegerei aus. Zahlreiche Flugzeugkonstrukteure tüftelten an neuen Flugapparaten, entwickelten die dafür geeigneten Flugmotoren und erprobten ihr Fluggerät. Abenteuerliche Flugapparate entstanden, angefangen von Gleitern mit durch die Arme betätigten Schwingen oder muskelbetriebenen Flugschrauben über Motorflugzeuge mit Dampfmaschinen- oder Gummimotorantrieb sowie Konstruktionen von Kastendrachen und Doppeldeckergleitern. In Europa fand ein reger Austausch zwischen den Flugpionieren statt und besonders in Frankreich wurden die Flüge tollkühner Piloten in ihren abenteuerlichen Kisten begeistert gefeiert.

Orville Wright gelang 1903 der erste Motorflug – ein »Luftsprung« von 37 Metern. | Zeitgenössische Postkarte, Sammlung Horst Jahnke

Sensationelle Flugvorführungen vor jubelndem Publikum: Hans Grade mit seinem Aeroplan in Berlin-Johannisthal. | Zeitgenössische Postkarte, Sammlung Horst Jahnke

Handkolorierte Freundschaftskarte aus Frankreich 1909. | Sammlung Horst Jahnke

Einer der ersten Flugpioniere in Frankreich: Maurice Colliex, »Maitre de l'Aviation«, am Steuer eines Voisin-Doppeldeckers, Vincennes, ca. 1908. | Sammlung Horst Jahnke

… und hierzulande

In Deutschland dauerte es noch bis zum Jahr 1908, bis die ersten Motorflüge stattfinden sollten: Hans Grade hob am 28. Oktober 1909 oder 2. November 1909, die Quellen widersprechen sich, in dem von ihm konstruierten Flugapparat »Libelle« zum ersten Motorflug in Deutschland ab. 8 Meter hoch und 60 Meter weit flog er, bis sein Dreidecker bei der Landung in den Elbwiesen bei Magdeburg zu Bruch ging.

Der Münchner Ingenieur Alois Wolfsmüller erprobte 1909 auf dem Lechfeld bei Landsberg einen Doppeldeckergleiter, in Darmstadt optimierte August Euler seinen Voisin-Doppeldecker und in Wien entwickelte Igo Etrich den ersten Nurflügler, die »Etrich-Taube«. In Konstanz experimentierte der Flugpionier Ernst Schlegel ab 1908 mit selbstgebauten Flugzeugen, konstruierte mit seinem Schweizer Freund Robert Züst die »Flugmaschine Schlegel-Züst«, mit der er auf dem Exerzierplatz des Konstanzer Regiments 114 kurze Geradeausflüge absolvierte. Später baute er zusammen mit Karl Grulich in Gotha einen Doppeldecker.

Ab 1908 beschäftigte sich auch Hugo Junkers mit Aerodynamik und Flugzeugbau. 1910 meldete Junkers den freitragenden, unverspannten Flügel zum Patent an und entwickelte ab 1915 mit seinem genialen Konstruktionskonzept eine Reihe von Ganzmetallflugzeugen, die die Luftfahrt revolutionieren sollten. Die erste verspannungslose flugfähige Junkers J1 absolvierte am 12. Dezember 1915 auf dem Flugplatz Döberitz den Erstflug. Später sollten im Junkers Flugzeugwerk in Dessau nach diesem Prototyp eine Serie von Erfolgsmodellen entstehen, wie etwa die Junkers F13 oder später die legendäre Ju 52.

In Griesheim gründete August Euler 1908 mit den Euler-Flugzeugwerken eine Fabrik für Motorflugzeuge und am 10. November des Jahres 1908 eröffnete Edmund Rumpler in Berlin das technische Konstruktionsbüro »Edmund Rumpler Luftfahrzeugbau«.

Fliegende Briefe

Neben den Luftschiffen des Grafen Zeppelin wurden die Flugzeuge als schnelles Transportmittel für Passagiere entdeckt, zunächst aber vor allem für den Austausch von Briefpost genutzt. August Euler beförderte in seinem Flieger, dem »Gelben Hund«, am 10. Juni 1912 die erste Luftpost zwischen Bork und Brück in Brandenburg. Wenig später, am 25. Juli 1912, flog Ernst Schlegel in Thüringen die erste Flugpost auf der Strecke von Gotha nach Erfurt. Der erste Postflug in Bayern fand am 5. Oktober 1912 statt, auf der Strecke vom Oberwiesenfeld nach Schleißheim wurde im Otto-Doppeldecker Briefpost befördert.

Überall begannen die Planungen, Flugplätze anzulegen. Im Herbst 1909 wurde Deutschlands erster Flugplatz, Berlin-Johannisthal, eingeweiht und wenig später hatte auch Bayern seinen ersten Flugplatz. ■

Die erste bayrische Flugpost. (Zu der nebenstehenden Abbildung.) Die Beförderung von Postsäcken durch Flugfahrzeuge ist in München die neueste Sensation. Der Klub für Aviatik in München war nämlich mit der Postdirektion in Verbindung getreten, um bei Überlandflügen Postsäcke zu einem bestimmten Landungsort mitzunehmen. Unser Bild zeigt den Otto-Doppeldecker des bekannten Piloten Baierlein, auf den gerade ein Postbeutel von 30 Kilogramm verladen wird. Der Mitfahrer ist Leutnant Demmel vom 13. Infanterie-Regiment.

Die erste bayrische Flugpost. Kester & Co., München.

Die erste bayerische Flugpost wurde am 5. Oktober 1912 auf der Strecke vom Oberwiesenfeld nach Schleißheim im Otto-Doppeldecker befördert. Zeitungsausschnitt von 1912. | Sammlung Horst Jahnke

In aller Munde war der Pilot Otto Lindpaintner als er 1910 die Festwiese des Oktoberfestes überflog. 1911 gelang ihm ein spektakulärer Flug zur Zugspitze. | Zeitgenössische Postkarte, Sammlung Horst Jahnke

PUCHHEIM, BAYERNS ERSTER FLUGPLATZ 1910 bis 1914

Das Flugfeld von Puchheim etwa im Jahr 1910. Im Hintergrund die Alpenkette und die Bahnlinie München-Lindau. | Zeitgenössische Postkarte, Sammlung Horst Jahnke

AUF DEM MÜNCHNER OBERWIESENFELD erprobte der luftfahrtbegeisterte Unternehmer und Konstrukteur Gustav Otto gemeinsam mit dem Flugzeugpionier Herbert Alberti ihren neu entwickelten Flugapparat, den Otto-Alberti-Doppeldecker. Für ihre Flüge nutzten sie im Einvernehmen mit dem bayerischen Militär das Exerziergelände am Oberwiesenfeld. Ein regelmäßiger Flugbetrieb war aber wegen der militärischen Nutzung des Oberwiesenfelds nur schwer möglich und so begann die Suche nach einem geeigneten Gelände für die Erprobung und Entwicklung neuer Flugapparate.

Im Jahr 1909 wurde von einflussreichen Mäzenen und flugbegeisterten Bürgern in München die »Akademie für Aviatik« gegründet, die sich zum Ziel gesetzt hatte, die Entwicklung der Luftfahrt zu fördern und dafür auch ein Terrain für Flugversuche zu finden. Die Akademie und allen voran Gustav Otto als einer der Mitbegründer entdeckten Puchheim und bauten das moorige Gelände zu einem Flugplatz aus. Bereits um das Jahr 1909 hatten Luftfahrtpioniere auf dem westlich von München gelegenen Flugplatz erste Flugversuche unternommen.

Das Terrain lag günstig, nördlich der Bahnlinie München–Lindau und umfasste rund 76 Hektar. In der Mitte errichtete man ein Zielrichterhäuschen, eine kleine Tribüne, an der Südseite die Fliegerschuppen und Werkstätten. Die Flugvorführungen und Wettbewerbe der Aviatiker hatten auf verschiedenen Flugplätzen in Europa bereits Massen von Besuchern angezogen und nach den Vorbildern etwa von Reims-Bétheny und Berlin-Johannisthal richtete man sich auch in Puchheim auf die Anlage eines Flugplatzes ein, der fliegerische Großveranstaltungen ermöglichen sollte. Die Begeisterung für die Fliegerei und das vielversprechende neue Verkehrsmittel war immens und so entstand in Puchheim der erste gut organisierte Flugplatz mit einer Infrastruktur, die auf die Bedürfnisse von Piloten und Besuchern zugeschnitten war, mit einem Verwaltungsgebäude aus Backstein, einem Hauptrestaurant in Holzbauweise, einem Hofzelt für königliche Gäste, mehreren Bierschänken, einem kleinen Post- und Telegraphengebäude, einem Zeitungskiosk, einem Laden für Spielwaren, einem Zigarrenkiosk, einem Fotoladen, einer Sanitäts-und Polizeibaracke sowie einem Eiskeller für kalte Getränke an heißen Tagen.[3]

Eine Flugbahn stand zur Verfügung. Das Flugfeld selbst war bis zu 2,25 Kilometer lang und bis zu 2 Kilometer breit mit jeweils vier Pylonen an den Ecken. Die Pylonen markierten eine Flugstrecke von 2000 Meter.

Die Anlage war als großzügig dimensionierte Arena für Flugveranstaltungen konzipiert und auf den Andrang großer Besuchermassen ausgelegt. Schließlich sollten durch Eintrittsgelder für Flugtage und Schauflüge die Investitionen für die Infrastruktur des Flugplatzes erwirtschaftet und der Betrieb finanziert werden.

Auf Betreiben der Münchner »Akademie für Aviatik« wurde der Flugplatz Puchheim offiziell am 22. Mai 1910 mit einer Festwoche eröffnet – Bayern hatte seinen ersten Flugplatz.

Die »Große Münchner Flugwoche« mit Schau- und Erprobungsflügen fand vom 22.–26. Mai 1910 statt. Der Haupteingang lag an der Ostseite, wo sich auch Zelte für Zuschauer und ein Restaurant befanden. Die Bahn hatte ein eigenes Zubringergleis für die Besuchermassen angelegt und setzte Eilzüge von München aus ein, damit die zahlreichen Zuschauer und »flugverrückten Besucher« die Flugvorführungen waghalsiger Piloten verfol-

Wohl mit dem Teufel mussten die Aviatiker im Bunde stehen, so empfanden Zeitgenossen das Treiben der Flugpioniere. | Sammlung Aviatik

gen konnten. 20.000 Besucher strömten in das bis dahin weithin unbekannte Puchheim. Die neu entwickelten Flugzeuge übten eine derartige Faszination aus, dass die Infrastruktur des Platzes schnell ausgebaut und das Flugfeld zur Abwehr nichtzahlender Zaungäste mit einer 2,5 Meter hohen Betonmauer eingefasst werden musste.

Der Unternehmer Gustav Otto, Sohn des Erfinders Nicolaus August Otto, der den nach ihm benannten Otto-Viertaktmotor entwickelt hatte, hatte rasch das vielversprechende Potenzial des Luftverkehrs erkannt. Mit dem Flugplatz Puchheim verwirklichte er zusammen mit Gleichgesinnten der Akademie eine Geschäftsidee und entwickelte zugleich den Otto-Doppeldecker zur Serienreife. Zuvor hatte er drei Blériot-Eindecker gekauft und die

Der Flugpionier Ernst Schlegel vor der Fliegerschule in Gotha, 1912. | Zeitgenössische Postkarte, Sammlung Horst Jahnke

Alleinvertretung für den Verkauf von Blériot-Flugapparaten für Deutschland sowie die Leitung der Mülhausener Aviatik-Werke übernommen.

Otto experimentierte, optimierte und erprobte sein Fluggerät im Flug und erwarb als einer der ersten deutschen Flugzeugführer die Fluglizenz. Im Jahr 1911 gründete er die Gustav Otto Flugmaschinenwerke und auch die AGO (»Aviatiker Gustav Otto«) Flugzeugwerke in Berlin-Johannisthal. Im Ersten Weltkrieg produzierten die Gustav Otto Flugmaschinenwerke Militärflugzeuge, 1916 fusionierte das Unternehmen mit der Karl Rapp Motorenwerke GmbH zur Bayerischen Flugzeug-Werke AG (BFW), aus der die Bayerischen Motoren-Werke AG (BMW) hervorgehen sollten.

In Puchheim fanden zahlreiche große Flugtage und spektakuläre »Flug-Events« statt.

Flug zum Münchner Oktoberfest

Am Abend des 19. September 1910 flog Otto Lindpaintner zum Oktoberfest und überflog die Festwiese in 200 Metern Höhe.

Flug zur Zugspitze

»Am 26. Februar 1911 flog Lindpaintner zur Zugspitze. Für die 195 km des Fluges Rottmannshöhe–Zugspitzgipfel–Puchheim benötigte er 2 Stunden 29 Minuten. Die meiste Zeit beanspruchten die 14 Spiralen, mit denen er sich von Partenkirchen zum Gipfel hinaufschraubte, Abends um 18.35 Uhr landete Lindpaintner in Puchheim und klagte lediglich über kalte Füße.«[4]

Die Schauflüge von Adolphe Pégoud am 22. und 23. November 1913 begeisterten Tausende von Besuchern auf dem Flugplatz von Puchheim, ihm gelang erstmals der Looping. Pégoud zeigte nochmals am 2. und 3. Mai 1914 seine sensationellen Flugfiguren in Puchheim. Zwei Monate später begann der 1. Weltkrieg, Pégoud diente als Jagdflieger und wurde am 31. August 1915 bei Belfort abgeschossen – er wurde nur 26 Jahre alt. | Zeitgenössische Postkarte, Sammlung Horst Jahnke

Rekordflug nach Berlin

1911 starteten Helmuth Hirth und Alfred Dierlamm mit einer Rumpler-Taube zu ihrem Rekordflug nach Berlin und gewannen den mit 50.000 Goldmark dotierten Kathreiner-Preis.

Diverse Flugschauen

Vor allem die Vorführungen des französischen Kunstfliegers Adolphe Pégoud, der 1913 erstmals Loopings und Sturzflüge zeigte, waren wahre Publikumsmagneten, die nach Angaben der Behörden, der Staatsbahn und der Presse bis zu 50.000 Besucher anlockten. Immer größer wurde auch das militärische Interesse an den technisch rasch weiterentwickelten Flugzeugen und Flugmotoren und auf dem Flugfeld Puchheim wurden bei den Flugwettbewerben mit Dauer-, Distanz- und Schnelligkeitsflügen bald auch Zielübungen für den Abwurf, zunächst von Sandsäcken, durchgeführt.

Fernflug nach Wien

Am 8. März 1913 startete Robert Janisch, Werkspilot der Otto-Werke in München, mit seinem Otto-Doppeldecker zu einem Fernflug nach Wien. Wegen eines Gewitters musste er bei Linz notlanden, konnte nach Reparatur eines Schadens am nächsten Tag weiterfliegen und bewältigte die 450 km lange Flugstrecke nach Wien-Aspern in einer Flugzeit von 3 Stunden 45 Minuten. Das entspricht einer Durchschnittsgeschwindigkeit von 120 km/h.

Flug »Rund um München«

Am 14. und 15. Juni 1913 wurde der Flug »Rund um München« vom Bayerischen Aero-Club und der Akademie für Aviatik mit Unterstützung des Königlich Bayerischen Automobil-Clubs veranstaltet, ein spannender fliegerischer Wettbewerb, zu dem sich sieben Piloten angemeldet hatten. Jedes Flugzeug musste eine Nutzlast von 200 Kilogramm aufnehmen, die sich aus dem Gewicht des Piloten, eines Passagiers und beliebiger Materialien ergab. Am ersten Tag bewältigte Otto Linnekogel die Runde in 52 Minuten, die etwa 85 Kilometer lange Flugstrecke führte von Puchheim über Forstenried, Perlach, Riem, zum Flugplatz Schleißheim weiter nach Bergkirchen und wieder zurück nach Puchheim. An verschiedenen Punkten waren Kontrollstationen errichtet worden, »passierte ein Flieger eine Kontrollstation, so hatte er eine Blechhülse, in der sich sein Name und die Nummer des Flugzeugs befand, und die an einem weiß-blauen Band befestigt war, aus dem Flugzeug hinabzuwerfen.« Gesamtsieger wurde Hellmuth Hirth, der ein Preisgeld von 14.000 Goldmark erhielt.

Nach Berlin in fünf Stunden: Hellmuth Hirth auf seiner Albatros-Taube im Jahr 1911. | Archiv d'Buachhamer e.V.

1911 gründete Gustav Otto die Flugmaschinenwerke in München und später die AGO (»Aviatiker Gustav Otto«) Flugzeugwerke in Berlin-Johannisthal. | Gemeinfrei, private Sammlung

Fliegerschulen in Puchheim

1910 wurden in Puchheim die Fliegerschule Dr. Walter Lissauer sowie die Fliegerschule Gustav Otto gegründet. Nach den Aufzeichnungen des Puchheimer Pfarrers und Chronisten Jakob Hauner standen zu Lehrzwecken »3 Blériot-Apparate, ein Aviatik-Doppeldecker und ein Doppeldecker System Otto Alberti zur Verfügung. Ingen. Otto hat den Unterricht mit 3 Schülern bereits begonnen.«[5]

Mit dem Ausbruch des Ersten Weltkriegs am 28. Juli 1914 endete der Flugbetrieb abrupt, das Flugfeld wurde aufgegeben und im November 1915 von der Akademie verkauft. Im Krieg wurde das Gelände zum Gefangenenlager. ■

LANDUNG DES LUFTSCHIFFS VON GRAF ZEPPELIN AUF DEM OBERWIESENFELD 1909

SPEKTAKULÄRES EREIGNIS IN MÜNCHEN: Am 2. April 1909 landete auf dem Oberwiesenfeld, dem Exerzierplatz der Königlich Bayerischen Armee, das erste Luftschiff des Grafen Zeppelin, das »Reichsmilitärluftschiff S.M. Zeppelin I«, das erfolgreich seine erste »Fernfahrt« vom Bodensee absolviert hatte. LZ 11 der Deutschen Luftschiffahrts-Aktiengesellschaft (DELAG) war nach der preußischen Prinzessin Victoria Louise benannt. Tausende Schaulustige strömten zum Oberwiesenfeld.

Das Liechtensteiner Volksblatt berichtete in seiner Ausgabe vom 9. April 1909 über die »Siegesfahrt«: »Der erste Fernflug des neuen lenkbaren Luftschiffes, das vom Grafen Zeppelin nach der tragischen Vernichtung des vorigen erbaut wurde, … ist glanz-

Halb München war am 2. April 1909 auf den Beinen, als auf dem Oberwiesenfeld der Zeppelin landete. | Zeitgenössische Postkarte, Sammlung Horst Jahnke

Werbeplakat für Vergnügungsfahrten mit dem Prallluftschiff Parseval in München 1910. Im Gegensatz zu den Zeppelinen verfügten die Luftschiffe nicht über ein starres Innengerüst und wurden deshalb auch als »Gummikühe« bezeichnet. | picture alliance/Zeno Diemer

voll gelungen. Das Luftschiff hat die Fahrt vom Bodensee nach München und zurück zurückgelegt und die Abschweifung, die durch heftigen Sturm verursacht, den Grafen Donnerstag an der Landung in München verhinderte und ihn zwang, bei Dingolfingen in Bayern zu landen und dort zu übernachten, ist reichlich wettgemacht. Nachdem der Graf mit seinen Begleitern die Nacht in der Gondel des auf freiem Felde verankerten Luftschiffes verbracht hatte, stieg er Freitag früh wieder auf, nahm zum zweitenmal Kurs gegen München und landete daselbst auf dem vorbezeichneten Platze, als Sieger in einem epochemachenden Unternehmen begrüßt und gefeiert. Nachmittags stieg er in München wieder auf und traf nach vierstündiger glatter Fahrt über dem Bodensee ein, das Luftschiff war zur Halle zurückgekehrt, von der es seinen Ausgang genommen hatte. Es ist das erstemal, daß ein Luftschiff wie der Fernzug einer Eisenbahn von seinem Bahnhof abfuhr, um sein Reiseziel zu erreichen und wieder zum Ausgangsbahnhofe zurückzukehren. Das war – trotz der Abweichung während der Reise – der erste praktische Sieg der Lenkbarkeit des Luftschiffs, ein Erfolg, der durch die Erfahrungen solcher Luftreisen noch vervollkommnet werden muss.«

Ein wichtiger Schritt in der Entwicklung des zivilen Luftverkehrs und was zunächst mit dem Luftschiff gelang, sollte wenig später auch mit dem Flugzeug möglich werden. ■

Erfolgreich absolvierte Graf Zeppelin seine erste »Fernfahrt« vom Bodensee und landete auf dem Oberwiesenfeld. | Zeitgenössische Postkarten, Sammlung Horst Jahnke

ERSTER WELTKRIEG UND DIE FOLGEN

Die Entwicklung des zivilen Luftverkehrs nach dem Krieg

DER ERSTE WELTKRIEG brachte einen enormen Innovationsschub im Flugzeugbau, Flugzeuge wurden im Streben nach militärischer Überlegenheit sehr schnell technisch weiterentwickelt und die Flugzeugproduktion massiv gesteigert. Auch die Berliner Rumpler-Werke produzierten bis Kriegsende verschiedene Flugzeugtypen für den Kampfeinsatz. 1916 wurde ein Zweigwerk in Bayern gegründet, der Spatenstich zum neuen Fabrikgebäude der Bayerischen Rumpler-Werke in Augsburg erfolgte am 25. November 1916, die technische Leitung übernahm Dipl.-Ing. Otto Meyer. In Augsburg begann die Serienproduktion der bewährten Flugzeugtypen Rumpler Ru C I und Ru C IV, die die Bezeichnung »Bayru« erhielten. Bereits am 1. Juli 1917 konnte die erste Bayru C I starten.

Schnellstmöglich wurde eine Vielzahl gut ausgebildeter Piloten benötigt und mit wachsendem Flugaufkommen musste auch die Bodeninfrastruktur für den Luftverkehr in Bayern weiter ausgebaut werden. »Neben provisorischen Landeplätzen entstanden bis zum Kriegsende im rechtsrheinischen Bayern acht Militärflugplätze (Schleißheim, Gersthofen, Sonthofen, Fürth, Bamberg, Kitzingen, Grafenwöhr und auf dem Lechfeld) sowie zwei in der bayerischen Pfalz (Lachen-Speyerdorf und Germersheim). In den Kämpfen des Ersten Weltkriegs erwies sich das Flugzeug im Vergleich zu den Luftschiffen, insbesondere durch seine Wendigkeit, als militärisch überlegen und kostengünstiger. Aus einem Faszinosum technikbegeisterter Bürger war ein Kriegsgerät geworden, dessen Einsatz in der militärischen Postübermittlung jedoch auch einen Vorgeschmack auf mögliche zivile Verwendung gab. So existierten bereits in den Jahren 1917/18 in Bayern Pläne für die Gründung einer internationalen Luftverkehrsgesellschaft nach Kriegsende, die sich insbesondere auf den Postverkehr Richtung Konstantinopel konzentrieren sollte.«[6]

Schwieriger Neustart

Nach dem verlorenen Krieg standen Tausende von Militärflugzeugen bereit, die für die zivile Nutzung in Frage kamen. Doch der Friedensvertrag von Versailles, der am 28. Juni 1919 unterzeichnet wurde, setzte enge Grenzen: Die siegreichen Mächte verfügten, dass Deutschland keine Luftstreitkräfte unterhalten durfte und Flugzeuge, Luftschiffe und Flugzeughallen ausliefern musste.

Trotz schwieriger Rahmenbedingungen wurden Optionen diskutiert, wie der militärische Luftverkehr rasch in einen zivilen Luftverkehr überführt und eine zivile Luftfahrtverwaltung organisiert werden könnte. Am 4. Dezember 1918 wurde das Reichsamt für Luftfahrt ins Leben gerufen, die Leitung hatte der Luftfahrtpionier August Euler inne. Damit sollte eine zentrale Behörde die Hoheit des Reiches über den Luftverkehr in Deutschland übernehmen, Genehmigungen für die Zulassung von Flugzeugen erteilen, Pilotenlizenzen vergeben sowie die Anlage neuer Landeplätze genehmigen und Fluggesellschaften zulassen. Zuständigkeiten für die Belange des Luftverkehrs und die Organisation des Luftraums mussten geklärt werden, nicht nur auf Reichsebene, sondern auch auf der Landesebene. Fragen über Zuständigkeiten verschiedener Ministerien im Reich prägten das Bild und auch in Bayern wurden Kompetenzstreitigkeiten geführt: »Grundsätzlich hatte man sich in der Bayerischen Staatsregierung darauf verständigt, dass das Staatsministerium für Handel, Industrie und Gewerbe die Aufgaben des Verkehrsministeriums übernehmen sollte. … Folglich sah sich das Handelsministerium als für den Flugverkehr zuständig, stieß dabei jedoch auf den Widerstand des Innenministeriums, das die Regelung des (Luft-)Verkehrs als eine polizeiliche Aufgabe ansah. … Die im November 1920 erzielte Einigung sah vor, dass das Innenministerium den ›polizeilichen Vollzug‹ des Gesetzes samt Überwachung des Luftverkehrs und der Flugplätze verantwortete, während Entscheidungen über die Förderung des Flugverkehrs und die Genehmigung von Flugplätzen beim Handelsministerium liegen sollten.«[7]

Bis der Vertrag von Versailles am 10. Januar 1920 in Kraft trat und man noch darüber diskutierte, wie der Luftverkehr am besten zu organisieren sei, wurden schon kleine Privatunternehmen gegründet, die mit umgebauten ehemaligen Militärflugzeugen Passagiere transportierten.

Ernst Schlegel in Konstanz regte mit seiner im Januar 1919 verfassten Denkschrift über die Organisation des deutschen Flugwesens etwa eine Reichsluftorganisation sowie die Einrichtungen von Luftämtern an und setzte sich für eine Überleitung des

»ursprünglich rein militärischen Flugbetriebs in den verkehrstechnischen« ein. »Die Aufgaben der Verkehrsflugzeuge liegen in der Bedeutung des Wortes *Verkehr*. Menschen, Pakete, Postsäcke, Briefe sind zu befördern. Das Verkehrsflugzeug soll Handel, Industrie und Wissenschaft zu Gute kommen … An erster Stelle steht zum Ausbau bestimmt das Flugzeug als *Verkehrsmittel*. Die *verkehrstechnische* Gestaltung unseres Flugwesens ist aber keine rein badische oder deutsche, sondern mehr noch, eine internationale Sache.«[8]

Schlegel hatte frühzeitig die Chancen eines internationalen zivilen Luftverkehrs erkannt und eine Initiative zum Aufbau einer zivilen Verkehrsluftfahrt nach dem Ersten Weltkrieg ergriffen: »Schulmaschinen« und »C Maschinen« ließen sich leicht verwenden, Tausende der letztgenannten stünden in Hallen untergebracht herum und gingen bei Nichtverwendung in Staub und Rost zugrunde, so Schlegel.

Geeignetes Fluggerät stand zur Verfügung, Flugplätze waren vorhanden und viele gut ausgebildete und erfahrene Piloten warteten nur darauf, in der zivilen Luftfahrt eingesetzt zu werden. Doch nach dem Versailler Vertrag galten zahlreiche Beschränkungen, die Entente-Kommission musste die Zulassung von Flugzeugen und Flugplätzen für die zivile Nutzung genehmigen. Zudem fehlte das Geld und der Treibstoff war knapp. Zahlreiche Militärflugzeuge wurden beschlagnahmt, von den Siegermächten übernommen oder verschrottet. Für neue Flugzeuge wurde ein Bauverbot verhängt, das erst nach Auslieferung aller militärisch nutzbaren Güter am 5. Februar 1922 aufgehoben wurde. ■

Ernst German Schlegel (1882–1976) war zunächst Eisenbahner wie sein Vater. Bald aber wandte er sich der Luftfahrt zu. Als Ingenieur und Pilot gehört er zu den großen Luftfahrtpionieren. | Stadtarchiv Konstanz

Die Rumpler-Taube, entwickelt von Igo Etrich, wurde von den Rumpler-Werken gebaut, sie entstand in großer Stückzahl. Schon nach wenigen Monaten des Ersten Weltkriegs wurde sie, da langsam, im Wesentlichen nur noch als Schulflugzeug eingesetzt. | picture alliance / Mary Evans Picture Library

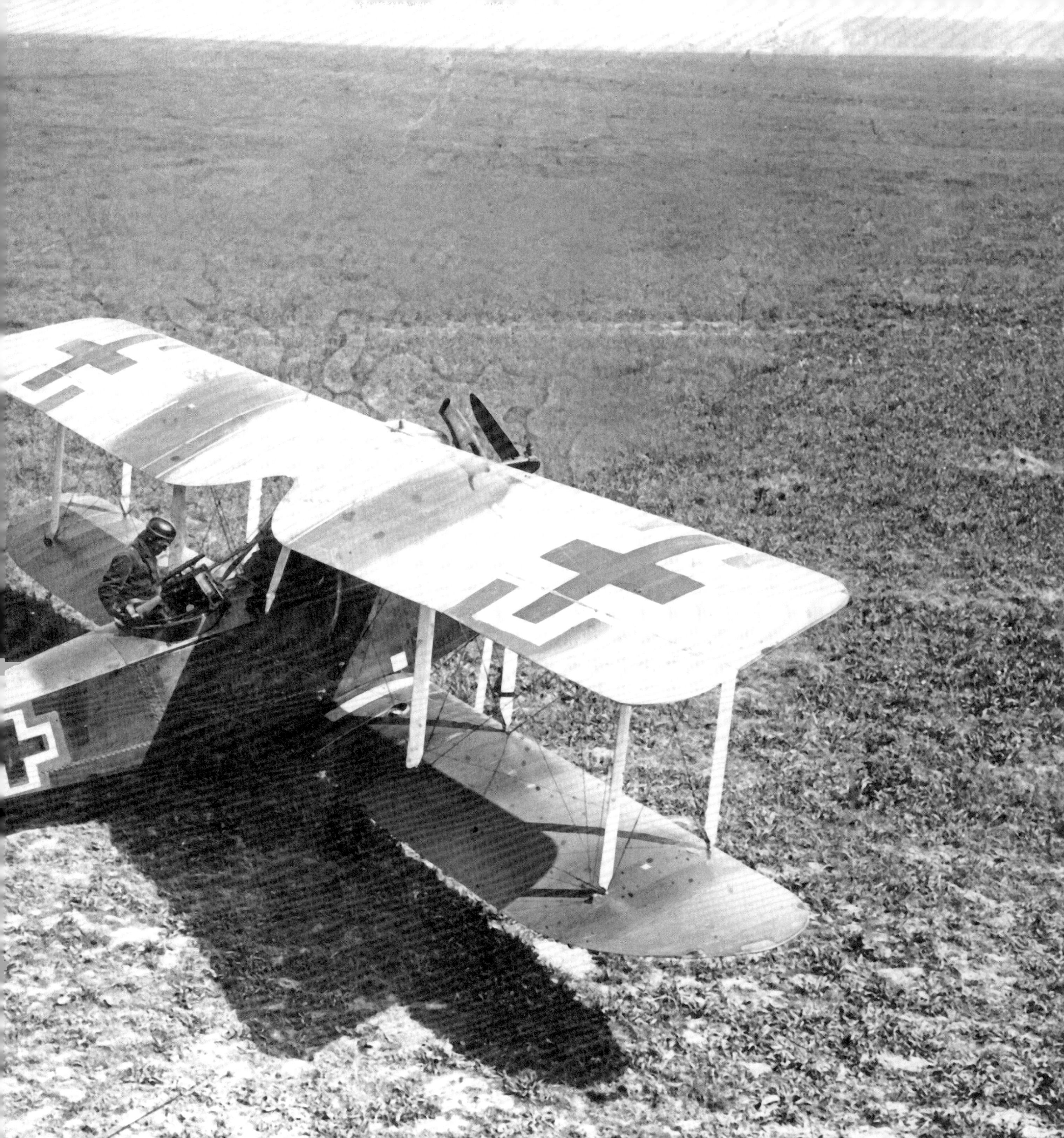

OBERWIESENFELD ODER SCHLEISSHEIM? Die Münchner Flugplatzfrage und Flugbetrieb an zwei Standorten

Zu den ersten Passagieren, die seinerzeit vom Oberwiesenfeld abhoben, zählte Hermine Körner, die damalige Leiterin des Münchner Schauspielhauses. Am 1. Juni 1919 flog sie mit zwei weiteren Bühnenkünstlern von München aus zu einem Gastspiel nach Augsburg. Warm anziehen mussten sich Piloten und Passagiere damals, als sie in der offenen Kabine einer Ru C IV des Rumpler Luftverkehrs zu ihrer ersten Flugreise starteten. | Sammlung Otto Meyer, Bayerische Rumpler-Werke, Augsburg/Flughafen München

IN DEN ANFANGSJAHREN fand der zivile Luftverkehr in München auf zwei Flugplätzen statt, entweder auf dem stadtnahen Oberwiesenfeld oder aber auf dem Fliegerhorst im 15 Kilometer entfernten Schleißheim.

Die Luftschiffer der Königlich Bayerischen Armee hatten das Gelände des Oberwiesenfelds bereits ab 1909 für Ballonaufstiege und -landungen genutzt, aber auch zugelassen, dass auf dem Exerziergelände der eine oder andere Flugversuch durchgeführt werden konnte. Am 1. Januar 1912 wurde hier die Königlich Bayerische Fliegertruppe gegründet, die aber bereits am 1. April desselben Jahres nach Schleißheim verlegt wurde.

In Schleißheim, südlich der Schloss- und Parkanlagen, entstand der erste Fliegerhorst Bayerns, im Mai 1913 mit ersten Gebäuden, einer Kommandantur sowie hölzernen Flugzeughallen und Werkstätten. Im Ersten Weltkrieg waren die Feldflieger-Abteilungen in Schleißheim stationiert, Beobachter und Flugzeugführer wurden ausgebildet, neues Fluggerät erprobt und es folgten Jagd- und Bombengeschwader. Nach Kriegsende wurde der Militärflugplatz für die zivile Nutzung freigegeben.

Der Vorteil Stadtnähe

Wegen seiner Stadtnähe bevorzugten Luftverkehrsgesellschaften den Flugplatz auf dem Oberwiesenfeld, damit die durch das Flugzeug gewonnenen Zeitvorteile nicht durch lange Anfahrtswege zunichte gemacht würden. Schleißheim verfügte andererseits bereits frühzeitig über die benötigte Infrastruktur mit Flugzeughallen und Werkstätten.

Bald wurde darüber diskutiert, welcher dieser Flugplätze der geeignetere sei und ausgebaut werden müsse. Die Frage zur »Schaffung eines Lufthafens für München« beschäftigte ab 1920 den Münchner Stadtrat und führte zu kontroversen Diskussionen und jahrelangen Verhandlungen zwischen der Stadt München und den zuständigen Militärbehörden. Im Zuge der Auseinandersetzungen erschien im Jahr 1921 eine »Denkschrift über die Frage der Schaffung eines Lufthafens für München.« Tatsache war: »Das Heer hatte die Landungen des Rumpler Luftverkehrs und des Bayerischen Luft Lloyd [auf dem Oberwiesenfeld] zuerst geduldet, dann 1921 untersagt und schließlich (jederzeit widerruflich) geduldet.«[9]

Als sich der Luftverkehr in den 1920er-Jahren aber sprunghaft entwickelte und das Provisorium Oberwiesenfeld mit einer Grasbahn und ein paar notdürftigen Holzbaracken ernsthafte Sicherheitsmängel für den Flugbetrieb aufwies, wuchs der Druck, eine Lösung für die Münchner Flugplatzfrage zu finden. Auch die Presse kritisierte die provisorischen Anlagen auf dem Oberwiesenfeld und in der »Allgemeinen Zeitung am Abend« erschien am 19. August 1925 sogar ein Artikel mit dem Titel »Der primitivste Lufthafen Deutschlands«. »Den Durchbruch in den Verhandlungen erzielten beide Seiten im Januar 1926. Die Reichswehr bot an, einen Teil des Oberwiesenfelds an die Stadt dauerhaft zu verpachten. Die Stadt wiederum verpflichtete sich,

Flugplatz Schleißheim aus der Vogelperspektive. | Carsten Steger, CC BY-SA 4.0, https://commons.wikimedia.org/w/index.php?curid=104793078

Flugplatz Oberwiesenfeld, der bevorzugte Landeplatz für Luftschiffe und Flugzeuge. | Knorr-Bremse AG CC BY-SA 2.5, https://commons.wikimedia.org/w/index.php?curid=738051

ein Ersatzgelände in der Fröttmaninger Heide zur Verfügung zu stellen.«[10]

Bis 1926 ein Architektenwettbewerb ausgeschrieben und der Münchner Stadtrat im Herbst 1927 den Bau eines neuen Flughafens auf dem Oberwiesenfeld beschlossen hatte, wurden beide Flugplätze in Kooperation genutzt. Schleißheim wurde zur Basis für Wartung und Überholung, während sich das Oberwiesenfeld zum Verkehrsflughafen entwickelte. So wurden allabendlich die Maschinen vom Oberwiesenfeld nach Schleißheim geflogen, dort gewartet und untergestellt, um dann am nächsten Morgen vom Oberwiesenfeld aus wieder auf Strecke zu gehen. Die Überführungsflüge wurden zur Gewinnung neuer Passagiere auch werblich genutzt. Von Mai bis Dezember 1925 führte der Süddeutsche Aero-Lloyd 1159 Überführungsflüge zwischen Oberwiesenfeld und Schleißheim durch und beförderte auf diesem Luftsprung 3.911 Passagiere. ■

OBERWIESENFELD – MÜNCHENS ERSTER VERKEHRSFLUGHAFEN 1909 bis 1968

Schon damals wurden durstige Berliner mit Münchner Bier versorgt. Auf der Rückseite dieser Werbepostkarte der Spaten-Brauerei aus München findet sich der Hinweis »Bier-Eiltransport mit Flugzeug München–Berlin am 17. Mai 1927«. Mit dem Pferdefuhrwerk wurden die Bierfässer direkt ans Flugzeug geliefert. Abgebildet ist eine Junkers G 24, wohl mit der Kennung CH-133, die auf dem Oberwiesenfeld verkehrte und im Dienst der »Ad Astra Aero« stand. Seit 15. Mai 1924 war das Flugzeug auf der Strecke Zürich–München–Wien eingesetzt. Im Jahr 1931 fusionierte die »Ad Astra Aero« mit der »Basler Luftverkehrs AG« (Balair) und wurde zur »Swissair«. | Sammlung Horst Jahnke

WEGEN DER RASANT FORTSCHREITENDEN ENTWICKLUNG der Luftfahrt entschied sich das bayerische Heer bereits im Jahr 1909 für den Aufbau einer eigenen Fliegertruppe und gab dem wendigen Flugzeug den Vorzug gegenüber den für militärische Zwecke viel schwerfälligeren Ballonen und Luftschiffen. Offiziere wurden zu Fliegern ausgebildet und auf dem Oberwiesenfeld geeignetes Fluggerät erprobt. Am 1. Januar 1912 wurde in München bei der Luftschiffer- und Kraftfahr-Abteilung ein Fliegerkommando gebildet. Die Königlich Bayerische Fliegertruppe wurde aber bereits am 1. April 1912 nach Schleißheim verlegt. Auf dem Exerziergelände des Oberwiesenfelds wurden die Erprobungsflüge mit neuen Flugapparaten nur mehr oder weniger toleriert, bei Fluglärm würden die Pferde scheuen, beklagten die Offiziere der Kavallerie. Nach Kriegsende gewann der militärisch genutzte Platz immer mehr an Bedeutung, wurde er doch für die Starts und Landungen ziviler Verkehrsflugzeuge dringend benötigt. Zahlreiche neue Flugverbindungen wurden vom Oberwiesenfeld aufgenommen. Mit Duldung der Militärs wurde das Oberwiesenfeld damit de facto zum ersten Verkehrsflughafen Münchens, musste aber mit einer spartanischen und provisorischen Infrastruktur auskommen.

Geburtsstunde des zivilen Passagierverkehrs

Die Geburtsstunde des zivilen Passagierverkehrs auf dem Oberwiesenfeld fiel in das Jahr 1919. Der Konstanzer Flugpionier Ernst Schlegel hatte sechs Militär-Doppeldecker aus den Beständen der Heeresflieger des Ersten Weltkriegs umgebaut und einen Flugpassagier-Dienst zwischen Konstanz, Stuttgart, Berlin, Freiburg, München und Friedrichshafen mit Anschluss an den Zeppelinverkehr organisiert.

Am 13. März 1919 richtete die Rumpler Luftverkehrs AG mit einer »Ru C IV«, einer umgebauten Militärmaschine, den ersten planmäßigen Flugdienst auf den Strecken München–Gotha–Augsburg sowie München–Nürnberg–Leipzig–Berlin ein. Im August 1919 nahm die Deutsche Luft-Reederei den ersten regulären Flugbetrieb auf der Strecke Konstanz–Berlin auf.

Bayerischer Luft-Lloyd

Als zweite in München operierende Fluggesellschaft eröffnete der Bayerische Luft-Lloyd (BLL) am 11. April 1921 die planmäßige Post- und Passagierverbindung München–Konstanz, die anfangs von Schleißheim aus täglich bedient wurde. Im Einsatz waren zwei offene einmotorige Rumpler C I und eine Albatros L30a, jeweils mit Platz für zwei Passagiere.

Eine anschauliche Vorstellung, wie man sich den damaligen Luftverkehr vorzustellen hat, gibt der frühere BLL-Pilot Hans Baur: »Mit Beginn des Luftverkehrs flogen wir täglich von München nach Konstanz. Da wir drei Piloten waren, kam jeden dritten Tag einer von uns an die Reihe. Die Strecke hatte an sich nur eine Länge von 180 Kilometern. Bei starkem Westwind aber war es außerordentlich schwierig und langwierig, sie zu durchfliegen, da die kleinen Maschinen sehr wacklig waren und nur ungenügend Brennstoff mitnehmen konnten. Am schlimmsten war es mit der Schulmaschine, dem Albatros, mit ihren 110

Mit dem Bau eines modernen Passagiergebäudes auf dem Oberwiesenfeld Ende der 1920er-Jahre entstand **Münchens erster Verkehrsflughafen**, man musste sich nicht länger mit provisorischen Bauwerken behelfen. | Sammlung Horst Jahnke

Am 3. Mai 1931 wurde der Flughafen München-Oberwiesenfeld mit einem **Großflugtag** eröffnet. | Sammlung Horst Jahnke

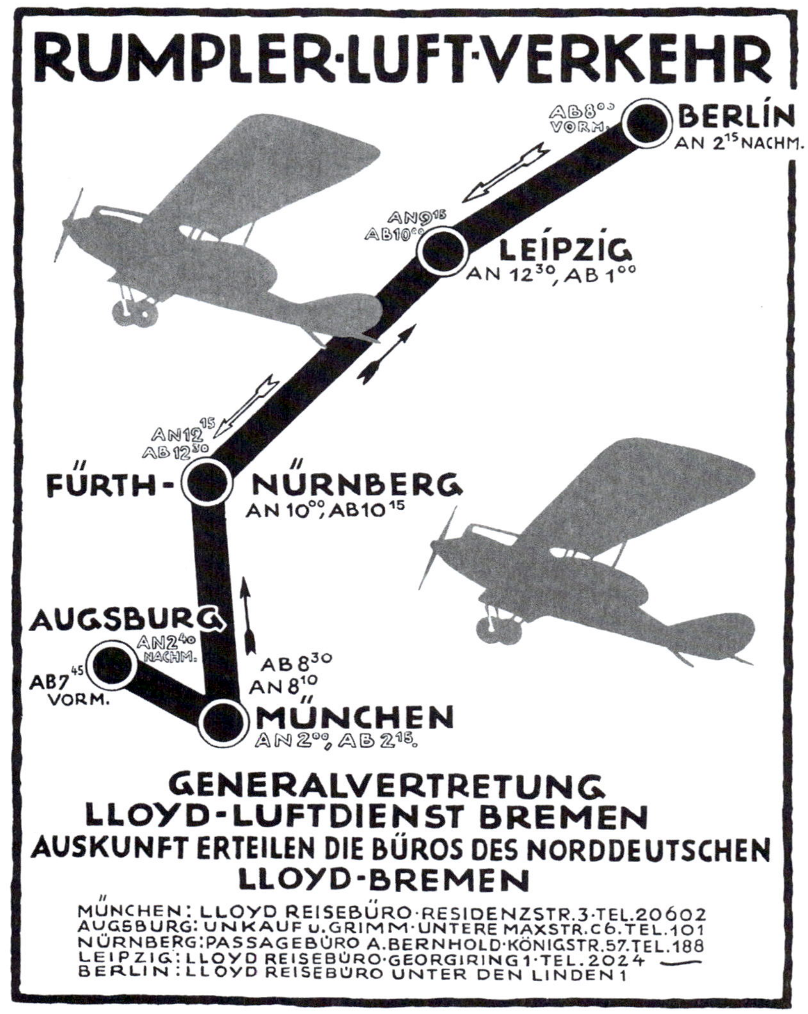

Flugplan des Rumpler Luftverkehrs auf der Strecke Augsburg–München–Berlin. Werbeplakat. | Sammlung Horst Jahnke

Junge Frau begrüßt den Flieger am Starnberger See, im Hintergrund die Zugspitze, Werbe-Postkarte der Süddeutschen Luft-Hansa. | Sammlung Horst Jahnke

bis 120 Stundenkilometern. Hatten wir 80 oder 90 Kilometer Gegenwind, was gerade im Frühjahr und Herbst sehr häufig der Fall war, so kamen wir nur mit einer Reisegeschwindigkeit von 30 Stundenkilometern vorwärts. Die Flugzeit erhöhte sich dann auf fünf bis fünfeinhalb Stunden. So lange reichten wir aber nicht mit unserem Benzin, sondern mussten unterwegs eine Zwischenlandung vornehmen und aus unseren Reservekanistern die vierzig Liter nachtanken. Meistens machten wir eine Wiese zwischen Buchloe und Memmingen dafür ausfindig, leerten schnell die Kanister ein und drückten uns schleunigst wieder davon, um nicht von herannahenden Bauern erwischt zu werden. … Uns taten manchmal die mitfliegenden Gäste leid, die wie tibetanische Bettelmönche vermummt im Flugzeug verstaut waren. Das Gepäck des Fluggastes wurde außen angebracht und mit Bändern unten am Fahrgestell festgeschnallt, da in der Maschine dafür kein Platz war. Es hing völlig frei im Fahrtwind. Wenn man gerade im Sommer nur kurze Zeit unterwegs war, so verloren die Motoren sehr viel Öl, das durch den Fahrtwind immer wieder zurückspritzte und den Passagieren das Gesicht verschmierte. Schlimmer noch war es, wenn wir durch Regenböen hindurch mussten. Da der Windschutz vorn an der Maschine nur ganz klein war, flog der Regen, mitunter auch Hagel oder Graupel, dem Fluggast ins Gesicht, der unwillkürlich den Kopf einzog, denn die durch den Fahrtwind beschleunigten Regentropfen wirkten wie

Eröffnung der Flugpostlinie Wien—München.

Ein Flug nach München 650.000 Kronen.

Die neue Flugpostlinie Wien—München, auf der die Junkers-Ganzmetall-Verkehrslimousinen den Dienst besorgen, ist gestern mittags feierlich eröffnet worden. Pünktlich um 12 Uhr mittags traf das große Flugzeug, das aus München gekommen war, ein und landete ruhig und sicher auf dem Flugplatz der Luftverkehrs-A.-G. gegenüber Nußdorf.

Die bequem ausgestattete Kabine des Flugzeuges bietet Raum für vier Fahrgäste, deren jeder für die Flugstrecke Wien—München 650.000 K als Fahrpreis zu bezahlen hat. Der Abflug von Wien erfolgt täglich, ausgenommen am Sonntag, um 12 Uhr 30 Minuten, die Ankunft in München um 15 Uhr 30 Minuten; in der Gegenrichtung Abflug von München 9 Uhr, Landung in Wien um 12 Uhr mittags.

Flug Wien—Budapest.

In der allernächsten Zeit werden Wasserflugzeuge den Verkehr Wien—Budapest aufnehmen. Täglich um 10 Uhr 15 Minuten vormittags wird ein solches Wasserflugzeug Budapest verlassen, um 12 Uhr mittags in Wien eintreffen und um 12 Uhr 30 Minuten wieder nach Budapest zurückfliegen, wo es um 14 Uhr 15 Minuten einlangt. Der Flugfahrpreis für die Strecke Wien—Budapest wird 500.000 K betragen.

650.000 Kronen kostete der dreistündige Flug in der »Junkers-Verkehrslimousine« von Wien nach München. Zeitungsausschnitt »Die neue Zeitung«, Wien, 15. 5. 1923 | Österreichisches Luftfahrt-Archiv, Wien

Platz für vier Fluggäste bot die Junkers F13. | Sammlung Horst Jahnke

Mit dem Erstflug am 14. Mai 1923 von München nach Wien beförderte Luftpost, frankiert mit 200 Mark. | Sammlung Horst Jahnke

Nadelstiche. Es war nicht immer leicht, Leuten, die einmal Opfer dieser Art waren, die Lust am Fliegen zu erhalten.«[11]

Im Jahr 1922 erhielt der Bayerische Luft-Lloyd zwei Junkers F13, das seinerzeit modernste Verkehrsflugzeug mit einer geschlossenen Kabine.

Regelmäßige Alpen- und Seenflüge

Vom Oberwiesenfeld starteten Luftverkehrspassagiere außerdem zu sogenannten »Erholungs- und Gesellschaftsflügen« in die bayerischen Berge und Seengebiete, die sich wachsender Beliebtheit erfreuten. Der Eröffnungsflug fand am 24. Juni 1919 mit einer offenen Rumpler C I statt. Schon bald wurden die Rundflüge mit der komfortableren »Rumpler-Luft-Limousine« mit geschlossener Kabine und einem 160-PS-Mercedes-Motor, Zusatztanks und einer Reichweite bis zu 750 Kilometer durchgeführt.

Und ab geht die Post

Am 20. Oktober 1920 wurde der Rumpler Post- und Passagier-Luftdienst auf der Strecke nach Wien aufgenommen.

Euphorisch schrieb die Münchner Zeitung am selben Tag unter der Überschrift »Vom Alten Peter zum Stephansturm«: »München – Wien in 2 ½ Stunden! Welche Vergleiche, welche Hoffnungen tuen sich auf! Postkutschenzeit auf der Erde, Postkutschenzeit in der Luft, welch himmelweite Unterschiede! Klein

Flugbetrieb auf dem Oberwiesenfeld etwa im Jahr 1936, im Hintergrund die Flugzeughalle. Die Passagiere marschieren über die Wiese zu ihrem Flugzeug. Vorne links die Ju 52 mit der Kennung D-3051 »Kurt Wüsthoff«, Werknummer 4037, die später als D-ANAN verkehrte. Daneben eine Junkers G24 der italienischen Ala Littoria mit der Kennung I-BAUS. Das Flugzeug stürzte am 30. April 1938 bei einem Linienflug von Tirana nach Rom bei Formia ab. Traurige Bilanz: 19 Tote. | Sammlung Jahnke

ist die Erde geworden durch Menschengeist und Menschenenergie. Das Flugzeug bringt Länder und Völker und Städte einander näher. Wochen sind durch die Flugzeuge zu Stunden geworden, Tage zu Minuten. Unsere Urgroßväter, wollten sie von Wien nach München gelangen, haben gut zwei Wochen zu Fuß gehen müssen, um ihr Ziel zu erreichen. Der Dichter Friedrich Hebbel hat vor 70 Jahren mit der Relaispost noch 2 ½ Tage in der Postkutsche gesessen und auch der schnellste aller Züge, der Orientexpreß, ist 13 Stunden zwischen München und Wien unterwegs …« Die von Otto Meyer vorbereiteten Flüge mit drei Maschinen nach Wien-Aspern glückten, allerdings wurden die Flugzeuge dort sofort von der Entente-Kommission wegen nicht erlaubter Einfuhr von Flugzeugen beschlagnahmt und nach zähen Verhandlungen erst sechs Wochen später wieder freigegeben. Auch eine Flugverbindung von München nach Rom, die Meyer vorgeschlagen hatte, konnte noch nicht verwirklicht werden.

Die erste Auslandsflugverbindung nach Wien sollte damit zunächst ein Versuchsflug bleiben.

Erste planmäßige Auslandsverbindung nach Wien

Am 14. Mai 1923 nahm dann Flugkapitän Hans Baur mit der Strecke von München nach Wien die erste planmäßige Auslandsverbindung auf, die im Rahmen der Junker'schen Trans-Europa-Union (TREU) von der Österreichischen Luftverkehrs AG (ÖLAG) in Gemeinschaft mit dem Bayerischen Luft-Lloyd bedient wurde. Als Fluggerät hatte der Junkers Luftverkehr die beiden Junkers F 13 D-219 »Stieglitz« und D-253 »Taube« beigestellt, die später die österreichischen Zulassungen A-2 und A-3 erhalten sollten. Die Flugzeuge landeten auf einem provisorischen Flugfeld gegenüber der Dampferstation in Nußdorf mit Schwimmsteg und Holzhütte im Überschwemmungsgebiet der Donau. Für den Weiterflug bediente die Ungarische Aero Express A.G. in Gemeinschaft mit der Trans-Europa-Union die Verbindung nach Budapest mit F-13 Wasserflugzeugen, die auf der Donau landeten. Im Jahr 1923 wurden auf der Route von München nach Wien 232 Flüge im regelmäßigen Personenverkehr durchgeführt und bis zum Oktober 1923 insgesamt 539 Passagiere befördert. 1923 wurden der Bayerische Luft-Lloyd und der Rumpler Luftverkehr vom Junkers Luftverkehr übernommen, der im Verbund mit der schweizerischen Ad Astra Aero AG auch eine internationale Verbindung nach Zürich eröffnete. In Konkurrenz zum Junkers Luftverkehr mit den beteiligten Fluggesellschaften trat ab 1925 der Süddeutsche Aero-Lloyd. Die Fluggesellschaft bot Flüge nach Bad Reichenhall, Berlin, Stuttgart-Mannheim, später auch nach Innsbruck, Frankfurt, Dortmund und Amsterdam an. 1925 wurden in München-Oberwiesenfeld noch 8.747 Fluggäste gezählt, doch die Zahlen sollten rasch ansteigen. Um den Anschluss an das weiter wachsende Luftverkehrsnetz zu sichern und dabei bayerischen Einfluß zu stärken, hatten sich sowohl die Stadt München als auch das bayerische Handelsministerium am 28. April 1925 massiv am Süddeutschen Aero Lloyd beteiligt und auch die am 22. Mai 1925 gegründete Bayerische Luftverkehrs AG unterstützt. Die Fluggesellschaften konnten sich jedoch nicht selbst tragen und waren auf Subventionen durch das Reich, die Länder und Kommunen angewiesen. Mit dem Ziel, »die bayerischen Beteiligungen und damit auch die bayerischen Interessen zu bündeln«, fusionierten die bayerischen Regionalgesellschaften zur Süddeutschen Luft Hansa, die auf Druck des Reichs im Dezember 1926 in die bereits am 6. Januar 1926 gegründete Deutsche Lufthansa eingebracht wurde.

Erst 1927 begann die Planung für den Ausbau der Anlagen auf dem Oberwiesenfeld zu einem Flughafen »I. Ordnung«. Im September 1929 wurde eine große Flugzeughalle fertiggestellt und damit konnte der abendliche Shuttledienst nach Schleißheim eingestellt werden. Der Bau eines modernen Passagiergebäudes folgte und am 3. Mai 1931 wurde die Einweihung des Flughafens mit einem Großflugtag gefeiert.

Zuvor war das Streckennetz schrittweise erweitert worden: 1927 wurde die Verbindung München–Prag–Breslau aufgenommen und 1930 kam der Kurs München–Mailand dazu, der 1932 nach Rom erweitert wurde. Das Passagieraufkommen auf dem Flughafen Oberwiesenfeld, das 1932 noch bei 15.759 Fluggästen lag, stieg in den folgenden sechs Jahren auf mehr als das Dreifache an. Im Jahr 1938, dem letzten kompletten Betriebsjahr des ersten Münchner Verkehrsflughafens, wurden auf dem Oberwiesenfeld insgesamt 49.156 Passagiere gezählt, darunter so prominente Fluggäste wie der französische Ministerpräsident Édouard Daladier (1884–1970) und der britische Premierminister Neville Chamberlain (1869–1940), die dort zur Unterzeichnung des Münchener Abkommens im September 1938 landeten. Nach der Verlegung auf den im Oktober 1939 neu eröffneten Flughafen München-Riem wurde das Gelände bis Kriegsende von der Luftwaffe genutzt.

Nach dem Ende des Zweiten Weltkriegs übernahm die US Army das »Airfield R.74«, das sie bis zum Jahr 1957 militärisch nutzte. In den 50er-Jahren fanden aber auch beliebte Motorsport-Veranstaltungen, wie Sandbahn- und Speedway-Rennen, auf dem Gelände statt und in den Jahren 1954 und 1955 wurden auf dem

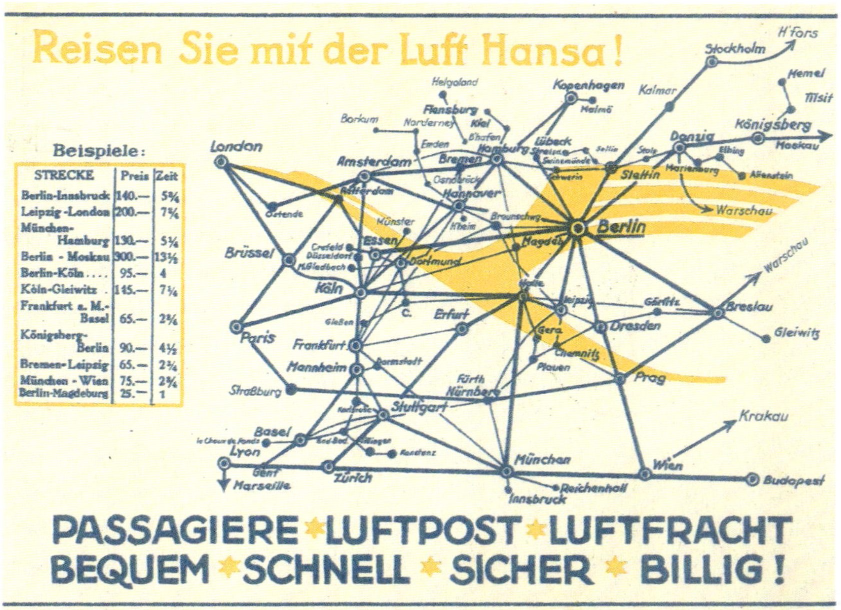

Streckennetz der Luft Hansa im Jahr 1927. | Sammlung Horst Jahnke

Oberwiesenfeld wieder die Münchner Flugtage durchgeführt. Ab 1957 fand ausschließlich privater Flugbetrieb statt, bis das Oberwiesenfeld zum heutigen Olympiapark ausgebaut wurde. Auf dem Gelände des späteren Olympischen Dorfes wurde 1968 noch das Leistungsvermögen der modernen Kurzstartmaschine von Dornier, Typ Skyservant, vorgeführt. Als im März 1968 das letzte Flugzeug startete, endete der zivile Luftverkehr auf dem Oberwiesenfeld. Der Flugplatz wurde zur attraktiven Sportstätte für die XX. Olympischen Sommerspiele, die vom 26. August bis zum 11. September 1972 in München stattfanden.

Das ehemalige Flughafengebäude wurde ab 1950 bis zu seinem Abbruch am 14. August 1968 zur Sendestation der amerikanischen Rundfunksender »Radio Free Europe« sowie »Radio Liberty«. Zusätzlich zum Flugbetrieb fand in den Jahren 1954 bis 1967 im südlichen Teilbereich alljährlich die Baumaschinenmesse (Bauma) statt. ■

Gruppenbild vor dem Abflug mit einer Messerschmitt M20, etwa 1935. Die von Willy Messerschmitt entworfene und bei der Bayerischen Flugzeugwerke AG in Augsburg gebaute Messerschmitt M 20 war für zehn Passagiere ausgelegt und beim Hansa Flugdienst eingesetzt. | Sammlung Horst Jahnke

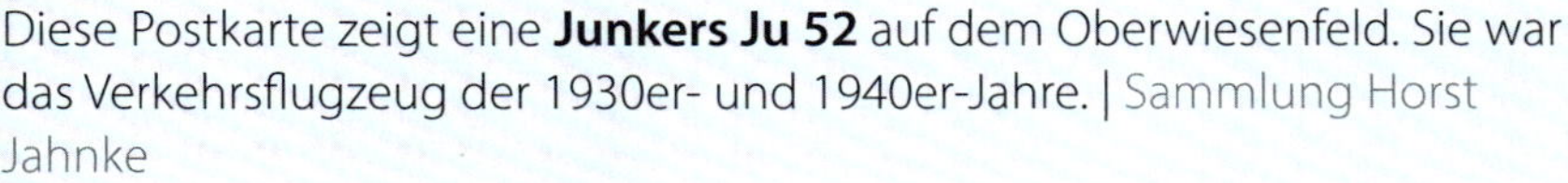
Diese Postkarte zeigt eine **Junkers Ju 52** auf dem Oberwiesenfeld. Sie war das Verkehrsflugzeug der 1930er- und 1940er-Jahre. | Sammlung Horst Jahnke

Ein Foto von historischer Dimension, denn mit diesem Flugzeug landete am 29. September 1938 der britische Premierminister Neville Chamberlain auf dem Oberwiesenfeld in München. In den frühen Morgenstunden des 30. September 1938 unterzeichneten Chamberlain, der italienische »Duce« Benito Mussolini, der französische Ministerpräsident Édouard Daladier im »Führerbau« am Königsplatz das »Münchner Abkommen«. Damit kamen die Großmächte der Forderung Adolf Hitlers nach, der Angliederung des Sudetenlandes an das Deutsche Reich zuzustimmen. Das Bild zeigt den imposanten viermotorigen Doppeldecker, eine Handley Page H.P. 42 der Imperial Airways, auf dem Oberwiesenfeld. Mit Chamberlain an Bord war das Flugzeug mit Namen »Horatius«, Reg. G-AAXD, von Heston Aerodrome, westlich von London, zu dieser denkwürdigen Mission gestartet, die den Frieden in Europa sichern sollte. Sogar der Name des Piloten ist überliefert: Victor Flowerday. | Peter Hoppen, Flughafen München

Die Bayerischen Rumpler Werke boten erstmals am 24. Juni 1919 **Alpenrundflüge** für zahlende Passagiere an. Mit einem Flug zur Zugspitze eröffneten sie die »Erholungs- und Gesellschaftsflüge« in die Berge. Das Flugzeug, eine umgebaute Rumpler C. I, die im Ersten Weltkrieg noch als Aufklärer und Bomber gedient hatte, wurde mit einer komfortablen und geschlossenen Kabine für zwei Passagiere ausgestattet, vorne saß der Pilot – im Freien! Das Werbeplakat mit dem Doppeldecker auf Kufen erinnert an den Piloten Franz Hailer, der für großes Aufsehen gesorgt hatte, als er am 19. März 1922 auf dem Gletscher des Schneeferner landete. | Sammlung Otto Meyer

SCHLEISSHEIM, DER ERSTE FLIEGERHORST BAYERNS
Ab 1912 bis heute

Künstlerische Montage: Flugzeuge über Schloss Schleißheim, vermutlich aus dem Jahr 1924. | picture alliance / arkivi

1912 ENTSTAND IN SCHLEISSHEIM der erste Fliegerhorst Bayerns für die Königlich-Bayerische Fliegertruppe, an einem idealen Standort, in der Münchner Schotterebene gelegen, in unmittelbarer Nachbarschaft zum Schleißheimer Schloss mit seinen großzügigen Parkanlagen. Am 16. April 1912 landete Rittmeister Graf Wolffskeel von Reichenberg das erste Militärflugzeug in Schleißheim. Nachdem sich das Gelände für einen neuen Militärflugplatz bereits im staatlichen Besitz befand, konnte zügig mit dem Bau einer repräsentativen Kommandantur begonnen werden.

Als die Linden entlang der Münchner Allee, die den Flugplatz in Nord-Süd-Richtung durchschnitt, aus Gründen der Hindernisfreiheit für den Flugverkehr gefällt werden mussten, meldeten sich jedoch auch kritische Stimmen zum Ausbau eines Fliegerhorsts an diesem Standort zu Wort, so etwa die »Münchner Post« vom 9. Februar 1913 mit einem Bericht unter der Schlagzeile »Homogene Baum-Mörder«: »Seit Freitag arbeiten Pioniere am Fällen der Linden. Zurzeit sind bereits 80 der prächtigen Bäume vernichtet. Abgesehen davon, dass Schleißheim ein beliebter Ausflugsort der Münchner ist, der durch die Beseitigung der Allee seines Hauptreizes beraubt wird, ist es unverantwortlich, wenn guter Kulturboden zu militärischen Übungen verwendet wird, während in verhältnismäßig naher Umgebung Ödland genug vorhanden ist, für diese Zwecke. Man gehe nach Puchheim, benütze die Fröttmaninger Heide, da kann man weitab vom Verkehr seine Übungen machen. Warum fliegen die Herren Offiziere nicht nachmittags, wenn Oberwiesenfeld von den Truppen frei ist?«

Flugplatzanlagen

Während anfangs die ersten Schulflugzeuge für die Fliegertruppe noch in Zelten untergebracht waren, entstanden bald Flugzeughallen in solider Holzbauweise, um die empfindlichen Otto-Doppeldecker mit den stoffbespannten Tragflächen und dem charakteristischen Gitterrumpf vor Wind und Wetter zu schützen. Erst 1918 wurde für die Flugzeugwartung eine zeitgemäße und funktionale Flugwerft mit einer modernen Deckenkonstruktion aus Eisenbeton errichtet, die im Frühjahr 1919 weitgehend fertig war.

1934 wurden am südwestlichen Platzrand zwei große Junkers-Flugzeughallen gebaut, die heute noch von den Luftsportvereinen genutzt werden. Die bei den Junkers-Werken in Dessau entwickelte Hallenkonstruktion ist sowohl architektonisch als auch technikgeschichtlich interessant: »Die als ›Junkers-Zollbau-Lamellendach‹ bekannte Konstruktion besteht aus einer geodätischen Struktur, gebildet aus verschraubten Eisenblech-Profilen, die mit einer Blechhaut abgedeckt ist.«[12]

Königlich-bayerische Fliegertruppe

Frühzeitig hatten die bayerischen Militärs die strategische Bedeutung von Flugzeugen erkannt und binnen kurzer Zeit eine Fliegertruppe aufgestellt. »Bei der Mobilmachung 1914 hatte die Königlich-bayerische Fliegertruppe 335 Mann. Von Oberschleißheim aus zogen vier Fliegerabteilungen mit insgesamt 22 Flugzeugen in den Ersten Weltkrieg. Bis Kriegsende wuchs die Zahl der bayerischen Fliegerabteilungen auf 41 Stück an, bei einer Truppenstärke von 12.000 Mann.«[13]

Dabei lag Schleißheims besondere Bedeutung in der fliegerischen Ausbildung und der Schulung des fliegerischen Nachwuchses (Flugzeugführer, Beobachter und Schützen) beim bayerischen Militär. Für die Bordfunker wurde 1916 auch eine Fliegerfunkerschule eingerichtet.

Barocke Schlossanlage und Königlich Bayerischer Flugplatz: Auf dem freien Gelände südlich der Schlossanlagen von Schleißheim, im Luftbild oben, entstand 1912 **der erste Fliegerhorst in Bayern**. Das Gelände wurde von der Kavallerie genutzt, rechts oben ist die Pferdebahn für die Remonten, die jungen Militärpferde, zu sehen, daneben links sind drei Zelte für die Unterbringung von Flugzeugen zu erkennen. | Luftbild 1912, Deutsches Museum/Otto Bürger, Werftverein Oberschleißheim

Luitpold Graf Wolffskeel von Reichenberg (1879-1964), **der erste Kommandeur der Bayerischen Fliegertruppe** (im Bild rechts). Unter seiner Leitung wurde das im Jahr 1912 gegründete 1. Fliegerbataillon aufgebaut. Seine fliegerische Ausbildung absolvierte Graf Wolffskeel bei August Euler. 1911 erhielt er das erste bayerische »Militärflugzeugführerpatent«. | Deutsches Museum/Otto Bürger, Werftverein Schleißheim

Fragil und doch beeindruckend: Otto-Doppeldecker in einem Hangar von Schleißheim. | Deutsches Museum/Otto Bürger, Werftverein Schleißheim

▲ Graf Wolffskeel, der **»Rittmeister der Lüfte«**, in einem Otto-Doppeldecker, ca. 1912 . | Deutsches Museum/Otto Bürger, Werftverein Schleißheim

Wie auf einem **Feldflugplatz** wurden die ersten Flugzeuge in Schleißheim in Zelten untergestellt. | Deutsches Museum/Otto Bürger, Werftverein Schleißheim

Die königlich-bayerische Fliegertruppe nutzte unter anderem Maschinen des Typs Halberstadt C.V. Dieser Flugzeugtyp wurde offiziell im Jahr 1918 abgenommen. Der 220 PS starke Benz-Motor erlaubte eine große Flughöhe. Auch die Bayerischen Flugzeugwerke fertigen dieses Flugzeug in Lizenz. | San Diego Air & Space Museum/gemeinfrei

Offiziere der königlich-bayerischen Fliegertruppen in einem Gruppenfoto bei Schloss Schleißheim. Vermutlich entstand das Foto nach Abschluss eines Lehrgangs. | private Sammlung/gemeinfrei

Ziviler Luftverkehr in Schleißheim

Mit der Gründung des Bayerischen Luft-Lloyds am 16. Juni 1919 begann schließlich die Ära des zivilen Luftverkehrs in Schleißheim. Die bayerische Regierung war mit 50 Prozent Anteilseigner. Am 21. April 1921 wurde die täglich bediente Flugroute nach Konstanz eröffnet. 1922 erhielt die aus drei ehemaligen Militärflugzeugen bestehende Flotte des Bayerischen Luft-Lloyds Zuwachs und wurde durch zwei moderne Junkers F13 verstärkt. 1923 schließlich übernahm der Junkers Luftverkehr komplett den Bayerischen Luft-Lloyd.

Am 22. Oktober 1923 gründete Hugo Junkers, dem schon lange ein Verbund europäischer Luftverkehrsgesellschaften vorgeschwebt hatte, in der Schleißheimer Schlosswirtschaft die Trans-Europa-Union (TREU): dem Junkers Luftverkehr aus Dessau schlossen sich die Ad Astra aus Zürich, die ÖLAG aus Wien, der Aero-Expreß aus Budapest, der Rumpler Luftverkehr aus München sowie der Aero-Lloyd aus Berlin an. Den Vorsitz der Gesellschaft übernahm Oskar von Miller. So konnten ab Mai 1923 in Kooperation mit dem Junkers Luftverkehr die Strecken Zürich–München und München–Wien eröffnet werden. 1924 kam dann eine durchgehende Verbindung von Zürich über München nach Wien zustande.

Ab Mai 1925 trat mit der Süddeutschen Aero-Lloyd ein Mitbewerber in den süddeutschen Markt ein und bediente mit Flugzeugen des Typs Fokker-Grulich und Dornier »Komet« die Strecken von München nach Reichenhall, Berlin, Stuttgart, später auch nach Frankfurt und Amsterdam. Vorstand der Gesellschaft war Major Franz Hailer, der maßgeblich am Aufbau der bayerischen Fliegerstaffel und der Flugschule in Schleißheim beteiligt war. Hailer leitete die Polizeifliegerstaffel in Schleißheim, aus der später die Flugüberwachung Bayern Süd hervorging. »Durch Fusion des Süddeutschen Aero-Lloyd und der Bayerischen Luftverkehrs-AG entstand so [1926] in München die Süddeutsche Luft-Hansa, die mit der Muttergesellschaft DLH in einer Betriebsgesellschaft zusammenarbeitete. Direktor der Süddeutschen Luft-Hansa sowie der der DLH-Bezirksdirektion ›Süd‹ wurde Franz Hailer […], der außerdem als Flughafendirektor [auf dem Flughafen München-Oberwiesenfeld und dem ›Abstell-Flughafen‹ Schleißheim] fungierte.«[14]

In München wurde der zivile Luftverkehr weitgehend auf dem Oberwiesenfeld abgewickelt, doch weil dort die dafür notwendige Infrastruktur mit provisorischen Holzbaracken bei Weitem nicht ausreichte, waren die Flugzeughallen in Schleißheim eine willkommene Ergänzung. Schließlich mussten Verkehrsflugzeuge auch nachts untergestellt, gewartet und instandgesetzt werden. Schleißheim wurde zur Flugwerft und bis zur mühsam und nach langen Auseinandersetzungen erreichten Entscheidung zum Ausbau der Anlagen auf dem Oberwiesenfeld kam es den Fluggesellschaften nur gelegen, etwa bis zum Jahr 1929 die Hangars in

Die nachstehenden **Flugpreise** verstehen sich, wenn nicht ausdrücklich anders vermerkt, für eine Person und einen Flug, ausschließlich Versicherungsprämie. Versicherungen können auf Wunsch bei den Flugscheinverkaufsstellen abgeschlossen werden.

1. **Berlin – Bremen – Münster** (Lloyd-Luftverkehr Sablatnig).
(Staaken)

					Preis
7 30	ab	Berlin	an	3 30	ℳ 450.—
10 30	an	Bremen	ab	12 30	
	ab	„	an		z. Zt. eingestellt
	an	Münster	ab		

Rundflüge ℳ 200.—

In Bremen Anschluß von und nach Holland, England u. Frankreich. (Strecken 7 u. 8). In Bremen nach Bedarf Fluggelegenheit nach Bremerhaven zur Ankunft und Abfahrt der Amerikadampfer des Nordd. Lloyd (U. S. Mail S. S. C.).

2. **Berlin – Danzig – Königsberg – Kowno – Riga**
(Johannistal)

(Lloyd-Ostflug und Danziger Luftpost.)

						Berlin	Stettin	Danzig	Königsb.	Kowno	Riga
8 15	ab	Berlin	an	4 15	ℳ	—	225	900	975	1465	1950
9 15	an	Stettin	ab	3 15	„	225	—	690	890	1380	1870
9 30	ab	„	an	3 00							
12 50	an	Danzig	ab	11 40	„	900	690	—	240	730	990
1 00	ab	„	an	11 30							
2 10	an	Königsberg	ab	10 20	„	975	890	240	—	490	750
2 25	ab	„	an	10 05							
5 00*	an	Kowno	ab	9 00*	„	1465	1380	730	490	—	400
5 10*	ab	„	an	8 50*							
7 10*	an	Riga	ab	6 50*	„	1950	1870	990	750	400	—

* Lettische Zeit. Kowno — Riga nur Sonntags, Mittwochs, Donnerstags u. Samstags für die Dauer der Rigaer Messe; wegen der übrigen Tage siehe Strecke 11!

Schnellste Verbindung zum Kurhaus Kasino Zoppot.

Berlin — Riga.

Bahnfahrt 35 Stunden	Flugzeit 10 Stunden
Fahrpreis ℳ 1500.—	Flugpreis ℳ 1950.—

3. **Berlin – Leipzig – München – Augsburg** [Rumpler-Luftverkehr].
(Johannistal)

					Preis		
8 00	ab	Berlin	an	2 15	ℳ 225.—	ℳ 565.—	
9 15	an	Leipzig	ab	1 00			
10 00	ab	„	an	12 30	ℳ 340.—		ℳ 640.—
12 15	an	Nürnberg-Fürth	ab	10 15			
12 30	ab	„	an	10 00	ℳ 225.—	ℳ 300.—	
2 00	an	München	ab	8 30			
2 15	ab	„	an	8 10	ℳ 75.—		
2 40	an	Augsburg	ab	7 45			

(Klammern links: ℳ 865.— Berlin–Augsburg; ℳ 565.— Berlin–München; ℳ 790.— Berlin–München)

Rundflüge ℳ 200.—.

4. **Berlin – Magdeburg** (Deutscher Luft-Lloyd)

z. Zt. eingestellt.

5. **Hamburg – Magdeburg – Dresden** (Deutscher Luft-Lloyd).

						Preis	
ℳ 500.—	10 00	ab	Hamburg	an	1 30	ℳ 300.—	ℳ 700.—
	12 00	an	Magdeburg	ab	11 30		
	12 15	ab	„	an	11 00	ℳ 200.—	
	1 15	an	Leipzig	ab	10 00		
	1 30	ab	„	ab	9 45	ℳ 200.—	
	2 15	an	Dresden	ab	9 00		

Bequemer Anschluß an *D*-Zug Dresden - Prag - Wien.

6. **München – Konstanz** (Bayerischer Luft-Lloyd).

					Preis
7 30	ab	München	an	11 55	ℳ 400.— (ℳ 650.—)
9 25	an	Konstanz	ab	10 00	

Rundflüge ℳ 200.—.

7. **Hamburg – Bremen – Rotterdam – London**
(Kon. Luchtvaart-Maatschappij).

Nur Werktags.

Preis							Preis
ℳ 275.— (400.—)	9 15	ab	Hamburg	an	—	1 25	Fl. 100.— (160.—)
	10 15	an	Bremen	ab	—	12 25	
Fl. 75.— (130.—)	10 45	ab	„	an	—	11 55	
	1 35*	an	Amsterdam	ab	—	9 45*	
Fl. 25.— (50.—)	1 50*	ab	„	an	2 00*	9 30*	
	2 20*	an	Rotterdam	ab	1 30*	9 00*	
Fl. 100.— (160.—)	2 45*	ab	„	an	1 15*	—	
	5 25**	an	London	ab	10 00**	—	

(Klammern links: Fl. 100.— (160.—) Hamburg–Amsterdam; Fl. 75.— (130.—) Bremen–Rotterdam; £ 8/8— (15/—/—) Amsterdam–London)

In Bremen Anschluß von und nach Berlin. (Strecke 1).
In Amsterdam Anschluß nach Paris. (Strecke 8).

8. **Amsterdam – (Brüssel) – Paris** [Kon. Luchtvaart-Maatschappij].

	Mo. Mi. Frei.					Di. Do. Sa.		Preis	
9 45*	1 45*	ab	Amsterdam	an	2 00*		5 15*		Fl. 75.— (130.—) frs. 300.— (500.—)
10 15*		an	Rotterdam	ab			4 45*	Fl. 35.— (60.—)	
10 30*		ab	„	an			4 30*		
11 15**		an	Brüssel	ab			3 00*		
11 45**		ab	„	an			2 30**		
1 45**	5 00*	an	Paris	ab		10 00**	12 30**		

* Amsterdamer Sommerzeit. ** Greenwicher Sommerzeit.

9. **Berlin – Braunschweig – Dortmund** (Deutsche Luft-Reederei).
(Staaken)

					Preis	
9 00	ab	Berlin (Staaken)	an	3 00	350.—* (600.—*)	ℳ 550.—* (900.—*)
10 45	an	Braunschweig	ab	1 15		
11 30	ab	„	an	12 45	300.— (500.—)	
1 45	an	Dortmund	ab	10 30		

* einschl. Autobeförderung Berlin-Staaken und zurück

10. **Berlin – Dresden** (Deutsche Luft-Reederei).
(Staaken)

					Preis
4 00	ab	Berlin (Staaken)	an	8 45	ℳ 350.— (600.—) einschl. Autobeförderung Berlin-Staaken und zurück
5 30	an	Dresden	ab	7 15	

11. **Danzig – Memel – Riga** (Danziger Luft-Reederei).

						Preis		
ℳ 990.—	10 00	ab	Danzig	an	6 30	240.—	440.—	
	11 30	an	Königsberg	ab	5 00			
	12 00	ab	„	an	4 00	200.—		750.—
	1 00	an	Memel	ab	3 00			
	2 00	ab	„	an	2 00	550.—		
	5 30*	an	Riga	ab	12 30*			

* Lettische Zeit. Danzig - Riga nur Montags, Mittwochs und Freitags, Riga - Danzig nur Dienstags, Donnerstags u. Samstags; wegen der übrig. Tage siehe Strecke 2.

12. **Bremen – Wangerooge** (Lloyd Luftverkehr Sablatnig).

					Preis
8 30	ab	Bremen	an	11 30	ℳ 150.— (300.—)
9 30	an	Wangerooge	ab	10 30	

Nur bis 15. September.

13. **Stuttgart – Konstanz** (Strähle).

					Preis
11 15	ab	Stuttgart	an	11 30	ℳ 450.— (700.—)
12 30	an	Konstanz	ab	10 30	

Rundflüge ℳ 200.—

Auszug aus einem Flugplan des Jahres 1921, der unter anderem die täglich von Oberschleißheim aus bediente Flugroute München–Konstanz enthält. Zudem werden von München aus **Rundflüge für 200 Mark** angeboten. | private Sammlung/gemeinfrei

Schleißheim nutzen zu können. So herrschte einerseits Flugbetrieb auf dem Oberwiesenfeld, während in Schleißheim andererseits eine technische Basis entstand und die Hallen für die Flugzeugwartung weiter ausgebaut wurden.

Unter den gegebenen Umständen bildeten die beiden Flugplätze Münchens somit eine Symbiose, die jedoch mit aufwendigen Transferflügen zwischen den beiden Standorten verbunden war – eine Notlösung, die auf Dauer keinen Bestand haben konnte.

Werkflugplatz für den Udet-Flugzeugbau

1921 wurde Schleißheim zum Werkflugplatz für die Udet Flugzeugbau GmbH. Ernst Udet, der legendäre und hochdekorierte Jagdflieger im Ersten Weltkrieg, hatte ein Flugzeugwerk gegründet und nutzte die Anlagen in Schleißheim zur Endmontage seiner in München-Ramersdorf gebauten Flugzeuge. Zahlreiche Udet-Sport- und Verkehrsflugzeuge vom Typ »Kolibri« bis zum Doppeldecker U 12 »Flamingo« absolvierten hier ihre Erstflüge, Flugzeuge, die sich auf vielen Wettbewerben bewährten. Udet selbst widmete sich vermehrt Kunst- und Schauflügen und stellte sein fliegerisches Können auch in Schleißheim auf vielen Flugveranstaltungen unter Beweis.

Landung auf der Zugspitze

Am 19. März des Jahres 1922 startete Franz Hailer mit zwei Begleitern, dem Fotografen Willi Ruge und dem Kameramann Theo Rockenfeller, auf dem zusätzlich mit Schneekufen ausgerüsteten Rumpler-Doppeldecker C 1 mit der Kennung D 98 in Schleißheim zur Zugspitze und landete als erster Flieger auf dem Schneeferner unterhalb des Zugspitzgipfels. »Als die Besatzung später das Flugzeug mit vereinten Kräften und laufendem Motor höher hinaufbringt und in eine günstige Startposition dreht, stellt sich heraus, daß ein Propellerflügel einen meterlangen Riß aufweist. Ein folgender durchgreifender Wettersturz mit Regen und Schneeböen macht einen Rückflug, den Hailer evtl. mit geflicktem Propeller allein durchführen will, unmöglich. Schweren Herzens muß die Maschine den Naturgewalten überlassen werden.«[15] Bei der Bergung im Sommer war von dem Flugzeug nicht mehr viel übrig geblieben, nur noch der Motor und ein paar Teile konnten geborgen und zu Tal gebracht werden. Hailer setzte dennoch seine Idee von der Versorgung von Berghütten durch das Flugzeug in die Tat um und richtete Versorgungsflüge in den Alpen ein. Für die Hüttenwirte bestimmte Lasten wurden dabei mit dem Fallschirm abgesetzt. Aber Hailers Zugspitzlandung sorgte europaweit für Schlagzeilen und wurde durch Rockenfellers Film »Aeolus« einem großen Kinopublikum bekannt.

Spektakuläre Flugwettbewerbe und Streckenflüge

Neben den hier startenden und landenden Post- und Passagierflügen wurden in Schleißheim auch zahlreiche Flugwettbewerbe durchgeführt.

Zugspitzflug von 1925

So wurde Schleißheim zum Ausgangspunkt für den Zugspitzflug, ein Wettbewerb, der am 31. Januar 1925 ausgetragen wurde und bei dem die Zugspitze umrundet und dann in Garmisch gelandet werden musste.

Im Junkers Luftverkehr Nachrichtenblatt vom 23. Februar 1925 schilderte M. Jurinek, welcher als Passagier in der Junkers F 13 von Adolf Doldi mitflog, seine Eindrücke: »Ein Samstagmorgen zog herauf, der neue Hoffnung keimen ließ. Die Wettermeldungen von der Zugspitze lauteten: Langsames Aufklaren. In Schleißheim rüstete man morgens 10 Uhr zum Start. 12 Flugzeuge vom winzigen Bahnbedarfstyp mit einem 14,5 PS-Motor bis zu den Junkers-Ganzmetall-Limousinen konnte man in allen Größen bewundern. Die letzte Frisur zum Zugspitzenflug nahm beträchtliche Zeit in Anspruch, denn alle Flugzeuge samt toter und lebendiger Belastung mußten abgewogen werden. Kurz nach 12 Uhr entließ der Starter Czermak jr. die erste Maschine.

Wir hatten im mitkonkurrierenden Junkers-Flugzeug neben Frhrn. v. Könitz und Rechtsrat Dr. Konrad Platz erhalten. Der Motor springt an, nach kaum 50 m Dahinrollen hebt sich der silberne Vogel, wir fliegen davon. Bald haben wir die kleinen Maschinen, die tief unten wie winzige Libellen dahinschweben, hinter uns. Doldi verfolgt die Taktik, langsam immer höher und höher zu streben. Über Nymphenburg haben wir erst 200 m Höhe, bis zum Starnberger See sind wir bereits auf 1000 m Höhe emporgeklettert. Schnurgerade, wie mit dem Lineal gezogen, fliegt Doldi der Zugspitze zu. Hinter dem Starnberger See leuchten bereits die weißen Spitzen der Berge. Wie ein bergumsäumter Spiegel mutet der Walchensee an. Zur Rechten gleißt das Rot des Klosters Ettal in den sonnigen Tag. Das Ettaler Mandl reckt seinen Kopf fürwitzig vor, als wollte es uns zurufen: Was wollt denn ihr Menschlein mit eurem Propellersurren in unserer Bergeinsamkeit? Grandios ist der Eindruck der Bergmassen aus 2500 m Höhe. Man blickt in Schluchten und Täler, in Rinnen und schroffes Gestein.

Wir haben alle Konkurrenten überholt und ziehen einsam zum höchsten Gipfel Deutschlands unsere Bahn. Der Zeiger am

Ernst Udet in seinem Flugzeug »Flamingo«. Die Udet Flugzeugbau GmbH nummerierte ihre Flugzeugtypen durch. Die hier abgebildete Maschine wurde daher auch als U 12 bezeichnet. Ihr Erstflug fand im April 1925 statt.

Höhenmesser klettert auf 2800, auf 3000 m. Wir sind mitten im Zugspitzenmassiv. Zur Linken das Höllental. Sonne glitzert auf allen Höhen ringsum. 5 Minuten vor 2 Uhr surren wir um den Zugspitzengipfel in einer Höhe von 3200 m.

Der Gipfel ist umkreist. Doldi nimmt Gas weg und in stolzem Gleitfluge sausen wir dem Flugplatz Garmisch zu, wo unser Junkers-Ganzmetall-Vogel als erstes Flugzeug der Zugspitzenflugkonkurrenten sanft landet. Die Menschen jubeln uns zu. Das war auch ein Meisterflug für den Piloten Doldi wie für die Maschine. ›Landung 2 Uhr 1,12 Minuten‹ wird in unser Bordbuch eingetragen. Es folgen in Abständen von nur wenigen Minuten die übrigen Konkurrenten, als letzter Botsch auf seiner Riesen-Zigarrenkiste mit dem Colibri-Motor von 14,5 PS. Type Blackburne Tomtit. Nur Croneiß auf einem Dietrich-Gobiet landete nicht am Ziel. Man wartete und wartete, da kam endlich um die vierte Nachmittagsstunde Aufklärung vom Meteorologen der Zugspitze, die lautete: Ein Flugzeug geriet nach Umkreisen des Gipfels in eine Fallbö und mußte auf dem Schneeferner notlanden. Pilot und Passagiere unverletzt.

Von 12 Maschinen haben also 11 die Aufgabe erfüllt und das Ziel erreicht. Das ist eine Leistung, die sportlich und technisch alle Erwartungen übertroffen hat. Der Zugspitzenflug ist geschafft! Wir dürfen stolz auf unsere Maschinen und Piloten sein. Die schwere Junkers-Ganzmetall-Limousine der Trans-Europa-Union, die die größte Belastung mit 6 Personen einschließlich Piloten hatte, ist die beste Zeit und wohl auch die höchste Höhe geflogen.

Beim Zugspitzenflug erfolgte die Wertung nach dem leichtesten Bau der Maschine, der günstigsten Propellerwirkung, der

Der Luftfahrtpionier Franz Hailer vor einer Fokker-Grulich des Süddeutschen Aero Lloyd, ca. 1925. | Sammlung Horst Jahnke

geringsten Widerstandskraft und dem Minimalverbrauch an Brennstoff. Auf Grund dieser Wertung ergab sich folgende Rubrizierung der elf Zugspitzenflieger: 1. Botsch, 2. Udet, 3. Doldi.«

Internationaler Flugwettbewerb 1925

Anlässlich der Deutschen Verkehrsausstellung in München im Jahr 1925 wurde in Schleißheim vom 12. bis 14. September ein internationaler Flugwettbewerb ausgetragen. 26 Teilnehmer zeigten ihr Können in Einzelwettbewerben in den Disziplinen Höhenflug, Geschwindigkeits- und Geschicklichkeitsflug sowie im Kunstflug.[16]

Alpenflüge 1925/26

Am 15. April 1925 gelang der Deutschen Aero Lloyd (DAL) mit einer Dornier »Komet III« die erste Alpenüberquerung, der Flug führte zur Mailänder Messe. Weitere Alpenflüge mit Leichtflugzeugen folgten im Jahr 1926.

Überwachung und Kontrolle des Flugverkehrs

Schleißheim war aber nicht nur Werftflughafen, sondern auch Stationierungsort von staatlichen Behörden zur Überwachung und Kontrolle des Flugverkehrs. »Im Münchner Raum wurde diese Aufgabe 1919 zunächst den Polizeifliegern übertragen. Im selben Jahr wurde in Schleißheim eine Polizei-Fliegerstaffel stationiert, die alle hoheitlichen Aufgaben der Luftfahrt im südbayerischen Raum übernahm, so in der Hauptsache die Kontrolle des Luftverkehrs nach internationalen Recht, die Genehmigung und Überwachung von Flugveranstaltungen, die Abnahme der Flugzeugführerprüfungen und Vergabe der Lizenzen, die Untersuchung von Notlandungen und Flugunfällen.«[17]

Heimat von Flugschulen

Anfang der 1920er-Jahre siedelten sich in Schleißheim eine Reihe von gewerblichen Fliegerschulen an, die wegen der Beschränkungen des Versailler Vertrags in privater Hand lagen. Analog zur Zersplitterung der Parteienlandschaft in der Weimarer Republik fanden sich auch in Schleißheim parteipolitisch gebundene Luftfahrtvereine, wie der sozialdemokratische Sturmvogel, der bürgerliche Flieger-Club sowie der nationalsozialistische Leichtflugzeug-Club, die alle Schulungen anboten.

Der Bedarf an professionell ausgebildeten Verkehrspiloten war groß, andererseits deutete sich bereits 1924 eine noch getarnte Remilitarisierung der Luftfahrt an, als mit Hilfe der Reichswehr die sogenannte Sportflug GmbH mit zehn Fliegerschulen, die über das ganze Reich verstreut lagen, ins Leben gerufen wurde. In Schleißheim wurde die Bayerische Sportflug GmbH gegründet, die neben zivilen Verkehrspiloten auch Jagdflieger ausbildete, meist von ehemaligen Weltkriegspiloten.

Aus der Bayerischen Sportflug GmbH ging dann im Jahr 1927 die Deutsche Verkehrsfliegerschule hervor. »Von 1927 bis 1935 erhielten in Schleißheim mehrere Hundert Flugschüler ihre Grundausbildung (A/B-Schulung). Allerdings sah der geringere Teil der Schüler einer Zukunft in der zivilen Luftfahrt entgegen; rund dreiviertel der Absolventen wurden für das Militär geschult.«[18]

Nach der Machtübernahme durch die Nationalsozialisten im Jahr 1933 ging der Flugplatz Schleißheim ganz in den Besitz des

Die Postkarte, die etwa 1930 gedruckt wurde, zeigt, welche Orte als interessant gewertet wurden. | Private Sammlung/gemeinfrei

Reiches über. Nachdem Hitler 1935 auch öffentlich die Wiederbewaffnung Deutschlands verkündet hatte, wurden in der Verkehrsfliegerschule am Fliegerhorst in Schleißheim schließlich Militärpiloten für die Luftwaffe ausgebildet. Die zivile Nutzung fand ein Ende und Schleißheim wurde zum Standort der bis dahin einzigen Jagdfliegerschule des Reiches.

Bei den Bombenangriffen vom 21. Dezember 1942 sowie vom 22. Juli 1944 wurde der Flugplatz schwer beschädigt. Die US-Army nutzte das »Schleißheim Airfield«, nachdem es ab 1947 von deutschen Zivilisten und Kriegsgefangenen wieder instandgesetzt worden war. Vor allem Transporteinheiten der US-Streitkräfte mit Transport- und Rettungshubschraubern waren hier stationiert. In den Jahren 1966/67 wurde Schleißheim erneut zum militärischen Ausbildungszentrum: rund 100 Hubschrauber der US-Army standen bereit, damit amerikanische Piloten auf ihren Einsatz im Vietnamkrieg vorbereitet werden konnten. 1968 verließen die US-Streitkräfte den Flugplatz, der einige Jahre später, am 31. Mai 1973, offiziell an die Bundesrepublik Deutschland übergeben wurde.

1958 wurde eine Heeresfliegerstaffel der Bundeswehr in Schleißheim stationiert, die sich mit Hubschraubern neben militärischen Aufgaben auch an zivilen Hilfsdiensten wie Krankentransporten und Rettungseinsätzen im Gebirge beteiligte. Im Juni 1981 wurde die Heeresfliegerstaffel nach Penzing bei Landsberg verlegt und damit war die militärische Nutzung des Flugplatzes Schleißheim endgültig beendet. Geblieben ist die seit 1964 stationierte Fliegerstaffel des Bundesgrenzschutzes (ab 2005 Bundespolizei), die für Lufttransporte der Bundespolizei sowie die Beobachtung aus der Luft zuständig ist und bei Luftrettungs- und Katastrophenschutzeinsätzen unterstützt.

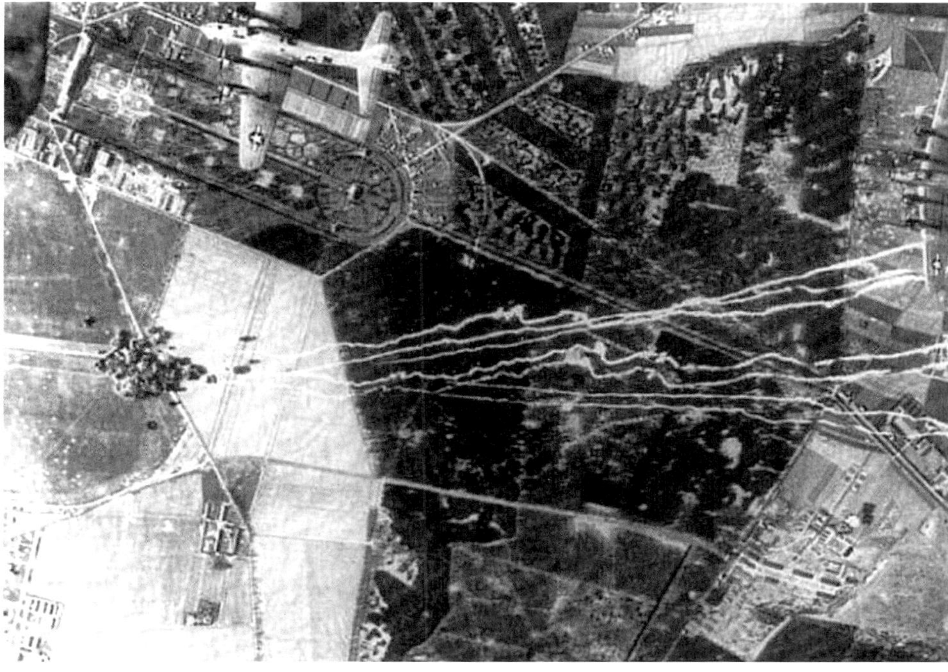

B 17 der US-Luftwaffe bombadieren Schleißheim kurz vor Kriegsende im April 1945. | Private Sammlung/gemeinfrei

Nach Abzug der Bundeswehr verwahrlosten oder verfielen die historischen Gebäude der Flugwerft Schleißheim zusehends oder wurden mutwillig zerstört. Sogar Abrisspläne wurden diskutiert, während sich der im Herbst 1983 gegründete »Verein zur Erhaltung der historischen Flugwerft Oberschleißheim« für die Rettung der historischen Flugwerft einsetzte. 1983 wurde die Werft unter Denkmalschutz gestellt, das Deutsche Museum legte ein Nutzungskonzept für ein Museum zur Ausstellung historischer Flugzeuge vor, das neben der Restaurierung der Werft auch den Neubau einer Ausstellungs- und Restaurierungshalle vorsah. Dank großzügiger Unterstützung der bayerischen Staatsregierung konnte das Projekt verwirklicht werden. Das Zweigmuseum »Flugwerft Schleißheim« wurde nach sechs Jahren Planung und Bau am 12. September 1992 feierlich eröffnet und präsentiert heute auf einer Fläche von 6.500 Quadratmetern eine erstklassige Sammlung von Exponaten der Luftfahrtentwicklung mit über 70 Flugzeugen, Hängegleitern, Flugmotoren und Hubschraubern. Schleißheim mit der historischen Flugwerft erstrahlte in neuem Glanz, das älteste Flugplatzgelände Deutschlands konnte erhalten

DEUTSCHE VERKE
D-1538
D 1259

Schulungsbetrieb in Schleißheim. Die durchnummerieren »Udet Flamingos« vor der Halle der Deutschen Verkehrsfliegerschule (großes Bild), Schulungsflugzeuge in der Halle (oben) und die für Wartungsarbeiten abgestellten Junkers F13, die nach dem »Night stop« in Schleißheim wieder vom Oberwiesenfeld starteten (unten). | Fotos: Deutsches Museum, Otto Bürger, Werftverein Schleißheim

werden und ist heute ein Magnet für alle luftfahrtinteressierten Besucher.

Seit Mitte der 1960er-Jahre ist auch im Außenbereich der zivile Flugbetrieb nach Schleißheim zurückgekehrt. Über 200 Piloten, organisiert in mehreren Flugsportvereinen, nutzen heute mit etwa 50 Flugzeugen den Sonderlandeplatz Schleißheim für den Segel- und Motorflugsport. 100 Jahre Motorflug sowie der hundertste Geburtstag des Deutschen Museums waren der Anlass für die Jubiläumsflugtage, die am 17. und 18. Mai 2003 stattfanden. 120 historische Luftfahrzeuge und Hubschrauber waren eingeflogen und boten einen beeindruckenden Überblick zur Geschichte der Luftfahrt. Seither finden im fast jährlichen Turnus Flugzeug-Oldtimer-Treffen, die Schleißheimer »fly-ins«, statt und begeistern Tausende von Besuchern. ■

Am 12./13. September 1992 wurde die historische Flugwerft wiedereröffnet und beherbergt heute eine erstklassige Luftfahrtausstellung des Deutschen Museums. | Alec Wilson, CC BY-SA 2.0

Die Flugwerft drohte schon zu verfallen, bis sich der »Verein zur Erhaltung der historischen Flugwerft Oberschleißheim e.V.« vehement für die Erhaltung des Baudenkmals einsetzte. Schließlich hat die Bayerische Staatsregierung das historische Gebäude gerettet und umfangreich saniert. | picture alliance / Süddeutsche Zeitung Photo | Ursula Baumgart

PEACE

AUFBRUCH IN NEUE WELTEN

Leistungsstarke Flugzeuge, neue Flugstrecken und wagemutige Pioniere

Junkers W33 »Bremen« in Berlin | Sammlung Horst Jahnke

DIE SPRUNGHAFT ANSTEIGENDEN PASSAGIERZAHLEN und der wachsende Bedarf nach Flugreisen ließen frühzeitig erkennen, dass der gerade erst eröffnete Flughafen auf dem Oberwiesenfeld schon bald zu klein sein würde. Die Aussicht auf eine Erweiterung des Flughafens schien ausgeschlossen.

Ausgelöst durch die gewaltigen Technologiesprünge im Flugzeugbau der 1920er- und 1930er-Jahre mit immer leistungsstärkeren Motoren, die eine größere Reichweite ermöglichten, wurde das Streckennetz im Deutschland- und Europaverkehr der Lufthansa schnell erweitert. Die kleine Junkers F 13 mit Platz für vier Fluggäste wurde bald abgelöst durch größere Flugzeuge, ohnehin gab es durch die Fusionen der Fluggesellschaften in den Anfangsjahren der Lufthansa eine große Typenvielfalt mit Flugzeugen unterschiedlicher Hersteller wie Fokker-Grulich, Dornier »Komet« oder »Merkur«, Rohrbach »Roland«, Focke-Wulf »Möwe«, Sablatnig P III sowie Junkers G24 und G31. Die besonders zuverlässige Junkers Ju 52 sollte zum vorherrschenden Verkehrsflugzeug der 1930er-und 1940er-Jahre werden: Lufthansa hatte immerhin 80 Maschinen dieses Typs im Einsatz. Der unverwüstliche dreimotorige Tiefdecker, der schon 17 Passagieren auf verstellbaren Einzelsesseln Platz bot, zeichnete sich insbesondere durch seine hohe Betriebssicherheit aus und ermöglichte komfortable Flugreisen auf allen Europastrecken. Das liebevoll »Tante Ju« genannte Verkehrsflugzeug meisterte mühelos auch schwierige Gebirgspassagen und flog über Alpen und Pyrenäen. Die Junkers Ju 52 wurde zum Inbegriff für Zuverlässigkeit und begründete damit letztlich den erstklassigen Ruf der Lufthansa als besonders verlässliche Fluggesellschaft. Später wurde die Flotte der Lufthansa durch Maschinen der Baumuster Heinkel He 111 oder Junkers Ju 86 und 90 ergänzt.

Überhaupt entdeckten immer mehr Menschen das Flugzeug als verlässliches Verkehrsmittel. Die neue Art des schnellen und bequemen Reisens über weite Distanzen erfreute sich wachsender Beliebtheit, wenn auch nur wenige sich zu dieser Zeit eine Flugreise leisten konnten. Das Verkehrsaufkommen auf dem Münchner Oberwiesenfeld stieg dennoch an und erreichte im letzten Betriebsjahr 1938 immerhin die Marke von knapp 50.000 Passagieren.

Wagemutige Flüge

Flüge über die Kontinente hinweg sollten folgen, auch wenn es zunächst bei wagemutigen Streckenerprobungsflügen oder Postflügen bleiben sollte: Der Erstflug über den Nordatlantik war am 12./13. April 1928 Hermann Köhl mit der Junkers W33 »Bremen« in einer Flugzeit von 36 ½ Stunden geglückt. Nur zehn Jahre später, am 10./11. August 1938 bewältigte der legendäre »Condor« die rund 6.370 Kilometer lange Flugstrecke von Berlin nach New York nonstop in knapp 25 Stunden Flugzeit und legte einen weiteren Grundstein für den transatlantischen Flugverkehr. Das viermotorige Großraumflugzeug war von Focke-Wulf in nur einem Jahr entwickelt worden und bot schon Platz für 26 Passagiere. Die Überquerung des Südatlantiks gelang 1934 und mit einer ausgeklügelten Transportkette konnte zuverlässig und schnell Fracht und Briefpost nach Südamerika befördert werden.

1937 flog Carl August Freiherr von Gablenz mit der Junkers Ju 52 »D-ANOY« über die Berge von Hindukush und Pamir bis nach China, um eine Verbindung zum dort aufgebauten Streckennetz der »Eurasia«, einem Joint-Venture von Lufthansa und den chinesischen Luftfahrtbehörden, herzustellen.

Insbesondere drei Flugpioniere, die sich um den Ausbau des Streckennetzes der Lufthansa verdient gemacht haben, seien an

Eines der **fortschrittlichsten Flugzeuge** der damaligen Zeit, die Ju 52 auf einer Luftfahrtausstellung in Paris. | gemeinfrei – https://audiovis.nac.gov.pl/obraz/186439

Das China-Abenteuer der Ju 52. Carl August Freiherr von Gablenz und die Besatzung der D-ANOY wird in Sian (Xi'an) freudig begrüßt. | Lufthansa Bildarchiv

Wohlbehalten treffen die Flieger am 3. Oktober 1937 in Berlin-Tempelhof ein. | Lufthansa Bildarchiv

Titelseite des Flugplans der Eurasia | gemeinfrei – pivate Sammlung

dieser Stelle genannt, weil sie mit den heute im Besucherpark des Münchner Flughafens ausgestellten Verkehrsflugzeugen in enger Verbindung stehen: Hermann Köhl als Wegbereiter des Transatlantikverkehrs, Carl August Freiherr von Gablenz als Pilot des legendären Pamirflugs mit der Junkers Ju 52 »D-ANOY« und Begründer des modernen Instrumentenflugs sowie Wulf-Diether Graf zu Castell-Rüdenhausen, dem Flugpionier bei der »Eurasia« in China, der im Jahr 1949 zum ersten Geschäftsführer der Flughafen München Riem GmbH berufen wurde.

Nachtflugleiter und Ozeanflieger: Hermann Köhl

Bald nachdem die Lufthansa einen zuverlässigen Flugbetrieb bei jedem Wetter gewährleisten konnte, wurde auch die erste Nachtverbindung der Lufthansa aufgenommen. Der am 15. April 1888 in Neu-Ulm geborene Flugpionier Hermann Köhl hatte sie erfolgreich eingerichtet – als erster Nachtflugleiter der Lufthansa. »Am 1. Mai 1926, zwei Uhr nachts, startete eine Junkers G 24 mit neun Passagieren und einer dreiköpfigen Besatzung zum Flug von Berlin nach Königsberg. Die Schornsteine der um den Flughafen Tempelhof gelegenen Fabriken wurden von Scheinwerfern angestrahlt, Kirchen, Masten und Gebäude mit roten Neonlampen markiert. […] Eine ›Lichterstraße‹, auf der der Pilot auch bei schlechter Witterung die Orientierung niemals verlieren konnte, wies den Weg nach Nordosten. Alle 25 bis 30 Kilometer war ein Drehscheinwerfer montiert, dazwischen standen, wie kleine Leuchttürme, im Abstand von vier bis fünf Kilometern Neonlampen oder Gasbaken auf Masten oder Hausgiebeln. Die Maschine selbst war ebenfalls mit Scheinwerfern und elektrisch zu zündenden Magnesiumlichtern an den Tragflächen ausgerüstet. Die Cockpitinstrumente waren beleuchtet, Bordfunkanlagen befanden sich noch im Experimentierstadium.«[19]

Nur die erfahrensten Besatzungen durften fliegen. Rasch richtete die Lufthansa auch nächtliche Flugverbindungen für Post und Fracht von Berlin über Hannover, Essen, Köln nach London sowie von Köln nach Paris und zurück ein und sicherte sich damit nicht nur höchstes Ansehen, sondern auch wirtschaftlichen Erfolg.

Zuvor war Köhl, ein erfahrener Kampfflieger im Ersten Weltkrieg, bei der Junkers Luftverkehr AG beschäftigt. Im Jahr 1924 traf er Vorbereitungen für den Nachtflug zwischen Berlin und Warnemünde, 1925 etablierte er schließlich die Postnacht-

Die »Ozeanflieger«: Hermann Köhl, James C. Fitzmaurice und Ehrenfried Günther Freiherr von Hünefeld | beide: Sammlung Horst Jahnke

flugstrecke des Junkers Luftverkehrs, die bis Stockholm weitergeführt wurde.

Am 12. April 1928 starteten Hermann Köhl, James C. Fitzmaurice und Ehrenfried Günther Freiherr von Hünefeld mit ihrer einmotorigen Junkers W 33 »Bremen« auf dem Flugplatz von Baldonnel bei Dublin in Irland zu einer wagemutigen Überquerung des stürmischen Nordatlantiks. Gegen Wind und Wetter kämpften sich die Flieger der »Neuen Welt« entgegen. Mit einfachsten Navigationsmitteln flogen sie oftmals nur knapp über der Wasseroberfläche und erreichten nach langem Flug über den Ozean endlich das nordamerikanische Festland, das sich aber wegen einer Kompassabweichung als das weitgehend menschenleere Labrador entpuppte. Weitere bange Stunden des Suchens nach Zeichen menschlicher Besiedlung in der unwirtlichen Landschaft folgten, bis endlich ein Leuchtturm gesichtet wurde. Nach einem Flug von 36 1/2 Stunden landete die »Bremen« auf Greenly Island, einer Neufundland vorgelagerten Insel.

Es war zwar nicht das ursprünglich angepeilte Ziel New York, aber der Erstflug über den Nordatlantik von Ost nach West war geglückt!

Mit einer riesigen Konfetti-Parade auf der Fifth Avenue wurde den Fliegern in New York ein triumphaler Erfolg bereitet, US-Präsident Calvin Coolidge zeichnete die Piloten mit dem »Distinguished Flying Cross« aus und, zurück in Europa, feierte man die Pioniere als Helden.

Nach der erfolgreichen Atlantiküberquerung veröffentlichte Hermann Köhl mit seinen Fliegerkameraden James C. Fitzmaurice und Freiherr von Hünefeld seine Lebenserinnerungen unter dem Titel »Unser Ozeanflug. Der erste Ost-Westflug über den Atlantik in der ›Bremen‹« und ging auf Vortragsreisen. Er widmete sich der Weiterentwicklung der Luftfahrt und arbeitete an Plänen für ein Nurflügel-Flugzeug für den Transatlantikverkehr.

Wegen Zerwürfnissen mit ehemaligen Fliegerkameraden, die inzwischen hohe Posten im NS-Regime bekleideten, wurde es ab 1933 ruhig um Hermann Köhl. Im Zuge des Röhm-Putsches von Juni/Juli 1934 entging Köhl nur knapp der Säuberungswelle, bei der ein von den Nationalsozialisten als feindlich eingeschätzter Personenkreis liquidiert wurde. Köhl zog sich in seinen Heimatort Pfaffenhofen an der Ilm zurück. Mit nur 50 Jahren erlag er am 7. Oktober 1938 in München einem Nierenleiden.

Pionier, Vordenker, Vorstand: Carl August Freiherr von Gablenz

Der erste Flugplan der am 6. Januar 1926 gegründeten Lufthansa endete bereits zum 31. Oktober 1926, im Winter wurde der Flugbetrieb gänzlich eingestellt. Warum aber sollten Flüge »nur bei schönem Wetter« möglich sein? Carl August Freiherr von Gablenz, der erste Flugbetriebsleiter der Lufthansa, stellte diese in den Anfangsjahren der Lufthansa gängige Praxis in Frage, entwickelte die Grundlagen des modernen Instrumentenflugs und

Die Eurasia war ein Joint-Venture von Lufthansa und einer chinesischen Gesellschaft mit immerhin 30 Flugzeugen. Darunter befand sich auch diese Ju 52. | gemeinfrei – private Sammlung

schuf damit die Voraussetzungen für einen regelmäßigen Passagierluftverkehr. Doch als sich von Gablenz in den Gründerjahren um die Einführung des Instrumentenflugs bemühte, musste er sich gegen den massiven Widerstand der Traditionalisten unter den Piloten durchsetzen. Es ist sein Verdienst, dass er konsequent und zielstrebig Schulungsprogramme für Piloten erarbeitete, damit diese sicher den »Blindflug« beherrschten. Von Gablenz forderte ein hohes Maß an Professionalität im Cockpit ein, denn um Flüge bei jedem Wetter und zu jeder Tages- und Nachtzeit zu gewährleisten, waren bestens ausgebildete Flugzeugführer unerlässlich. Und nur regelmäßig durchgeführte Flüge bei jedem Wetter waren die Voraussetzung dafür, dass überhaupt Flugpläne erstellt werden konnten. Mit seinem Regelwerk »Die Blindflugschule« schuf von Gablenz die Grundlagen für einen zuverlässigen Luftverkehr und mit umfassend und gründlich im Instrumentenflug geschulten Piloten erwarb die Deutsche Lufthansa rasch einen ausgezeichneten Ruf. Sie baute ein ausgedehntes Streckennetz auf, das sie regelmäßig und zuverlässig bediente. Nicht zuletzt sicherte sich die Lufthansa damit einen enormen wirtschaftlichen Vorsprung.

Als Flugzeugführer im Offiziersrang hatte von Gablenz im Ersten Weltkrieg an zahlreichen Einsätzen in Jagd-, Kampf- und Beobachtungsflugzeugen teilgenommen. 1924 trat der erfahrene Flieger in die Junkers Luftverkehr AG ein und widmete sich dort technischen Sonderaufgaben. Sein Augenmerk galt zunächst der Entwicklung zuverlässiger und für den Allwetterbetrieb geeigneter Flugzeugmotoren. Als die Deutsche Luft Hansa als Nachfolgerin des Aero-Lloyd und der Junkers Luftverkehr AG am 6. April 1926 ihren Betrieb aufnahm, bestand die Flotte der Lufthansa aus

Die »Westfalen« als schwimmender Stützpunkt im Südatlantik für den Luftpostverkehr der Lufthansa nach Südamerika. | picture alliance / Sammlung Berliner Verlag Archiv | Sammlung Berliner Verlag Archiv

Flugpionier und später Flughafenchef: Wulf-Diether Graf zu Castell-Rüdenhausen.| Flughafen München

unterschiedlichsten Flugzeugtypen. Unter dem damaligen Technischen Direktor der Lufthansa und späteren Generalfeldmarschall Erhard Milch sorgte von Gablenz für eine notwendige Normung und Vereinheitlichung der Instrumentierung im Cockpit und legte klare Richtlinien für die Benutzung fest. Er definierte An- und Abflugverfahren auf Flugplätzen, gab Anleitungen zur sicheren Durchführung von Streckenflügen und führte Schulungen zur sicheren Navigation nach den Regeln der Kompass- oder Funkpeilung durch.

1933 wurde von Gablenz in den Vorstand der Deutschen Lufthansa berufen und setzte sich in den folgenden Jahren maßgeblich für den Aufbau des Atlantikluftverkehrs ein. Er selbst führte erste Erkundungsflüge über den Nord- und Südatlantik durch und der »fliegende Direktor«, wie er genannt wurde, war maßgeblich daran beteiligt, dass die Lufthansa 1934 den regelmäßigen

Flugdienst nach Südamerika aufnehmen konnte. Die Logistik der Postflüge brachte der Deutschen Lufthansa ein Höchstmaß an internationaler Anerkennung ein. Größtes Aufsehen erregte der auf Initiative von Freiherr von Gablenz erworbene Dampfer »Westfalen«, seine Stationierung auf dem Südatlantik und seine Nutzung als schwimmender Stützpunkt zwischen dem afrikanischen und dem südamerikanischen Kontinent. Damit konnte nunmehr Post auf dem schnellsten Wege nach Südamerika befördert werden, zunächst mit einer Heinkel He 70 von Berlin über Stuttgart nach Sevilla, weiter mit einer Junkers Ju 52 bis Bathurst in Westafrika, um dann mit Flugbooten des Typs Dornier Wal zum Dampfer »Westfalen« geflogen und schließlich per Katapultstart nach Natal in Brasilen transportiert zu werden.

Vor allem aber wurde von Gablenz bekannt, als er am 14. August 1937 in Berlin-Tempelhof zusammen mit Flugkapitän Robert Untucht und Oberfunkermaschinist Karl Kirchhoff mit der Lufthansa Junkers Ju 52 »D-ANOY« zu seinem Pamirflug startete. Ziel seines kühnen Erkundungsfluges in den Fernen Osten war die Erschließung einer neuen Flugroute für die Lufthansa, die vom Orient bis nach China führen sollte, von Beirut über Damaskus–Bagdad–Teheran nach Kabul und weiter nach Sian (Xi'an) in China. Die fliegerische Herausforderung lag in der Überquerung der gewaltigen Bergketten von Hindukusch und Pamir, es galt, den 5300 Meter hohen Wakhan-Paß im heutigen Afghanistan zu überfliegen. »Ich habe das Gefühl, als kratzten die Flügel der D-ANOY bereits die Felswand …Wir steigen. Langsam aber stetig gewinnen wir Höhe. Gigantische Berge recken sich vor und neben uns empor, Täler öffnen sich und Schluchten gähnen … Wir müssen auf uns vertrauen und auf unser Flugzeug«, schrieb von Gablenz später in seinem Buch »D-ANOY bezwingt den Pamir – Ein abenteuerlicher deutscher Forschungsflug«.

Mit der Junkers Ju 52 gelingt das Unternehmen – in einer robusten Wellblechkonstruktion ohne Druckkabine! Beim Flug in der dünnen Luft des Hochgebirges muss die Besatzung immer wieder einen Schluck aus der Sauerstoffflasche nehmen, aber mit der glücklichen Landung in Ansi in China ist die schwierigste Etappe des Fluges geschafft. Der Beweis war erbracht, mit der Ju 52 konnte die neue Flugroute bewältigt werden. Die Lufthansa hatte eine Alternative zu den konkurrierenden Briten und Franzosen gefunden, die ihrerseits eigene Flugstrecken nach Indien bzw. Indochina bedienten. Erst auf dem Rückflug nahm das Drama seinen Lauf, denn eine Motorstörung zwang die Besatzung zu einer folgenschweren Außenlandung nahe der Oasenstadt Chotan (auch Hotan, Khotan) am Südrand des Tarimbeckens im Nordwesten Chinas. Schnell waren die Zündkerzen ausgewechselt, aber als von Gablenz wieder zum Start ansetzte, geriet die Maschine unter Beschuss bewaffneter Reiter. Von Gablenz und seine Besatzung waren mitten in die Kriegswirren geraten und wurden vier Wochen lang in der Zitadelle von Chotan festgesetzt. In Kabul wartete man vergebens auf die Rückkehr von Lufthansa-Chef von Gablenz und seiner Besatzung.

Unterdessen machten sich in Berlin drei Suchflugzeuge auf den Weg, um die verschollene Maschine samt Besatzung in den Gebirgstälern des Pamir aufzuspüren. Nach einer Gesamtflugzeit von 33 Stunden erreichten zwei Ju 52, die D-AOLO und D-AEHE mit Flugkapitän Hans von Goessel und Wulf-Diether Graf zu Castell, dem späteren Flughafenchef in München-Riem, am 11. September 1937 Kabul. Die dritte Maschine D-AXAT mit Flugkapitän Carl Kuring kam wegen Treibstoffmangels erst am 21. September in Afghanistan an. Unter schwierigsten Bedingungen wurden insgesamt elf Suchflüge durchgeführt, aber alle blieben ohne Erfolg.

Als schon beinahe alle Hoffnung aufgegeben war, landete von Gablenz glücklich in Kabul. Seine Familie im Allgäu erhielt ein Telegramm folgenden Inhalts: »Gesandtschaft Kabul meldet 27. September: D-ANOY mit v. Gablenz, Untucht, Kirchhoff heute 3 Uhr nachmittags glatt gelandet. Insassen wohlbehalten. Wegen einer Motor-Notlandung bei Chotan dort 4 Wochen Haft. Weitere Nachrichten folgen.«

Am 3. Oktober 1937 wurden die erfolgreichen Pamirflieger bei der Ankunft in Berlin-Tempelhof umjubelt.

Bei Ausbruch des Zweiten Weltkrieges war von Gablenz Kommodore eines Transportgeschwaders, übernahm das Kommando der Blindflugschulen und schließlich die gesamte Leitung des Lufttransportwesens der Luftwaffe. Am 1. November 1941 wurde von Gablenz zum Generalmajor und gleichzeitig zum Amtschef des Reichsluftfahrtministeriums ernannt.

Am 21. August 1942 kam Carl August Freiherr von Gablenz bei einem Flugzeugabsturz unter bis heute nicht geklärten Umständen bei Mühlberg an der Elbe ums Leben.

Mann der ersten Stunde: Wulf-Diether Graf zu Castell-Rüdenhausen

Der Wiederaufbau des im Zweiten Weltkrieg schwer beschädigten Flughafens München-Riem ist eng mit dem Namen Wulf-Diether Graf zu Castell verbunden. Unermüdlich und mit großem persönlichen Engagement setzte sich Graf zu Castell

Neuanfang nach dem Krieg: Ab April 1949 bediente die skandinavische SAS regelmäßig den Flughafen München-Riem. Mit Raupenschleppern wurden die Flugzeuge bewegt. | Flughafen München

dafür ein, dass aus den Trümmern des alten Flughafens in Riem schon bald wieder ein funktionstüchtiger Verkehrsflughafen entstehen konnte. Am 12. Oktober 1949 wurde die Flughafen München-Riem GmbH gegründet, Graf zu Castell wurde zum ersten Geschäftsführer des Unternehmens. Schon in den 1960er-Jahren hatte sich Graf zu Castell für die Verlagerung des Münchner Flughafens ins Erdinger Moos ausgesprochen, es sollte die entscheidende Weichenstellung für den neuen Flughafen sein. Graf zu Castell leitete die Geschicke des Flughafens bis zu den Olympischen Spielen im Jahr 1972 und ging nach 23 Dienstjahren am 31. Dezember 1972 in den Ruhestand.

Bereits seit 1946 hatte sich Graf zu Castell als »Ziviler Koordinator« bei den amerikanischen Besatzungsoffizieren um die Wiederaufnahme des zivilen Luftverkehrs in München bemüht. Eloquent und weltgewandt wie er war, meisterte er diese Herausforderung mit Bravour, als Büro reichte ihm dazu eine bescheidene Baubaracke am Flughafen. Graf zu Castell war geradezu eine Idealbesetzung und für den Flughafen München sicher ein Glücksfall: Als erfahrener Flugzeugführer verfügte er nicht nur über eine gehörige Portion Kühnheit und Pioniergeist, sondern konnte als Verkehrsflieger auch sein fundiertes Fachwissen in allen Luftverkehrsfragen einbringen. Dass er zuvor, neben seiner Tätigkeit als Fluglehrer, auch einige Semester Jura studiert hatte,

Die Aufnahme vom 7. Juni 1945 – also unmittelbar nach Kriegsende – zeigt den Flughafen mitsamt Bombentrichtern. | United States AirForce

mag ihm bei der Bewältigung vielfältiger Aufgaben geholfen haben. Graf zu Castell galt allseits als angenehmer und gefragter Gesprächspartner, als Flughafenchef genoss er höchstes Ansehen.

Der am 20. November 1905 in Berlin geborene Wulf-Diether Graf zu Castell wuchs im Schloss Seelägsen am Nieschlitzsee in der Mark Brandenburg auf, heute Przełazy/Jezioro Niesłysz in Polen. Nach dem Abitur siedelte er im Jahr 1926 nach München über und erwarb dort an der legendären Deutschen Verkehrsfliegerschule in Schleißheim den Pilotenschein. Nebenbei studierte er an der LMU Jura, das Studium finanzierte er durch seine Tätigkeit als Fluglehrer. 1930 begann er als Flugzeugführer der Lufthansa und bediente Strecken im Deutschland- und Europaverkehr.

Von 1933 bis 1936 war Graf zu Castell als Verkehrsflieger der »Eurasia« in China unterwegs und war dort maßgeblich am Aufbau der Luftverkehrsinfrastruktur beteiligt. Seine abenteuerlichen Erlebnisse als Pilot im Reich der Mitte schilderte er anschaulich in seinem 1938 erschienen Buch »Chinaflug«.

Befestigte Landebahnen waren zu dieser Zeit in China eher die Ausnahme. Als Graf zu Castell einmal während der Regenzeit mit einer Junkers Ju 52 auf einer ihm geeignet erschienenen Piste gelandet war, sank er dort im sumpfigen Gelände ein. Mit viel Geduld und Improvisationsgeschick konnte er herbeigelaufene Bauern der Umgebung dazu bewegen, das Flugzeug mit Hilfe von Wasserbüffeln aus dem Schlamm zu ziehen. Erst zehn Tage später konnte er wieder starten:

»Man kann sich vorstellen, was für Mühe es macht, eine acht Tonnen schwere Maschine ohne jegliche Hilfsmittel und ohne genügend Menschenkräfte aus einem Sumpf herauszuziehen. Wir rechneten aus, daß zehn Wasserbüffel Kraft genug haben müßten, um das Flugzeug fortzubewegen. Es dauerte zwei Tage, bis wir ein Dutzend dieser Tiere zusammenbringen konnten. Jeder einzelne Bauer mußte erst mühsam überredet werden, seinen Büffel her-

Als Pionierflieger bei der Eurasia in China musste Graf Castell so manches Abenteuer bestehen. Hier mussten Wasserbüffel helfen, das Flugzeug aus sumpfigem Gelände herauszuziehen. Befestigte Flugplätze waren selten. | Wulf-Diether Graf zu Castell-Rüdenhausen, Flughafen München

zugeben; sie glaubten alle, die Tiere würden bei dieser merkwürdigen Tätigkeit Schaden nehmen. Wie bei jeder Arbeit in China mußten wir auch diesmal große Geduld aufwenden, um unseren Plan ins Werk zu setzen. Jeder Büffel mußte einzeln herangeholt und eingespannt werden; währenddessen wälzten sich die übrigen im Sumpf, und die Bauern standen daneben und freuten sich, daß ihre Tiere sich so wohl fühlten. Endlich hatten wir doch erreicht, daß zehn Büffel vor die Maschine gespannt waren [...] Als nun die Bauern mit großem Geschrei ihre Büffel antrieben, warteten wir mit klopfenden Herzen darauf, was geschehen würde. Aber es geschah – wie so oft in China – überhaupt nichts. Der Wasserbüffel ist ebenso konservativ wie sein Herr. Seit Jahrhunderten zieht er den kleinen Reispflug, warum sollte er nun auf einmal ein Flugzeug ziehen? So dauerte es volle zehn Tage, bis wir wieder in Shanghai eintrafen.«

Neben seiner großen Leidenschaft für das Jagen und Fischen, war Graf zu Castell vor allem auch ein passionierter Fotograf. Sein Markenzeichen war die »Leica«, die er immer griffbereit mit sich führte. In China gelangen ihm damit Luftaufnahmen großartiger Landschaften und Städte, die er überflogen hatte. Er hielt die Bilder der Erde fest, Bilder, die zuvor kein Europäer gesehen hatte, im Vordergrund der mit chinesischen Schriftzeichen verzierte Flügel seiner Junkers.

Suche im Hindukush

1937 steuerte Graf zu Castell eines der drei Suchflugzeuge, die im Hindukush nach der vermeintlich verschollenen »D-ANOY« mit Lufthansa-Chef Freiherr von Gablenz Ausschau gehalten hatten. Auch auf diesen Flügen entstanden höchst eindrucksvolle Aufnahmen grandioser Gebirgslandschaften, die bislang als «terra incognita« galten.

Von 1939 bis 1942 flog Graf zu Castell für verschiedene Luftverkehrsgesellschaften in Südamerika. Auch dort meisterte er fliegerische Herausforderungen, wie einige spektakuläre Überquerungen der Anden.

Am Flughafen Arequipa in Peru sollte er seine spätere Frau, die Schauspielerin Luise Ullrich, kennenlernen, die er dann 1942 in Berlin heiratete. Von 1942 bis 1945 war er wieder in den Diensten der Lufthansa und flog als Flugkapitän die Strecken nach Mailand und Barcelona. Bei der Bedrohung durch feindliche Jagdflieger war das kein ungefährliches Unterfangen, das Graf zu Castell aber mit viel Glück heil überstand.

Sein privates Rückzugsgebiet fand der Flughafenchef Graf zu Castell im Allgäuer Griestal, wo er 1959 ein Herrenhaus aus dem 17. Jahrhundert mit zahlreichen Fischteichen erworben hatte. Hier verbrachte er seine Freizeit, widmete sich seiner Familie mit zwei Töchtern und baute nebenbei eine bekannte Fischzucht auf, deren Produkte noch heute von der Familie unter dem Namen »Gräflich Castell'sche Delikatessen GmbH« vertrieben werden.

Die Eröffnung des neuen Flughafens München sollte Graf zu Castell nicht mehr erleben. Er starb am 1. Juli 1980 in München, an den Folgen der Verletzungen, die er sich beim Sturz von einer Leiter zugezogen hatte.

Spektakuläre We treisen mit Flugzeug und Luftschiff

Großartige Weiterentwicklungen im Flugzeugbau: Anfang der 1930er-Jahre erzielten eine ganze Reihe wagemutige Flugpioniere sensationelle fliegerische Leistungen und veröffentlichten ihre Berichte über höchst abenteuerlichen Flüge – ihre Bücher zogen Millionen von Lesern in ihren Bann.

1929 erprobte Claude Dornier seine Flugboote auf dem Bodensee und die legendäre Dornier »Do X« ging 1931 auf die Reise nach Südamerika und über New York wieder zurück nach Europa.

Für Furore sorgten auch die Passagierfahrten des Luftschiffs LZ 127 »Graf Zeppelin«: Mit der Nordamerikafahrt vom 11. Oktober bis 1. November 1928, der Orientfahrt vom 25. bis 28. März 1929 sowie einer spektakulären Weltumrundung in 34 Tagen vom 1. August bis 4. September 1929 von Friedrichshafen nach Lakehurst bei New York und zurück und in östlicher Richtung weiter über Sibirien nach Tokio, Los Angeles und Lakehurst. Der Zeppelin wurde zum Vorreiter für den interkontinentalen Luftverkehr.

Am 18. August 1930 startete Wolfgang von Gronau mit dem Dornier-Wal zu seinem ersten Amerikaflug, und Elly Beinhorn sorgte 1931 mit ihrem Alleinflug um die Welt für viel Aufsehen.

Auch Hans Bertram, um einen weiteren Flugpionier zu nennen, geriet weltweit in die Schlagzeilen der Presse, als er mit seiner einmotorigen Junkers W33 »Atlantis« bis nach Australien flog und nach einer Notlandung im australischen Busch 53 Tage ums Überleben kämpfte. ■

Elly Beinhorn (1907–2007) wird nach ihrer Rückkehr vom Alleinflug um die Welt 1932 auf dem Flughafen Berlin gefeiert. Bereits 1929 erwarb sie den Pilotenschein. Ihr erstes eigenes Flugzeug war eine Messerschmitt M23b, mit der sie auf Flugtagen als Kunstfliegerin begeisterte. Langstreckenflüge wurden ihre große Leidenschaft: 1931, erster Afrikaflug; 1932, Weltumrundung; 1933, zweiter Afrikaflug. Weitere Langstreckenflüge und Rekordflüge folgten. Darüberhinaus schrieb sie erfolgreiche Bücher, drehte Dokumentarfilme und publizierte in Zeitungen und Zeitschriften. | picture alliance/dpa | dpa

EXKURS
DAS ZEITALTER DER LEGENDÄREN JUNKERS JU 52

IN DEN 1930ER-JAHREN konnte der zivile Luftverkehr in Deutschland massiv ausgebaut und das europäische Streckennetz der Lufthansa beträchtlich erweitert werden – dabei avancierte die Lufthansa zur größten Luftverkehrsgesellschaft der Welt. Hatte die Lufthansa im Jahr 1928 noch 111.115 Fluggäste befördert, so hatte sich die Zahl der Passagiere mit 254.716 bis zum Jahr 1938 mehr als verdoppelt.

Flughäfen wandelten sich von eher spartanischen Abfertigungseinrichtungen zu komfortablen Reisezentren mit Restaurants und Aufenthaltsräumen. Kostenlose Zubringerdienste der Lufthansa stellten eine sorglose Anreise sicher und eigenes Dienstpersonal nahm Gepäckstücke gleich bei der Ankunft am Flughafen in Empfang und begleitete die Fluggäste bis zum Abflug. Dienstbeflissene »Luftboys« sorgten dafür, dass die Passagiere auch den gebuchten Flug erreichten und halfen beim Einsteigen. Fluggäste wurden regelrecht umsorgt, schließlich sollte der Flug zu einem perfekten Reiseerlebnis werden.

Insbesondere einem Verkehrsflugzeug ist die rasante Verkehrsentwicklung zu verdanken, denn mit der äußerst robusten, dreimotorigen Junkers Ju 52, die 1938 rund 75 Prozent der Lufthansa-Flotte ausmachte, war ein hohes Maß an Zuverlässigkeit und Betriebssicherheit gewährleistet. Wie kein anderes Flugzeug zuvor, prägte die Junkers Ju 52 ein ganzes Zeitalter, ermöglichte erst den rasanten Ausbau des Streckennetzes und bildete das Rückgrat der Lufthansa-Flotte: »Dreiviertel der gesamten Jahresflugleistung der Lufthansa, die im Jahr 1938 schon 17,7 Millionen Flugkilometer erreichte, entfiel mit 13,5 Millionen Kilometer auf die Ju 52. Erst in weitem Abstand folgten die Ju 86 mit 8,2 Prozent, die He 111 mit 6 Prozent und die Ju 160 mit 5,1 Prozent, und der Rest der Flugzeugtypen trug jeweils nur mit Anteilen von rund einem Prozent zur Verkehrsleistung bei.«[20]

Die Ju 52 war ein großartiges Erfolgsmodell und praktisch überall auf der Welt im Einsatz, Lufthansa flog sie in Gemeinschaft mit dem Syndicato Condor auf Strecken in Brasilien ebenso wie in China mit der Eurasia oder in Russland mit der Deruluft. Mit Schwimmern ausgestattet, war die Ju 52 bei der SCADTA (Sociedad Colombo Alemana de Transportes Aéreos S.A.) in Kolumbien unterwegs und in Europa gab es kaum eine Fluggesellschaft, die nicht eine Ju 52 im Flottenbestand führte. Längst hatte die gute, alte Tante Ju Luftfahrtgeschichte geschrieben – das legendäre Flugzeug war schlichtweg der »Inbegriff für Sicherheit und Zuverlässigkeit im Luftverkehr. Die Piloten schwärmten von ihrer unverwüstlichen Konstruktion und von den beruhigend gutmütigen Flugeigenschaften.«[21]

Der kometenhafte Geschäftserfolg der Junkers Flugzeug- und Motorenwerke weckte jedoch Begehrlichkeiten: Schon Anfang 1933 zwangen die neuen nationalsozialistischen Machthaber Hugo Junkers dazu, alle luftfahrtbezogenen Patente an die Reichsregierung zu übertragen. Als sich der eher pazifistisch gesinnte Junkers weigerte und auf kritische Distanz zum vorherrschenden NS-Regime ging, wurde er kaltgestellt und sogar des Landesverrats bezichtigt. Von der Öffentlichkeit weitgehend unbemerkt, wurde Hugo Junkers ohne viel Federlesens enteignet. Sogar ein Betretungsverbot, nicht nur für sein Unternehmen, sondern für die ganze Stadt Dessau, hatten die Nationalsozialisten gegen ihn verhängt. So fand die Forschungs- und Entwicklungsarbeit des genialen Erfinders und Flugzeugkonstrukteurs Professor Hugo Junkers, dem die Nationalsozialisten so viel zu verdanken hatten, ein unrühmliches Ende. Zurückgezogen und unter Beobachtung der Gestapo verbrachte Junkers seine letzten Lebensjahre in Gauting bei München. ■

Hugo Junkers (1859–1935) | gemeinfrei – private Sammlung

EXKURS
LUFTVERKEHR IM ZEICHEN DES HAKENKREUZES

DIE ALLGEMEINE EUPHORIE für die neuen Errungenschaften der Luftfahrt nutzten die Nationalsozialisten ganz für ihre Zwecke, förderten zudem höchst breitenwirksam den Luftsport und bauten um das Jahr 1935 überall im Land Fliegerhorste auf. Auch die großartigen Erfolge mutiger Piloten, etwa der Lufthansa bei der Erschließung neuer Flugrouten, passten nur zu gut in das Weltbild der Nationalsozialisten, die damit weiter ihren Anspruch nach einer Vormachtstellung in der Welt unterstreichen konnten.

Die NSDAP hatte die Förderung des Flugwesens zur »nationalen« Aufgabe erklärt. Segelfluggruppen mit paramilitärischen Strukturen wurden ins Leben gerufen, Zeltlager und Segelfluglehrgänge wurden angeboten und mit Segelflug- und Modellbau-Wettbewerben wurde gezielt die Jugend angesprochen. Vordergründig wurde bei den jungen Leuten die Begeisterung für den Luftsport geweckt. Dazu gab es zweifellos guten Grund, aber dahinter steckte parteipolitisches Kalkül: Die erfolgreiche Teilnahme an Lehrgängen war oftmals der erste Schritt, um die fliegerischen Grundlagen für die Ausbildung künftiger Kampfpiloten zu vermitteln oder junge Flugzeugmechaniker für die Wartung und Instandsetzung von Flugzeugen der Luftwaffe zu begeistern. Ab 1937 wurde systematisch der fliegerische Nachwuchs herangezogen, vom Unterricht in Modellbau und Modellflug an den Schulen über die Ausbildung in Luftsportscharen der Hitler-Jugend bis zur Weiterbildung an den Segelflugschulen des NS-Fliegerkorps.

Auch im zivilen Bereich hatte die Luftfahrt enorm an Attraktivität gewonnen. Das ausgedehnte Streckennetz und der einzigartige Reisekomfort, den die Lufthansa in den 30er-Jahren anbieten konnte, ließ die Nachfrage nach Flugreisen weiter steigen. Maßgeblich hatte aber das NS-Regime die Entwicklung befeuert und unter dem Deckmantel des zivilen Luftverkehrs geschickt die Aufrüstung der späteren Luftwaffe vorangetrieben. Die Lufthansa-Flotte mit dreimotorigen Maschinen des Typs Junkers Ju 52 wuchs beträchtlich. Auch Weiterentwicklungen, wie die viermotorige Junkers Ju 90 sowie die Junkers Ju 290 («der große Dessauer«), wurden in Dienst gestellt – alles Flugzeuge, die später auch bestens für militärische Transportaufgaben geeignet waren.

Die großartigen technischen Errungenschaften im Flugzeugbau der Zeit wurden als Beispiel überlegener deutscher Ingenieurskunst gefeiert. Geradezu sensationell war die von Hugo Junkers entwickelte Junkers G 38, die viele Jahre als Flaggschiff der Lufthansa im innerdeutschen und europäischen Luftverkehr eingesetzt war und großes Aufsehen erregte. Im internationalen Liniendienst war die G 38 seit Sommer 1931 vor allem auf der Strecke Berlin–Hannover–Amsterdam–London unterwegs. Das schon durch seine Ausmaße imponierende Großflugzeug der Lufthansa beeindruckte durch die sechs Sitzplätze in den Aussichtsräumen in der Flügelvorderkante. 26 Sitze waren in den drei Flügel-Rumpfkabinen untergebracht und zwei in der Kanzel, insgesamt standen 34 Sitzplätze zur Verfügung.

Neben den bekannten Massenveranstaltungen und Aufmärschen der NS-Zeit gehörten auch große Flugveranstaltungen zum Repertoire der NS-Propaganda. Auf dem Oberwiesenfeld in München organisierte die NSDAP etwa einen »Großflugtag«, der am 25. August 1935 einen Ansturm von Besuchern auslöste. Als Veranstalter zeichneten die NS-Gemeinschaft »Kraft durch Freude«, die Süddeutsche Lufthansa sowie der Deutsche Luftsportverband. Der Eintritt kostete übrigens 50 Pfennig, der Sitzplatz 1,50 Mark für die vorderen Reihen und 1 Mark weiter hinten.

Zur Eröffnungsfeier der Olympischen Spiele 1936 in Berlin kreiste ein Zeppelin über dem vollbesetzten Berliner Olympiastadion, der Tausende von Gästen aus aller Welt in Staunen versetzte – alles Beispiele für propagandistische Inszenierungen, durch die die nationalsozialistische Führung beeindrucken und Macht und Stärke demonstrieren konnte. ■

Ju 290 auf dem Flug nach Ohio, die Maschine war den Amerikanern übergeben worden. | Deutsches Bundesarchiv, commons:Bundesarchiv

FLUGHAFEN MÜNCHEN-RIEM 1939 bis 1992

Flughafen München-Riem 1939 | Stadtarchiv München

Flughafeneröffnung in München-Riem und die Kriegsjahre

Unter den geschilderten Vorzeichen passte der Flughafen München–Oberwiesenfeld nicht mehr zum Selbstverständnis der Nationalsozialisten. Er war zu klein geworden, seine Kapazität erschöpft und der Ausbau zu einem langfristig genutzten Verkehrsflughafen im Stadtgebiet war ausgeschlossen. 1936 wurde der Architekt Ernst Sagebiel mit den Planungen für einen neuen Flughafen beauftragt, der »weit außerhalb der Stadt« erbaut werden sollte. Als Standort wurde Riem festgelegt. Sagebiel, der zu gleicher Zeit auch die Terminals für die Flughäfen Stuttgart-Echterdingen und Berlin-Tempelhof entworfen hatte, musste seine Flughafenpläne auf dem Obersalzberg präsentieren und nach der persönlichen Freigabe durch den Reichskanzler konnten die Bauarbeiten für den neuen Flughafen München-Riem im Jahr 1937 zügig beginnen. Ursprünglich war die Eröffnung des Flughafens für den 1. September 1939 vorgesehen, aber der Kriegsbeginn verzögerte die offizielle Inbetriebnahme um einige Wochen. Am 24. Oktober 1939 war es soweit, nach einer rekordverdächtigen Bauzeit von nur zweieinhalb Jahren, wurde der für damalige Verhältnisse großzügig dimensionierte Flughafen München-Riem eingeweiht – damals der modernste Flughafen Europas, auf einer Fläche von 345 Hektar, etwa zehn Kilometer östlich des Stadtzentrums von München gelegen.

Der Flughafen wurde in ovaler Form angelegt, um auch kleineren Flugzeugen auf der Graspiste den Start bei unterschiedlichen Windrichtungen zu ermöglichen. Die Bebauung erstreckte sich bogenförmig am nord-westlichen Rand des Flugfelds, von wo aus auch die Straßenanbindung erfolgte. Schnurgerade führte die Straße zur repräsentativen Empfangshalle, zur berühmten »Wappenhalle«, daneben waren die Gebäude angeordnet, sauber nach den Funktionen gruppiert: Zunächst das Gebäude für die Passagierabfertigung, daneben der Kontrollturm mit dem dahinter liegenden Trakt für die Flughafenverwaltung, daran schlossen sich die Flugzeughallen und weitere Werkstattgebäude an.

Für die Eröffnungsfeierlichkeiten wurden im Außenbereich die eigens angelegten Tribünen genutzt. Der zivile Luftverkehr wurde einen Tag später aufgenommen, am 25. Oktober 1939 landete die erste Verkehrsmaschine in Riem, eine Ju 52 der Lufthansa, die aus Berlin kommend in München eintraf und ihren Flug anschließend nach Venedig und Rom fortsetzte.

Wenig später, am 11. November 1939, wurde in Riem der Start des »Führers Adolf Hitler mit der Führermaschine D-2600 Focke-Wulf Fw 200 Condor« unter »Besondere Vorkommnisse« verzeichnet. Nur drei Tage zuvor, am 8. November 1939, war Hitler dem von Georg Elser verübten Sprengstoffanschlag im Bürgerbräukeller in Haidhausen entkommen, weil er, unerwartet und früher als gewöhnlich, den Festsaal verlassen hatte: Sein Flugzeug hätte wegen dichten Nebels nicht starten können und er war deshalb früher aufgebrochen, um stattdessen mit dem Zug nach Berlin zu reisen.

Mit Kriegsbeginn wurde der zivile Luftverkehr am Flughafen München-Riem ohnehin schlagartig dezimiert, waren doch alle Verkehrsflughäfen in Deutschland zu Fliegerhorsten der Luftwaffe umfunktioniert worden. Nach der »Verordnung zur Sicherstellung des Kräftebedarfs für Aufgaben von besonderer staatspolitischer Bedeutung« und dem »Gesetz über Sachleistungen für Reichsaufgaben« (»Reichsleistungsgesetz«) musste die Lufthansa 116 Flugzeuge an die Luftwaffe abgeben, darunter allein 65 an das K.G. (Kampfgeschwader) z.b.V. (zur besonderen Verwendung),

Der Flughafen München-Riem im Jahr 1952. Ganz rechts im Bild die Flughafengaststätte, daneben die Empfangshalle, der Bereich der Passagierabfertigung, der Tower mit Flughafenverwaltung und die Hallen für die Flugzeugwartung. | Flughafen München

das unter das Kommando von Gablenz gestellt wurde, 43 an Ausbildungsstellen der Luftwaffe und acht weitere an andere Dienststellen.

Die Lufthansa bemühte sich einerseits, »den Krieg als ziviles, privatwirtschaftliches Luftfahrtunternehmen unbeschadet zu überstehen, [wurde] andererseits aber wie alle und alles im deutschen Machtbereich in die Kriegsmaschinerie gezwungen.«[22]

Trotz verlustreicher Kämpfe am Boden und in der Luft, trotz Bombenangriffen auf Städte und Flughäfen beförderte die Lufthansa während des Krieges unter schwierigsten Umständen und der Bedrohung durch feindliche Jagdflieger Passagiere, Fracht und Post. So wurden die Strecken in neutrale Staaten aufrechterhalten, in die Schweiz sowie nach Skandinavien. Von Berlin aus wurde insbesondere die Route 22, über Stuttgart–Lyon–Marseille–Barcelona–Madrid–Lissabon bedient, oder die berühmte Alpenroute, die Strecke 9, von Berlin über München und Venedig nach Rom mit Anschluss an den Flugdienst der italienischen Ala Littoria nach Barcelona. Außerdem flog die Swissair regelmäßig im Linienverkehr von München nach Zürich.

Am 26. Oktober 1941 kam es am Flughafen zu einem Brand, bei dem ein Sachschaden von rund 720.000 Reichsmark entstand.

Für die Lufthansa wurde München Anfang 1945 zum wichtigen Drehpunkt für die Strecke 9, die nun bis Mailand geführt wurde, vor allem aber für die Strecke 22 nach Spanien und Portugal. Nach den schweren Luftangriffen vom 24. März sowie vom 9. April 1945 wurde der Flughafen München-Riem weitgehend zerstört. Schwere Schäden hatte es bereits am 24. März gegeben, als unter anderem ein Hangar mit einer dort abgestellten Junkers Ju 290 zerstört wurde. Das spezielle Flugzeug war für den persönlichen Gebrauch Adolf Hitlers bestimmt. Es war mit einem Passagierraum ausgestattet, der an der Vorderseite durch eine 12 mm (0,5 Zoll) starke Panzerplatte und an den Seiten durch 50 mm (2 Zoll) kugelsicheres Glas geschützt war. Im Boden des Flugzeugs war eine Notluke verbaut. In dem für Hitler vorgesehenen Sitz war ein Fallschirm eingebaut. Hitler hätte im Notfall nur einen Hebel ziehen müssen, um durch die damit geöffnete Luke ausrollen und abspringen zu können. Vielleicht hatten es amerikanische Bomber auf dieses Flugzeug abgesehen, das an diesem Tag aber nur von einem Testflug nach Riem zurückgekehrt war. Gesteuert hatte es Hitlers Pilot Hans Baur, Hitler selbst war niemals als Passagier an Bord dieses Flugzeugs, das sich zu dieser Zeit noch in der Erprobungsphase befand.

Die letzte Junkers Ju 290 der Lufthansa, die im Passagierverkehr auf der Strecke nach Spanien eingesetzt war, fiel am 7. April 1945 einem amerikanischen Tieffliegerangriff auf den Flughafen München-Riem zum Opfer, zuvor hatte Flugkapitän Hans von Goessel die D-AITQ »Preussen« von Berlin nach München gesteuert.

Auf dem innerdeutschen Streckenabschnitt Berlin–München wurde im April 1945 zusätzlich Fürth angeflogen, ab Mitte April stattdessen dann Pilsen. Ende April 1945 versuchte die Lufthansa noch, Personal der Flugbetriebsleitung von der bereits von der Roten Armee beschossenen Reichshauptstadt Berlin nach München zu verlegen. Flugkapitän August Künstle startete am 21. April 1945 mit der Focke-Wulf Fw 200 »Hessen«, Kennzeichen D-ASHH, von Tempelhof nach München, an Bord ein Mitarbeiterstab von etwa 25 Personen. Wegen dichten Schneetreibens konnte die Maschine nicht in München landen, wurde aber noch von der Funkstelle München registriert, dann drehte sie nach Osten ab und der Funkkontakt brach ab. Der Flug endete tragisch mit dem Absturz bei Piesenkofen südlich von Regensburg – alle Passagiere und Besatzungsmitglieder kamen dabei ums Leben.

»Zum letzten Flug von München nach Mailand startet in Oberwiesenfeld am 24. April um 20 Uhr 30 die Junkers Ju 52 D-ASPI mit Flugkapitän Rudolf Englert. Das Flugzeug erreicht sicher sein Ziel und kann – trotz Flakbeschuss, Partisanengefechten und feindlicher Jagdbomber – am frühen Morgen des 26. April zum Rückflug nach München abheben, wo es um 6 Uhr wieder in Oberwiesenfeld landet.«[23]

Aus Ruinen zum internationalen Verkehrsflughafen

Am 30. April 1945 rückten die amerikanischen Streitkräfte bis nach München vor und beendeten die nationalsozialistische Schreckensherrschaft – München, die »Hauptstadt der Bewegung«, lag in Schutt und Asche, die Flughafengebäude in Riem waren zerbombt und die Flugbetriebsflächen von Bombenkratern übersät.

Anfang Mai 1945 übernahmen die Amerikaner den Flughafen und stationierten dort ein Transportgeschwader mit rund 50 Maschinen vom Typ Douglas C-47, der militärischen Version der DC-3. Anfangs standen die auf der notdürftig errichteten US-Air Base Riem stationierten »Dakotas« für militärische Transportaufgaben bereit, später sollten sie als die bei den Berlinern so beliebten »Rosinenbomber« bei der Luftbrücke von Juni 1948 bis Mai 1949 eingesetzt werden, nachdem die sowjetische Besatzungsmacht die Transportwege nach West-Berlin blockiert hatte. Damit die zweimotorigen Militärmaschinen 1945 in München landen konnten, richtete die US Air Force mit Stahlmatten eine behelfsmäßige Start- und Landebahn ein. 1946 mussten Fachkräfte der

Zu Fuß laufen die Passagiere über das Vorfeld des Münchner Flughafens zum Abflug. Abgebildet sind zwei Vickers Viscount 814 der Lufthansa, D-ANUR und D-ANAK, ca. 1969. | Sammlung Horst Jahnke

1939 gegründeten Flughafen Betriebsgesellschaft anrücken, um zunächst die Wasser- und Stromversorgung des Flughafens wieder notdürftig instand zu setzen. Auch Graf Castell meldete sich 1946 bei den amerikanischen Besatzern, bot seine Hilfe beim Wiederaufbau des Flughafens an und wurde bald zum wichtigsten Verbindungsmann zwischen der amerikanischen Militärverwaltung und den deutschen Behörden.

Bereits 1946 wurde die Wiederaufnahme des zivilen Luftverkehrs erwogen, nach Sondierungsgesprächen mit der amerikanischen Militärverwaltung und langen Verhandlungen zwischen der Landeshauptstadt München und der bayerischen Staatsregierung kam es am 9. März 1948 schließlich zu einer Vereinbarung: Die Vertreter des Official Military Government United States (OMGUS) sagten zu, die US Air Force aus München abzuziehen und den Flughafen München-Riem wieder für die zivile Nutzung freizugeben – unter der Prämisse, dass die deutsche Seite die Kosten für den Wiederaufbau übernähme.

Bereits vier Wochen nach dieser Vereinbarung, am 6. April 1948, landete eine aus London kommende DC-3 der Pan American World Airways mit 21 Fluggästen an Bord in Riem und eröffnete damit den zivilen Luftverkehr nach dem Zweiten Weltkrieg. Münchens Oberbürgermeister Karl Scharnagl begrüßte die Passagiere der Verkehrsmaschine und sprach vom »ersten Schritt, um München wieder an das internationale Luftnetz anzuschließen«. Viermal pro Woche wurde die Strecke London–Brüssel–Frankfurt–München–Wien bedient.[24] 1946 nahm die traditionsreiche Pan Am auch die Strecke von Frankfurt über München nach Tulln/Wien auf.

Am 30. Mai 1948 begann der weitgehende Rückzug der US Air Force aus Riem und mit Wirkung vom 15. Juni 1948 wurde auch ein rechtsverbindlicher Vertrag zwischen der amerikanischen Militärverwaltung und der Stadt München im Einvernehmen mit der bayerischen Staatsregierung ge-

Luftaufnahme Flughafen München-Riem 1960. | Flughafen München

Luftaufnahme Flughafen München-Riem 1988. | Flughafen München

Der Flughafen München-Riem stand zunächst **unter amerikanischer Militärverwaltung**. | Flughafen München

Pan Am eröffnet am 6. April 1948 den Linienverkehr ab München: Diese freundliche Stewardess gehörte zur Crew der »Pan American World Airways«, die nach Kriegsende als erste Luftverkehrsgesellschaft wieder den Linienverkehr ab München-Riem aufgenommen hatte. Eine aus London kommende Verkehrsmaschine vom Typ DC-3 eröffnete am 6. April 1948 den zivilen Luftverkehr in Riem. Dreimal wöchentlich bediente die Pan Am die Strecke London–München–Tulln/Wien. Der im Krieg weitgehend zerstörte Flughafen München-Riem war militärisch genutzt worden und diente der US Air Force als Stützpunkt. Zum 30. Mai 1948 übergaben die Militärs die Verwaltung an eine zivile Luftfahrtabteilung, die ab 9. November 1948 von dem Amerikaner Charles Dennis Daily geleitet wurde. Daily setzte sich mit großem Elan für den zügigen Wiederaufbau des Flughafens ein, in enger Zusammenarbeit mit dem deutschen Verbindungsmann Wulf-Diether Graf zu Castell, der am 12. Oktober 1949 zum ersten Geschäftsführer der neu gegründeten Flughafen München Riem GmbH ernannt wurde. | Meta Köhler, Flughafen München

Erster ziviler Flug nach dem Krieg, die Pan Am eröffnet den Linienverkehr am 6. April 1948 mit einer DC-3 aus London. | Flughafen München

schlossen, der die eigenständige deutsche Verwaltung des Flughafens unter amerikanischer Aufsicht festschrieb. Damit war der Flughafen München-Riem der erste deutsche Verkehrsflughafen, der nach dem Krieg wieder für den zivilen Luftverkehr zur Verfügung stand.

Charles D. Daily wurde von der amerikanischen Zivilluftfahrtbehörde als Administrator bestellt, der am 9. November 1948 seinen Dienst antrat. Daily legte der Stadt München bald eine umfassende Bestandsaufnahme der zerstörten Flughafenanlagen vor und empfahl neben der Wiederherstellung von Flughafengebäuden und Flugzeughallen auch die Anlage einer Start-/Landebahn von 2.000 Metern Länge mit einer Breite von 60 Metern in solider Betonbauweise sowie der notwendigen Befeuerung. Die Hindernisfreiheit in den An- und Abflugbereichen sei unbedingt zu gewährleisten.

Tatkräftig setzte sich Daily für die zügige Wiederherstellung des Riemer Flughafens ein, hatte er als Pilot der US Air Force doch einen Blick für die notwendige Infrastruktur am Boden. Als ehemaliger Leiter des Grand View Airports in Kansas City, Missouri, war er zudem mit der Organisation eines Flughafens vertraut. Eine Idealbesetzung – zudem verstand er sich bestens mit Graf Castell, der als ehemaliger Flugkapitän ebenfalls seine Expertise als ausgewiesener Luftverkehrsfachmann einbringen konnte. Die beiden Männer der ersten Stunde konnten damit einvernehmlich und sachkundig den Wiederaufbau des Flughafens München-Riem voranbringen.

Mühsame und entbehrungsreiche Jahre des Aufbaus und der Instandsetzung zerstörter Anlagen und Gebäude begannen, die Materialbeschaffung im Nachkriegsdeutschland war schwierig, die finanziellen Mittel waren begrenzt, dafür war umso mehr Improvisation gefragt.

Später erinnert sich Graf Castell an diese Anfangsjahre: »Die Passagierabfertigung fand in der jetzigen Empfangshalle statt, die durch eine Zwischendecke aus Weichfaserplatten in Zimmerhöhe nach oben abgetrennt war. Auf einer Seite lagen die Abfertigungsbüros in kleinen Schaltern, auf der anderen Seite war eine amerikanische Snackbar untergebracht. Da auch alle Wände aus diesem weichen Material hergestellt waren, endete nur gar zu oft eine unsanfte Berührung der Wand damit, daß ein Stück davon wie von einem Lebkuchenhaus herausbrach und man sich unversehens in einem der Büros befand, ohne die Tür benutzt zu haben. Die heutige Abfertigungshalle war vollkommen aus-

Programmheft des vom »Automobilclub München e.V.« veranstalteten Rundstreckenrennens am Flughafen München-Riem. | Sammlung Elisabeth Patulski, Flughafen München

Rundstreckenrennen am Flughafen München-Riem, 2./3. Mai 1951: Anfang der 1950er-Jahre war der Flughafen München bekannter Veranstaltungsort für große Motorsportveranstaltungen. Der Flugbetrieb war noch sehr überschaubar und so konnten auf einer mit Strohballen begrenzten Rennstrecke mitten auf dem Vorfeld die »Riemer-Rundstrecken-Rennen für Motorräder und Rennwagen« ausgetragen werden. Die Einnahmen dienten der Sanierung des im Krieg schwer beschädigten Flughafens. 80.000 Zuschauer verfolgten von den in der NS-Zeit angelegten Tribünen am 2./3. Mai 1951 den über 45 Runden und auf 103,5 km ausgelegten Meisterschaftslauf der »Rennwagen der Klasse Formel II bis 2000 ccm«, bei dem die Rennfahrerlegenden Hans Stuck (Grainau) und Fritz Riess (Nürnberg) mit ihren AFM-Rennwagen um die Wette fuhren. Aus dem Rennen ging Fritz Riess als Sieger hervor, der zudem einen Sonderpreis für die schnellste Zeit der Rennwagen erhielt; er hatte auf dem Parcours die Spitzengeschwindigkeit von 101 km/h erzielt. Bei den Motorrädern ging Georg Meier mit einer BMW an den Start, H. P. Müller fuhr mit einer DKW für die Auto-Union und der »Deutsche Straßenmeister« Sepp Müller startete in der Klasse Motorräder mit Seitenwagen. | Wulf-Diether Graf zu Castell, Flughafen München

gebrannt, und durch ein Loch in Decke und Dach konnte man den weiß-blauen Münchner Himmel sehen. Auf dem Kontrollturm stand eine Bretterbude, die als Kontrollraum für die Flugsicherungslotsen diente. Wetterwarte und Fernschreiberstellen waren in irgendwelchen Räumen untergebracht, die vom Kriege her nicht zerstört waren. Am Flughafeneingang stand mit Pistole und weißem Stahlhelm ein Posten der Militärpolizei. Dies war die ›einladende Atmosphäre‹ des Flughafens Riem im Frühjahr 1948.«[25]

Unter diesen Rahmenbedingungen eröffnete nach der Pan Am auch die Royal Dutch Airlines (KLM) als zweite Luftverkehrsgesellschaft der Nachkriegszeit am 4. Juni 1948 den Linienverkehr auf der Strecke Amsterdam–Stuttgart–München.

Am 12. Oktober 1949 wurde die Flughafen München-Riem GmbH mit einem Stammkapital von 20.000 DM gegründet, Wulf-Diether Graf zu Castell-Rüdenhausen wurde zum ersten

KLM – eine der ersten Linienfluggesellschaften in Riem: Eine nächtliche Szene mit Propellerflugzeugen, die Mitte der 1950er-Jahre am Flughafen München-Riem aufgenommen wurde. In der Bildmitte ist eine Convair CV-240 der KLM zu sehen, »De vliegende Hollander (The Flying Dutchman)« mit der Reg. No. PH-CEC, die bis zum Jahr 1957 im Einsatz war. Bis heute tragen holländische Flugzeuge die nationale Registrierung »PH«, P steht für Plesman, den Flugpionier und Gründer der KLM, Dr. Albert Plesman (1889–1953), und H natürlich für Holland. Heute wäre es kaum vorstellbar, über solche Fluggasttreppen einsteigen zu müssen. | Sammlung Horst Jahnke, Flughafen München

Geschäftsführer des Unternehmens ernannt. Nach dem Gesellschaftsvertrag sollte die Gesellschaft »den Verkehrsbelangen des Landes Bayern und der Stadt München im innerdeutschen und internationalen Luftverkehr [dienen]. Sie [sei] ausschließlich und unmittelbar zu Nutzen der Allgemeinheit tätig.« Der Freistaat Bayern und die Landeshauptstadt München waren zu gleichen Teilen an der Gesellschaft beteiligt.

Inzwischen wurden die Bauarbeiten an einer neuen 1.907 Meter langen Start- und Landebahn mit Hochdruck fortgesetzt, die nach einer Bauzeit von fünf Monaten fertiggestellt wurde. Um Flugzeuge mit höherem Startgewicht zuzulassen, wurde die Piste in Betonbauweise gefertigt, auch die Landerichtung wurde auf 07R/25L optimiert. Feierlich konnten die neuerbaute Startbahn, die wiedererbaute Fluggast-Abfertigungshalle und die Flughafen-Gaststätte mit Terrasse am 22. November 1949 eröffnet werden. Der Flughafen München-Riem verfügte jetzt auch über zehn Hotelzimmer. Bei einem Festakt begrüßte der Bayerische Staatsminister für Verkehr, Otto Frommknecht, die Ehrengäste, Ansprachen hielten der Oberbürgermeister der Landeshauptstadt München, Thomas Wimmer, der Chef der zivilen Luftfahrtabteilung HICOG (High Commissioner of Germany), Mr. Johnson, sowie der Bayerische Ministerpräsident Dr. Hans Ehard. Mit Omnibussen wurden die Ehrengäste zur Startbahn gefahren und nach dem Zerschneiden des Sperrbandes durch den Oberbürgermeister war die neue Startbahn offiziell für den Verkehr freigegeben.

Die Geschäftsführung des Flughafens hatte die Festgesellschaft zum Erstflug eingeladen: »Die Gäste besteigen das auf der Startbahn bereitstehende Flugzeug des Musters ›Convair Liner‹, welches von der Königlich Holländischen Luftfahrtgesellschaft, KLM, zur Verfügung gestellt wurde. […] Das Flugzeug rollt nach beendetem ersten Flug vor die Flughafen-Gaststätte. Gemeinsamer Imbiss in der Flughafen-Gaststätte«, so hieß es in der Einladungskarte für die Ehrengäste.

Mit der feierlichen Einweihung der neuen Startbahn war ein wichtiger Meilenstein erreicht, aber dennoch konnte noch nicht von einem »normalen« Flugbetrieb, wie wir ihn heute kennen, gesprochen werden. Viele der Passagiere waren Flüchtlinge, die in den Nachkriegswirren in eine neue Heimat aufbrachen oder jüdische Auswanderer, die dem Naziterror entkommen waren und mit Chartermaschinen nach Palästina ins gelobte Land ausreisten.

HUNTING-CLAN
HCA
G-AGRP
AIR FRANCE
F-BBDU
BOU
F-B
BP

▶ Air France im Linienverkehr nach Paris: Hier werden Erinnerungen an die goldene Zeit der Propellerflugzeuge wach. Das im Jahr 1955 am Flughafen München-Riem aufgenommene Foto zeigt gleich zwei Linienmaschinen der »Air France«: vorne wird eine Vickers 708 Viscount betankt, das Flugzeug mit der Kennung F-BGNL stand von Mai 1953 bis Juni 1960 in Diensten der »Air France«. Dahinter ist eine Douglas DC-4 zu erkennen, die von einem Mercedes-Benz »Unimog« (das steht für »Universal-Motor-Gerät«) geschleppt wird. Im Jahr 1955 wurden in Riem übrigens 26.048 Flugbewegungen verzeichnet und 271.000 Passagiere – im ganzen Jahr! | beide Bilder rechts: Sammlung Horst Jahnke, Flughafen München

◀ Flugbetrieb in Riem Anfang der 1950er-Jahre. | Toni Mayr, Flughafen München

Zudem konnten die Flüge vorerst nur mit ausländischer Währung bezahlt werden, denn trotz der mit der Währungsreform vom 21. Juni 1948 eingeführten D-Mark musste sich die neue Währung erst am Markt behaupten. Unter den Passagieren befanden sich neben vereinzelten Geschäftsleuten und Bühnenkünstlern zahlreiche amerikanische Soldaten, die, manchmal auch in Begleitung ihrer »Kriegsbräute« und Kinder, in die Vereinigten Staaten zurückkehrten.

Ab April 1949 bediente auch die skandinavische SAS regelmässig den Flughafen München-Riem. Zum Ende des Jahres 1949 wurden 28.970 Passagiere verzeichnet. Anlässlich des ersten Rund-um-die-Welt-Fluges machte die Pan Am am 5. April 1950 auch eine Zwischenstation am Flughafen München-Riem.

Im Frühjahr 1950 wurde die bis dato nur behelfsmäßig instandgesetzte Abfertigungshalle nach dem Umbau wieder in Betrieb genommen. Das Gebäude wurde mit modernsten Abfertigungseinrichtungen ausgestattet. Eine Zwischendecke wurde eingezogen und schuf Platz für dringend benötigte Büroflächen im Obergeschoss. Schließlich wurden zwei breite Treppen eingebaut, die von der Halle nach oben zur Besucherterrasse und zum Balkon führten. Am 16. Juni 1951 eröffnete der Flughafen München-Riem die umgebaute und modernisierte Abfertigungshalle einschließlich der Besuchereinrichtungen: Von der Besucherterrasse oder vom Balkon aus konnte man von nun an aus nächster Nähe den aktuellen Flugbetrieb verfolgen. 10 Pfennig kostete der Eintritt für Besucher.

Ende 1951 waren die Kriegsschäden behoben und der Wiederaufbau des Flughafens weitgehend abgeschlossen. Die neue Startbahn, die modernisierte Abfertigungshalle sowie ein neuer Transitraum für 150 Fluggäste ermöglichten wieder einen regulären Flugbetrieb. Einige neue Fluggesellschaften, die ab 1950 den Flughafen München bedienten, versprachen kontinuierliches Verkehrswachstum: Am 4. Januar 1950 ging die Sabena an den Start, am 17. Juni 1950 folgte die All American Airways und am 28. Juni 1950 die Yugoslavian Air Transport. Die niederländische KLM nahm am 16. April 1950 München als Zwischenstopp in seine legendäre Batavia-Route auf und bediente die rund 14.000 km lange Flugstrecke von Amsterdam über München–Kairo–Bangkok nach Jakarta, eine Route, die KLM schon 1934 mit unterschiedlichen Stationen mit einer DC-2 geflogen war. Am 8. Februar 1951 eröffnete die KLM die erste transatlantische Linienverbindung von München nach New York mit einer Lockheed Super Constellation.

Der amerikanische Flughafenadministrator Charles D. Daily kehrte am 7. Juni 1952 in die Vereinigten Staaten zurück und ein

Jahr später, zum 1. Oktober 1953, zogen auch die verbliebenen amerikanische Streitkräfte ab. Der Flughafen München-Riem stand fortan unter ziviler Verwaltung.

Im Sommer 1953 fand auf dem Münchner Messegelände die Deutsche Verkehrsausstellung statt, mit über drei Millionen Besuchern eine der ersten Großveranstaltungen im Deutschland der Nachkriegszeit. Übergreifendes Thema war die Zukunft des Verkehrs. Flughafen-Geschäftsführer Graf Castell hatte auf der Verkehrsausstellung die Leitung für den Bereich Luftverkehr übernommen.

Immer mehr Fluggesellschaften steuerten den Flughafen München an. Die Verkehrszahlen entwickelten sich dementsprechend schnell und hatten sich innerhalb von fünf Jahren fast vervierfacht: von 69.044 Passagieren im Jahr 1950 auf 270.906 im Jahr 1955 – jedoch noch ganz ohne Beteiligung einer deutschen Fluggesellschaft.

Die neue Deutsche Lufthansa wird flügge

Die Vorbereitungen zum Aufbau einer deutschen Luftverkehrsgesellschaft begannen im Jahr 1951, als Bundesverkehrsminister Hans-Christoph Seebohm am 29. Mai den ehemaligen Verkehrsleiter der »alten« Lufthansa, Hans M. Bongers, zu seinem Berater in Luftverkehrsfragen ernannte. Im »Büro Bongers« in Köln begannen die Planungen für den Aufbau einer neuen Luftverkehrsgesellschaft, ihm zur Seite stand Gerhard Höltje, der für die Flottenplanung und den Aufbau der technischen Betriebe verantwortlich war. Um handlungsfähig sein zu können, wurde am 6. Januar 1953 die »Aktiengesellschaft für Luftverkehrsbedarf« (Luftag) mit Sitz in Köln ins Leben gerufen. Bei der Auswahl von Flugzeugmustern entschied man sich für bewährte, fabrikneue amerikanische Flugzeuge. Mit den Lockheed-Werken schloss die Luftag am 26. Juni 1953 einen Vertrag über die Lieferung von vier Flugzeugen des Typs »Super Constellation«. Am 6. August 1954 beschloss die Hauptversammlung der Luftag, das Grundkapital auf 50 Millionen DM zu erhöhen und den Namen in »Deutsche Lufthansa Aktiengesellschaft« zu ändern.

Das Potsdamer Abkommen von 1945 hatte noch jede deutsche Beteiligung am Betrieb von Verkehrsflugzeugen untersagt. Erst die Pariser Verträge vom 23. Oktober 1954 hoben das Besatzungsstatut auf und gaben der Bundesrepublik Deutschland mit Wirkung zum 5. Mai 1955 die volle Souveränität und damit auch die Hoheitsrechte über den Luftraum zurück. Die Lufthansa schaffte vier zweimotorige Convair CV 340 an, schulte Piloten und Crews und baute Stationen an den deutschen Verkehrsflughäfen auf.

Die feierliche Eröffnung des planmäßigen Linienverkehrs durch die Lufthansa erfolgte am 1. April 1955 in Anwesenheit des »Münchner Kindls« sowie des damaligen Oberbürgermeisters von München und Vorsitzenden des Aufsichtsrats der Flughafen München-Riem GmbH, Thomas Wimmer. | Flughafen München

Noch bevor das Vertragswerk in Kraft trat, gestatteten die Alliierten der Lufthansa die Aufnahme eines Probeflugverkehrs innerhalb der Bundesrepublik. So konnte bereits am 1. März 1955 eine Convair in München-Riem landen – mit einem Flugzeugführer der BEA und einem deutschen Co-Piloten im Cockpit. Für den Langstreckenverkehr wurden ehemalige Piloten, Flugingenieure und Navigatoren der Lufthansa in Nachschulungskursen in England und Amerika ausgebildet, um dann auf den Überführungs- und Streckenerprobungsflügen von den Kollegen der TWA auf der Super Constellation eingewiesen zu werden. So

Die Deutsche Bundespost gab zur »Aufnahme des Deutschen Luftverkehrs« einen Satz von Sonderbriefmarken heraus, der am Postamt München-Flughafen mit einem Sonderstempel verziert wurde. | Sammlung Horst Jahnke

flogen zunächst amerikanische Besatzungen, Piloten der Lufthansa waren als dritte Flugzeugführer im Cockpit – spaßeshalber als »Atlantik-Nachtwächter« bezeichnet. Die erste Super Constellation der Lufthansa landete nach einem Streckenerprobungsflug am 21. April 1955 am Flughafen München-Riem.

Endlich kann auch die Lufthansa an den Start gehen

Am 1. März 1955 nahm die Lufthansa mit vier zweimotorigen Convair CV 340 den Probeflugverkehr innerhalb der Bundesrepublik auf und, einen Monat später, am 1. April 1955 begann der planmäßige Flugverkehr zwischen den Flughäfen Hamburg, Düsseldorf, Köln/Bonn, Frankfurt und München. Um 7.42 Uhr startete eine Convair CV 340 zum ersten Linienflug von München nach Hamburg. Die Gegenmaschine startete um 7.43 Uhr in Hamburg.

In der »Welt am Sonntag« berichtet Michaela Geiger über den Neubeginn der Lufthansa nach dem Krieg: »Die Geschichte der deutschen Luftfahrt nach dem Zweiten Weltkrieg beginnt in München. ›Wir schreiben den 1. April 1955. Kurz vor acht Uhr rollt auf dem Flugplatz München-Riem die silbergraue Lufthansa-Convair-340-Maschine an den Start, die uns – siebzehn Fluggäste – nach Frankfurt, Köln oder Hamburg bringen soll‹, beschreibt Passagier Raimund Eberle von der Pressestelle der Bayerischen

Nach dem Vier-Mächte Statut durfte keine deutsche Fluggesellschaft Berlin anfliegen. Über viele Jahre wurden die innerdeutschen Flugverbindungen nach West-Berlin deshalb von der Pan Am, der British Airways sowie der Air France bedient. | Flughafen München

Staatsregierung als Zeitzeuge den historischen Moment. Zeitgleich sollen zwei Lufthansa-Flüge in München und in Hamburg starten. Der Kapitän im bayerischen Flieger hebt eine Minute früher ab als sein Kollege im Norden und gibt somit das Startsignal für den zivilen Luftverkehr der Nachkriegs-Ära. […] Vier Stunden und 20 Minuten dauert am 1. April 1955 der Erstflug von München nach Hamburg. Das Ticket kostet 317 Mark für Hin- und Rückflug – ein Vergnügen, das sich damals nur Geschäftsleute und vermögende Privatpersonen leisten konnten.«[26]

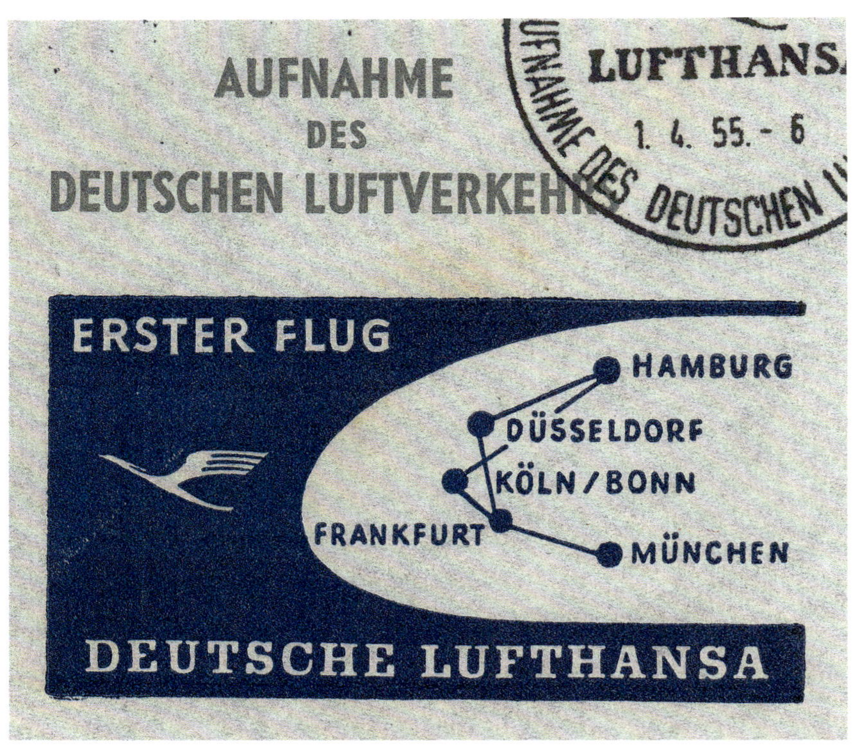

Am 1. April 1955 nimmt die Lufthansa den Deutschlandverkehr auf. | Sammlung Horst Jahnke

Schlag auf Schlag wurden neue Strecken eröffnet:
Am 15. Mai 1955 nahm die Lufthansa den Europaverkehr auf und richtete Strecken nach Madrid (15.5.), London (16.5.) und Paris (17.5.) ein.

Der erste Linienflug von München nach London fand am 16. Mai 1955 statt.

Am 8. Juni 1955 begann der transatlantische Luftverkehr mit der Aufnahme des Linienverkehrs von Deutschland in die Vereinigten Staaten.

Am 12. September 1956 eröffnete die Lufthansa den Orient-Dienst und bediente die Strecke Hamburg–Düsseldorf–Frankfurt–München–Istanbul–Beirut–Bagdad-Teheran.

Am 28. April 1957 fand der Eröffnungsflug Wien–München–Frankfurt–Hannover–Hamburg statt.

Erstmals flog die Lufthansa am 13. Februar 1958 mit dem »Super Star« nonstop nach New York.

Am 1. April 1958 erfolgte die Wiederaufnahme des Luftverkehrs mit Zürich, LH 316 München–Zürich.

Ein Jahr später, am 1. April 1959, folgte der Eröffnungsflug LH 347 München–Mailand und am 1. April 1961 der Eröffnungsflug LH 172 München–Madrid.

Aufnahme des Europaverkehrs am 15. Mai 1955. | Postkarte, Sammlung Horst Jahnke

Am 30. April 1961 fand der Lufthansa-Eröffnungsflug LH 402/403 mit einer Boeing 707 auf der Strecke München–Köln–New York statt.

Am 1./2. September 1961 wurde der zuschlagsfreie Nachtluftpostverkehr der Deutschen Bundespost ab München eröffnet. Fünfmal wöchentlich wurde der Nachtflugpostdienst beflogen.

Am 1. April 1962 startete die Lufthansa mit einer Vickers Viscount 814 von München über Stuttgart nach Paris (LH 156).

Aufnahme des Nordatlantikdiensts mit der Super Constellation

Mit dem Start einer nagelneuen Lockheed L-1049 G Super Constellation am 8. Juni 1955 begann für die neue Deutsche Lufthansa das Zeitalter der Interkontinentalflüge. Der denkwürdige Eröffnungsflug führte von Hamburg über Düsseldorf und Shannon nach New York-Idlewild, das die Super Constellation mit dem Kennzeichen D-ALEM nach einer Flugzeit von 17 Stunden erreichte.

Ein Meilenstein für die Lufthansa und auch eine Sternstunde für die junge Stewardess Margot von Engelmann-Rohde, die den Erstflug nach Amerika begleitete: »Für uns war dieser Flug einfach sensationell, ein absoluter Traum ging in Erfüllung. Sechs Wochen waren wir in einem Lehrgang darauf vorbereitet worden und nun ging es endlich los. Und stellen Sie sich vor, als junge Frau flog ich zum ersten Mal nach Amerika! Aber ehrlich gesagt,

»Super Constellation« über der Skyline von New York. | Sammlung Horst Jahnke

Aufnahme des **Nordamerikaverkehrs** am 8. Juni 1955. | Sammlung Horst Jahnke

Erstflug der Lufthansa nach New York: Am 8. Juni 1955 fand der erste planmäßige Nordatlantikflug der Lufthansa mit einer Lockheed L-1049 G »Super Constellation« von Hamburg nach New York statt. Das Bild zeigt die Besatzungsmitglieder mit Kapitän Eddie Wells und dem zweiten Kapitän Reinhold Wrede sowie die beiden Flugbegleiterinnen Edith Janssen (li.) und Margot Rohde (re.) nach der Landung in New York. Der denkwürdige Eröffnungsflug führte von Hamburg über Düsseldorf und Shannon nach New York-Idlewild, dem heutigen John F. Kennedy Airport. Die damalige Flugzeit betrug 17 Stunden. Die heute im Besucherpark des Münchner Flughafens ausgestellte Super Constellation mit dem Kennzeichen »D-ALEM« erinnert an das historische Ereignis, Besucher können mittels der in der Kabine gezeigten zeitgenössischen Wochenschauberichte einen Eindruck von den Anfangsjahren der Lufthansa gewinnen. | Deutsche Lufthansa AG

Margot von Engelmann-Rohde, eine der ersten Stewardessen der Lufthansa. | Margot von Engelmann-Rohde, Lufthansa

Frisch aus der Näherei: die neue Dienstkleidung der Lufthansa-Crew. | Lufthansa

uns blieb überhaupt keine Zeit, groß über diesen besonderen Eröffnungsflug nachzudenken. Schließlich hatten wir uns um 50 bis 60 Passagiere an Bord zu kümmern, bei einer Flugzeit von rund 17 Stunden, mit einer Zwischenlandung in Düsseldorf und einem Tankstopp in Shannon. Im ›duty free‹ in Shannon gab es übrigens ganz erlesene Spezialitäten, leckerste Pralinen, von denen wir im Nachkriegsdeutschland nur träumen konnten.«

Und wie erlebte Margot von Engelmann die Ankunft in New York? »New York im Morgengrauen ist sowieso nicht gerade der große Knaller, aber die Ankunft am Flughafen Idlewild, dem späteren John F. Kennedy Airport, war dann doch eine echte Enttäuschung. Der Flughafen selbst war eine einzige Baustelle, schrecklich, in Deutschland hatte ich schon bessere Feldflugplätze gesehen. Dagegen wurde uns dann im ›Waldorf Astoria‹ ein phänomenaler Empfang bereitet, alles, was Rang und Namen hatte, begrüßte die neue Deutsche Lufthansa in New York – unvergesslich. Unsere ersten Kapitäne auf der ›Super Constellation‹ waren damals amerikanische Piloten. Und die luden uns dann zu Landausflügen ein und zeigten uns die schönsten Flecken von New York und Umgebung.«[27] Der einfache Flug nach New York kostete damals in der Touristenklasse 1500 Mark, in der Ersten Klasse rund 2000 Mark.

Bunte Erstflugbelege. | Sammlung Horst Jahnke

Eine Boeing 377 **»Stratocruiser«** am Flughafen München-Riem. Das amerikanische Truppentransportflugzeug bot Platz für 100 Passagiere auf zwei Passagierdecks. | Flughafen München

An Bord einer Lufthansa Lockheed Super Constellation: Es waren die Goldenen Jahre der Luftfahrt – bis heute ist der Komfort und Luxus in der Senator-Klasse der »Super Connie« legendär. Für das leibliche Wohl an Bord sorgte eigens ein Kochsteward. Dennoch erinnert die großzügige Kabine mit ihrem Holzfurnier und den bunten Vorhängen auch an das etwas spießige Wohnzimmerambiente dieser Zeit. Flugreisen waren damals eine exklusive und eher gediegene Angelegenheit: Anzug und Krawatte gehörten zur normalen Reisebekleidung, der einfache Flug von München nach New York kostete in der luxuriösen Senator-Klasse 2294,- DM, in der preisgünstigen Economy 1273,– DM (Flugpreise 1959). Die Reisegeschwindigkeit betrug etwa 520 km/h. Ihre Langsamkeit wurde den komfortablen Propellerflugzeugen letztlich zum Verhängnis: Ab 1960 verdrängten deutlich schnellere Düsenjets, wie die Boeing 707, die Constellations. Insgesamt baute der Hersteller Lockheed 856 Constellations und Super Constellations. | Lufthansa

Ein Blick auf das Vorfeld im Jahr 1967: Propellerflugzeuge wie die Convair »Metropolitan« beherrschten das Bild. | Lutz Marold, Flughafen München

Glanzvolle Ära der Propellerflugzeuge

Am Flughafen München-Riem prägten in den 1950er-Jahren Propellerflugzeuge der Typen Convair, DC-3, später dann DC-6 und DC-7, Vickers Viking und Super Constellation das Bild.

Schon 1937 hatte die Swiss Air Lines die erste DC-3 in Betrieb genommen. Franz Heinrich Freiherr von Gablenz landete mit der großartigen DC-3, der »Grand Old Lady« der Nachkriegszeit, als Co-Pilot bei der Swiss Air Lines erstmals am 13. August 1953 am Flughafen München-Riem. Mit der überaus zuverlässigen DC-3 (die Abkürzung steht für Douglas Commercials), einem zweimotorigen Propellerflugzeug mit 28 Sitzen, war Donald W. Douglas im Jahr 1936 der sprichwörtlich »ganz große Wurf« gelungen. Bis zum Eintritt der Vereinigten Staaten in den Zweiten Weltkrieg lieferte Douglas rund 800 zivile DC-3 aus, die zum beliebtesten Verkehrsflugzeug avancierten und eine neue, goldene Ära der Verkehrsfliegerei einleiteten. Mit der DC-3 entwickelte sich der inneramerikanische Luftverkehr stürmisch und nahm allein in den Jahren von 1936 bis 1941 um etwa 600 Prozent zu. Während des Zweiten Weltkriegs wurde das Flugzeug in großer Stückzahl in einer militärischen Version als Truppentransporter gebaut, insgesamt wurden weit mehr als 10.000 Flugzeuge ausgeliefert. Nach dem Krieg wurde die große Anzahl militärisch genutzter DC-3 nicht mehr benötigt, viele der Flugzeuge wurden zu zivilen Verkehrsflugzeugen umgebaut und bildeten den Grundstock der Flotten bei fast allen Luftverkehrsgesellschaften.

Auf der Langstrecke kam die legendäre Super Constellation zum Einsatz, ein Flugzeug, das wie kein anderes für Aufbruch und wirtschaftlichen Aufschwung im Nachkriegsdeutschland stand. So konnte die Lufthansa mit der Super Constellation zahlreiche neue Verbindungen in alle Welt eröffnen, aber es gelang auch, das Flugzeug als bequemes und verlässliches Massenverkehrsmittel zu etablieren, das bislang übliche, lange Schiffspassagen, insbesondere über den Atlantik nach Nord- und Südamerika, ersetzte. Mit der Super Constellation gelangen schnelle Verbindungen zu den Wirtschaftszentren der Welt und verhalfen der Lufthansa zu einem ungeahnten wirtschaftlichen Erfolg.

Dank der charakteristischen Form mit dem gebogenen Rumpf und dem markanten, dreifachen Seitenleitwerk gilt die Lockheed Super Constellation bei vielen Luftfahrt-Enthusiasten auch heute noch als das wohl schönste Verkehrsflugzeug, das je gebaut wurde. Die unverwechselbare Super Constellation, die »Königin der Lüfte«, wurde von Ingenieuren der Lockheed Aircraft Corporation unter Mitarbeit von Howard Hughes in Ganzmetall-Halbschalenbauweise konstruiert und war das erste Verkehrsflugzeug

Begegnungen der etwas anderen Art gab es am Flughafen München-Riem im Jahr 1956, als dort noch regelmäßig ganze Schafherden die Grasflächen am Flughafen kurz hielten. Diese Passagiere freuten sich offensichtlich über den besonderen Empfang, der ihnen in München bereitet wurde. Die Schäferidylle wurde direkt vor einer geparkten DC-3 der Lufthansa aufgenommen, im Hintergrund ist der Tower zu sehen. Es ging eben noch etwas beschaulich zu, als 1956 an »Deutschlands Luftverkehrstor im Süden« insgesamt 349.571 Passagiere gezählt wurden – im ganzen Jahr! Eine solche Anzahl von Passagieren wird heute in nur drei Tagen erreicht. | Meta Köhler, Flughafen München

Flugpläne der Lufthansa mit den Flugpreisen Ende der 1950er-Jahre. | Lufthansa Bildarchiv

Moscheen und Basars . . . Sonne, Palmen und historische Sehenswürdigkeiten . . . Badestrand und Skiparadies — das alles verbirgt sich hinter dem Zauberwort ORIENT. Dieses Urlaub-Märchenland erreichen Sie in wenigen Stunden mit den modernen *Super-G* der **LUFTHANSA**. Außer nach Istanbul, Beirut, Damaskus, Bagdad und Teheran fliegt **LUFTHANSA** von Deutschland — mit nur einer Zwischenlandung in Rom — auch ins Land der Pyramiden, nach Cairo! Schon heute wünschen wir Ihnen einen angenehmen Flug in den Orient.

LUFTHANSA — Flugdienst für Feinschmecker!

FLUGPREISE NACH DEM ORIENT

von **HAMBURG** nach	Erste Klasse ↗ DM	↗↙ DM	Touristenklasse ↗ DM	↗↙ DM
Bagdad	1541,00	2774,00	1059,00	1907,00
Beirut	1282,00	2308,00	871,00	1568,00
Cairo	1282,00	2308,00	871,00	1568,00
Damaskus	1282,00	2308,00	871,00	1568,00
Istanbul	959,00	1727,00	710,00	1278,00
Teheran	1729,00	3113,00	1200,00	2160,00

LUFTHANSA-Stadtbüro:
Hamburg, Alstertor 14-16, Tel.: 33 15 31, 33 17 76
Flughafen: Fuhlsbüttel, Tel.: 59 10 01

Ihr IATA-Reisebüro:

Wbg-Nr. 540048/159/D-BEL Printed in Federal Republic of Germany

Hamburg–
ORIENT

LUFTHANSA

MÜNCHEN—
SÜDAMERIKA 2
GÜLTIG AB 24. MAI 1959

FLUGPREISE

von MÜNCHEN nach		DeLuxe-Klasse DM	Erste Klasse DM	Touristen-Klasse DM	Economy-Klasse DM
Bogota	↗	2878.00	2626.00	2082.00	2024.00
	↗↙	5181.00	4727.00	3748.00	3705.00
Caracas	↗	2713.00	2461.00	1923.00	
	↗↙	4884.00	4430.00	3462.00	
Chikago	↗		2219.00	1683.00	1418.00
	↗↙		4030.00	3057.00	2581.00
Los Angeles	↗	2968.00	2716.00	1974.00	1710.00
	↗↙	5421.00	4967.00	3641.00	3165.00
Mexico City	↗	2782.00	2530.00	1801.00	1710.00
	↗↙	5008.00	4554.00	3242.00	3165.00
Montreal	↗		1983.00	1517.00	1252.00
	↗↙		3570.00	2731.00	2254.00
New York	↗	2294.00	2042.00	1538.00	1273.00
	↗↙	4130.00	3676.00	2769.00	2292.00
San Francisco	↗	2968.00	2716.00	1974.00	1710.00
	↗↙	5421.00	4967.00	3641.00	3165.00

LUFTHANSA-Stadtbüro:
München, Promenadeplatz 6, Hotel Bayerischer Hof
Tel. 29 33 65
Flughafen: Riem, Tel. 47 02 67/8/9

Ihr  -Reisebüro:

Wbg-Nr. 540 062/559/D-CL

Printed in Federal Republic of Germany

LUFTHANSA

MÜNCHEN—
NORDAMERIKA 2
GÜLTIG AB 24. MAI 1959

Ankunft einer DC-3 der Swissair aus Zürich. Der Marshaller weist die Maschine an der Parkposition ein, sein Kollege steht mit den Bremsklötzen bereit. | Lutz Marold, Flughafen München

der Welt, das mit einer Druckkabine ausgestattet war. Die berühmte Super G stand am Ende einer langen Modellreihe und war das Ergebnis zahlreicher Modifikationen. Ihr unverwechselbares Aussehen erhielt die »Super Connie« mit den Zusatztanks an den Enden der Tragflächen, den »Tip Tanks«, mit einem Fassungsvermögen für jeweils 2.200 Liter Treibstoff, die zusätzliche Reichweite ermöglichten.

Flugkapitän Franz Heinrich Freiherr von Gablenz, langjähriger Chefpilot der Lufthansa, »Division Chief Pilot Africa–South America« sowie »Bereichsleiter Cockpit«, steuerte die L-1049 »Super Constellation«, Kennzeichen D-ALEM, erstmals im Sommer 1959 nach München-Riem. Im Gespräch schilderte er seine Erfahrungen mit der Super Constellation: »Das Flugzeug war ausgezeichnet, nur leider verfügte die ›Connie‹ über sehr anfällige Motoren. Flieger nannten sie deshalb ja auch ›the best three-engine aircraft‹. Dabei war es noch nicht weiter besorgniserregend, wenn einer der vier Motoren gelegentlich ausfiel, aber das Problem war, dass man den stehenden Propeller von der Kabine aus sehen konnte. So musste ich deswegen regelmäßig die besorgten Passagiere beruhigen. Schwierigkeiten mit der Motorkühlung waren häufig, vor allem beim hinteren Stern der Doppelsternmotoren. Vorsorglich musste ich dann in Absprache mit dem Flugingenieur einen der Motoren abschalten. Bei Flügen mit der ›Connie‹ durch die intertropische Front kam es aber durchaus zu Vereisungen, auch an den Propellern. Dann hieß es ›alcohol on the props‹, das Eis löste sich und plötzlich schleuderten Eisbrocken mit lautem Knall gegen die Kabinenwand, was unsere Passagiere erschreckte. Erstaunlicherweise haben uns heftige tropische Regengüsse dagegen nichts ausgemacht, ganz im Gegenteil, der Regen trug eher zur Steigerung der Motorleistung bei.«

Wirtschaftswunder und Aufbaujahre in Riem

Während am Flughafen München-Riem noch ein reger Betrieb mit Propellerflugzeugen herrschte, befasste sich die Jahrestagung der Arbeitsgemeinschaft Deutscher Verkehrsflughäfen (ADV), die am 24. und 25. Mai 1956 in München stattfand, bereits vorausschauend mit der bereits absehbaren Einführung neuer Düsenverkehrsflugzeuge und deren Auswirkungen auf den Betrieb der Flughäfen. Boeing hatte im Jahr 1952 die Entwicklung von Flugzeugen mit Turbinen-Strahltriebwerken angekündigt. Der Erstflug eines Prototypen der Boeing 707, mit der Musterbezeichnung 367-80, der »Dash Eighty«, erfolgte am 15. Juli 1954.

»Das bewegende Thema [der ADV-Tagung] ist der Entwicklungsweg, den der Luftverkehr durch die Einführung des Düsenantriebs in die Verkehrsluftfahrt nehmen wird, und welche Folgerungen sich daraus für Verkehr und Bodenorganisation ergeben. [...] Jetzt sieht die Arbeitsgemeinschaft Deutscher Verkehrsflughäfen ihre Aufgabe darin, der sich anbahnenden neuen Entwicklung der Luftverkehrstechnik gerecht zu werden und auf den Flughäfen der Bundesrepublik alle Voraussetzungen zu schaffen, den Raum und Zeit überwindenden Giganten der Luft die Möglichkeit zu geben, alle ihre Vorteile dem Luftreisenden von heute und morgen in vollem Umfange zu vermitteln. Sie dienen damit dem Weltmeere und Kontinente überspannenden völkerverbindenden Luftverkehr und dem Fortschritt der Technik in einer friedliebenden Welt.«[28]

Im Bewusstsein der Verantwortung für die Zukunft mahnte im Geleitwort zum Flugplan des Flughafens München-Riem von 1956 der Bayerische Staatsminister für Wirtschaft und Verkehr Otto Bezold: »Gerade die sprunghafte Entwicklung der Luftfahrttechnik mit ihren immer schnelleren Flugzeugen und den dadurch bedingten langen Startbahnen mahnt uns eindringlich, durch verantwortungsbewusste Abstimmung der technischen Möglichkeiten mit den wahren Bedürfnissen der Menschheit erneut zu beweisen, daß wir nicht Knecht, sondern Herr der Technik, ihrer Zurüstungen und ihrer Leistungen sind.«

Bundesverkehrsminister Hans-Christoph Seebohm unterstrich bei gleicher Gelegenheit »die wichtige Stellung des Verkehrsflughafens München-Riem mit seinem ständig wachsenden Luftverkehr nicht nur im innerdeutschen und europäischen, sondern ebenfalls im interkontinentalen Luftverkehr. Seine Lage in der Bundesrepublik macht ihn zu einem deutschen Luftverkehrstor nach dem Süden, aber ebenso nach Nah- und Fernost.«[29]

Mit dem unerwartet schnellen Wirtschaftswachstum im Deutschland der Nachkriegszeit legte auch das Verkehrsaufkommen weiter zu. 1956 hatte sich der Flughafen München-Riem im innerdeutschen, europäischen und interkontinentalen Streckennetz der Luftverkehrsgesellschaften fest etabliert. 270.906 Fluggäste wurden 1955 gezählt, 1956 waren es schon 349.571. Der Sommer-Flugplan des Jahres 1956 wies tägliche Flüge nach London, Paris, Zürich und Wien aus, einmal in der Woche flog die KLM nach Athen, Beirut und Kairo und die Pan Am be-

Fluglärmessung am Rande des Flughafens München-Riem: Aufgeschreckt durch den Fluglärm wurde dieses Pferd offensichtlich nicht, als im Oktober 1958 auf einer Koppel in der Umgebung des Flughafens München-Riem eine mobile Fluglärmmessung durchgeführt wurde. Während das tragbare Messgerät der Firma Rohde und Schwarz interessante Daten aufzeichnete, schien das Pferd davon nicht sonderlich beeindruckt gewesen zu sein und freute sich eher über die willkommene Abwechslung. Heute gibt es am Flughafen München 16 stationäre Fluglärmmessstellen, die rund um die Uhr die Lärmwerte aufzeichnen, die im Internet bequem abgerufen werden können. | Sammlung Horst Jahnke, Flughafen München

diente den Kurs Istanbul–Beirut–Karachi–Kalkutta–Bangkok–Hongkong–Tokio.

„Mehr aber noch als das Anwachsen der Verkehrszahlen lässt die immer fester werdende Verankerung Münchens im innerdeutschen, europäischen und interkontinentalen Streckennetz des Weltluftverkehrs erkennen, wie hoch man seinen Verkehrsflughafen einschätzt. Heute flattern gemeinsam mit dem blau-gelben Stander der neuen Deutschen Lufthansa die bunten Flaggen von neun internationalen Luftverkehrsgesellschaften an den Fahnenmasten des Flughafens der bayerischen Wirtschaftsmetropole und Fremdenverkehrsstadt. Sie und die landenden und startenden Luftriesen aus allen Teilen der Welt sind der sinnfälligste Beweis für die Weltverbundenheit der Hauptstadt des größten natürlich gewachsenen deutschen Bundeslandes, die nicht nur die weltbekannte und weltoffene Kunststadt und der Anziehungspunkt aller ist, die von hier aus in das Sommer- und Winterparadies der bayerischen Alpen streben. München ist zugleich auch das Herz eines weiten Wirtschaftsraumes, der die durch den Luftverkehr gebotenen Schnellverbindungen nicht entbehren kann", schrieb Kurt Jentklewicz im Flugplan des Jahres 1956.[30]

Die Flughafenanlagen mussten erweitert werden und im Hinblick auf die absehbaren Langstreckenflüge von Flugzeugen mit

Senator

Speisekarten der Lufthansa Ende der 1950er-Jahre. Besonders aufwendig gestaltet waren die Speisekarten auf den Flügen in der Senatorklasse, mit einer Kordel gebunden, auf Büttenpapier gedruckt und liebevoll illustriert von Katja Mackens-Hassler. | Sammlung Horst Jahnke

Flughafen-Gaststätte und Besucherterrasse am Flughafen München-Riem. | Peter Hoppen, Flughafen München

Das Vorderteil der abgestürzten Chartermaschine vom Typ »BEA-Elizabethan«. Kurz nach dem Start vom Münchener Flughafen stürzte am 6. Februar 1958 die britische Maschine mit 44 Passagieren an Bord in dichtem Schneetreiben auf ein Haus und brach auseinander. 21 Menschen kamen ums Leben, unter ihnen 11 Mitglieder des britischen Fußballvereins **Manchester United**. Die Mannschaft hatte am Vortag in Belgrad (Jugoslawien) gegen den Verein »Roter Stern« ein Europacup-Spiel ausgetragen und befand sich auf dem Rückflug nach London. | picture-alliance / dpa | Klaus Heirler

Düsenantrieb wurden Planungen zur Verlängerung der Start- und Landebahn in Angriff genommen.

Der Flughafen München-Riem entwickelte sich vor allem an den Wochenenden zu einem beliebten Ausflugsziel der Münchner. Nicht nur die Möglichkeit, den Flugbetrieb aus nächster Nähe zu betrachten, sondern auch die regelmäßigen Flughafen-Konzerte wurden zu Publikumsmagneten. Die Gartenterrasse und das Flughafenrestaurant mussten erweitert werden. Über eine Million Flughafengäste wurden bereits verzeichnet, davon allein 215.000 auf dem Besucherbalkon. Am 13./14. Oktober 1956 fand in München-Riem ein Großflugtag statt, der über 60.000 Besucher anzog.

Zum Ende des Jahres 1956 führten die Auswirkungen eines politischen Ereignisses zu einem erhöhten Verkehrsaufkommen in Riem: Nach der Niederschlagung des ungarischen Volksaufstands durch sowjetische Panzer am 4. November 1956 kam es zu einer Massenflucht ungarischer Staatsbürger. Der Flughafen München-Riem wurde zum Rettungsanker für ungarische Emigranten, die in Sondermaschinen des »Military Air Transport Service« (MATS) nach Amerika ausgeflogen wurden. US-Vizepräsident Richard Nixon besuchte am 22. Dezember 1956 den Münchner Flughafen, um sich ein Bild von der unter dem Namen »Safe Haven« eingerichteten Luftbrücke zu verschaffen. Im Dezember wurden innerhalb von drei Wochen rund 10.000 ungarische Flüchtlinge in die USA geflogen. An Heiligabend des Jahres 1956 stellte US-Präsident Dwight D. Eisenhower sogar seine Präsidentenmaschine für einen Flüchtlingstransport zur Verfügung – die Super Constellation startete von Riem in die Vereinigten Staaten.

Chartergesellschaften für den Urlaubsreiseverkehr

Eine zweimotorige britische Vickers Viking der Lufttransport Union (LTU) wurde am 28. Juni 1957 auf den Namen »München« getauft. Die Viking mit 36 Sitzplätzen war auch beim Deutschen Flugdienst, dem späteren Condor Flugdienst, im Einsatz und wurde vor allem für den Urlaubsreiseverkehr genutzt. Neben Linienfluggesellschaften traten nun auch Charterfluggesellschaften auf den Plan und Reisebüros offerierten preisgünstige Flug-Pauschalreisen.

Die Manchester United Tragödie

Eine furchtbare Tragödie überschattete die Aufbaujahre in Riem: Fußballfreunde werden sich an das schreckliche Flugzeugunglück vom 6. Februar 1958 am Flughafen München-Riem erinnern, als dort die halbe Mannschaft von Manchester United sowie Flugbegleiter und mitreisende Journalisten ums Leben

Um 1960 waren auf dem Vorfeld des Flughafens München noch ausschließlich Propellerflugzeuge anzutreffen, wie die hier abgebildeten Maschinen der skandinavischen SAS in Riem. Noch bevor Deutschland im Jahr 1955 seine volle Lufthoheit zurück erlangte und die Lufthansa ihren Betrieb aufnehmen konnte, bediente die 1946 gegründete SAS »Scandinavian Airlines«« mit Billigung der Alliierten zahlreiche Ziele in Deutschland. Die Fluggesellschaft mit großer Tradition war aus einem Zusammenschluss dänischer, norwegischer und schwedischer Luftfahrtunternehmen hervorgegangen. Mit einer Douglas DC-6 eröffnete die SAS im Jahr 1954 als erste europäische Fluggesellschaft die sogenannte »Pol-Route«, von Kopenhagen nach Los Angeles. | Sammlung Horst Jahnke, Flughafen München

kamen. Der Pilot der Propellermaschine, einer Airspeed AS 57 Ambassador der British European Airways, hatte trotz der winterlichen Bedingungen mit Schnee auf der Startbahn einen dritten Startversuch gewagt, aber witterungsbedingt nicht an Höhe gewinnen können. Das Flugzeug war über die Piste hinausgeschossen und explodiert. Die »Busby Babes« waren auf dem Rückflug von einem Europapokalspiel in Belgrad, der Tankstopp in München endete in einer Tragödie mit 23 Toten, darunter acht Fußballspielern von Manchester United. Wenig später, am 24. März 1958, begannen die Bauarbeiten zur Verlängerung der Start- und Landebahn von 1.907 auf 2.600 Meter, die am 29. Oktober 1958 in Betrieb genommen wurde. Am gleichen Tag landete das erste Düsenverkehrsflugzeug in Riem, eine Sud Aviation Caravelle der Air France.

In München beginnt das Jet-Zeitalter

In München hatte das Zeitalter der Düsenjets begonnen. Am 15. Mai 1959 eröffnete die skandinavische SAS mit einer »Cara-

Das Zeitalter des Düsenflugverkehrs: Mit der Caravelle begann am Flughafen München-Riem das Zeitalter des Düsenflugverkehrs, wie man damals sagte. Erstmals setzte die Air France die Caravelle am 11. Januar 1960 auf der Strecke von München nach Paris ein. Sensationell war das strahlgetriebene Flugzeug der französischen Sud Aviation, mit seinen am Rumpf des Hecks angebrachten Triebwerken und mit der im Heck integrierten Fluggasttreppe, die das Flugzeug von der Bodenabfertigung am Flughafen unabhängig machte. Einen gravierenden Nachteil hatte die elegante Französin jedoch: sie startete stets mit ohrenbetäubendem Lärm. Das Foto wurde 1965 aufgenommen. | Lutz Marold, Flughafen München

velle« den planmäßigen Linienverkehr von Oslo, Stockholm und Kopenhagen über München in den Nahen Osten. Am 7. November 1959 landete die erste Boeing 707 der Pan American World Airways am Flughafen München-Riem. Vom 27. Dezember 1960 setzte die Pan Am das modernste Düsenverkehrsflugzeug, die Boeing 707, von und nach München ein. Die Air France richtete am 11. Januar 1960 den regelmäßigen Linienverkehr mit einer »Caravelle« auf der Strecke München–Paris ein.

Die erste Boeing 707 der Lufthansa

Der erste Jet der Lufthansa, eine Boeing 707, landete am 20. März 1960 auf dem Flughafen München-Riem. Wohl ein Ereignis von historischer Dimension, denn Tausende von Besuchern zog es zum Airport, um den aus New York kommenden »Boeing Jet« in München zu begrüßen. Dazu schrieb die Süddeutsche Zeitung am 21. März 1960: »Als der Riesenvogel mit seiner Spannweite von fast 44 Metern und einer Länge von 46 Metern vor der winkenden Zuschauermenge eine Ehrenrunde gefahren war, mischte sich in das Pfeifen der Düsentriebwerke Pferdewiehern. Ein Viererzug der Löwenbrauerei brachte eine Ladung Bier an die D-ABOB. Eine Oberlandkapelle spielte den bayerischen Defiliermarsch und den Sternenbannermarsch, während die Passagiere mit einer Halben bedacht wurden. Dann wand sich eine Riesenschlange über das Rollfeld und durch den Flugzeugrumpf. Die Lufthansa hatte die Maschine zur Besichtigung freigegeben.«
Geradezu euphorisch pries die Lufthansa den neuen Boeing Jet an. In den Reiseunterlagen der Lufthansa für den Flug hieß es etwa: »Genießen Sie diesen Flug mit einem der modernsten Verkehrsflugzeuge der Welt. Kosten Sie ihn aus – den beglückenden Dreiklang von Erdenferne, Schallnähe und Komfort. … Auf seinen Routen verbinden die modernen Boeing Jets die entferntesten Punkte unserer Erde. Ob Sie mit dem ganz neuen Typ, der Boeing 720 B, oder der vorwiegend auf langen Nonstop-Strecken eingesetzten Boeing 707 Jet Intercontinental fliegen – es ist das gleiche herrliche Erlebnis. Umsorgt von charmanten Stewardessen, genießen Sie die Vorzüge einer vollkommenen Flugreise.
Sie werden es selbst bestätigen können: Lufthansa – führend im Service an Bord.« Der Lufthansa-Eröffnungsflug LH 402/403 mit einer Boeing 707 auf der Route München–Köln–New York fand dann ein Jahr später, am 30. April 1961, statt.

Auch LH-Flugkapitän Franz Heinrich Freiherr von Gablenz erinnert sich, wie er damals aus Pilotensicht den Wechsel vom Propellerflugzeug zum Düsenjet empfand: »Der Wechsel zur Boeing 707 war eine fliegerische Offenbarung! Der Düsenantrieb war eine technische Revolution: Plötzlich konnten wir doppelt so hoch und doppelt so schnell fliegen, noch dazu um ein Vielfaches sicherer. Es war beeindruckend, wie sauber die Rolls-Royce-Triebwerke nach einem Langstreckenflug von Tokio aussahen, noch immer wie neu. Der größte Schritt in meiner beruflichen Karriere war dann später der Wechsel auf den ›Jumbo‹. Die Boeing 747-200 flog ich bis zu meiner Pensionierung.«

Wachsender Luftverkehr und die Flugzeugkatastrophe an der Paulskirche – Anlass für die Suche nach einem neuen Standort

Oberbürgermeister Thomas Wimmer, seit Gründung der Flughafen München-Riem GmbH ihr Aufsichtsratsvorsitzender, verabschiedete sich am 1. Mai 1960 in den Ruhestand. An seine Stelle trat Staatsminister Dr. Otto Schedl.

Auf der Münchner Theresienwiese fand vom 31. Juli bis zum 7. August 1960 der »Eucharistische Weltkongress« statt, ein internationales Großereignis, zu dem über eine Million Gläubige nach München gepilgert waren. Am Flughafen München-Riem wurde am 31. Juli 1960 der päpstliche Legat Kardinal Testa empfangen. Auch angesichts von Ereignissen wie den Passionsspielen in Oberammergau und den Olympischen Sommerspielen in Rom stiegen die Passagierzahlen gegenüber dem Vorjahr um 35,4 Prozent auf 794.613 an.

Das Inferno an der St. Paulskirche

Kurz vor Weihnachten, am Samstag, dem 17. Dezember 1960, erschütterte eine schreckliche Flugzeugkatastrophe die Münchner Innenstadt.

Eine zweimotorige Convair C-131 D der US-Luftwaffe startete gegen 14 Uhr vom Flughafen München-Riem nach Northolt, dem Stützpunkt der britischen Royal Air Force im Westen Londons, an Bord zwölf junge Leute.

Die Teenager, alle 17 bis 21 Jahre alt, sind Studenten der Münchner Maryland-Universität, die als Hochschule für die Söhne und Töchter der in Europa stationierten US-Soldaten dient. Man hat, schreibt der frühere SZ-Reporter Johann Freudenreich in seinen Erinnerungen, eine Kiste mit lebenden Truthähnen in den Frachtraum geladen, die die jungen Akademiker als weihnachtliches Mahl ihren Verwandten servieren wollen. Mit an Bord sind ein amerikanischer Militärpolizist, die Piloten John Connery, 40, und Louis B. Nelson, 39, sowie fünf weitere Besatzungsmitglieder. Die beiden Air-Force-Piloten sind erfahrene Flieger, die Tausende Flugstunden absolviert haben. Unmittelbar nach dem Start fiel an diesem nasskalten, nebligen Tag einer der beiden Motoren aus und der Pilot teilte dem Tower mit, dass er umkehren wolle. Seine Flughöhe gab er mit 2200 Fuß an, das sind gut 700 Meter über dem Meeresspiegel und circa 140 Meter über der Startbahn von Riem. Vergeblich versuchte der Pilot an Höhe zu gewinnen, streifte mit einer Tragfläche den 97 Meter hohen Turm der St. Paulskirche, stürzte ab, schlug auf den hinteren Wagen einer vollbesetzten Straßenbahn der Linie 10 in der nahegelegenen Martin-Greif-Straße, um an der Mauer des Spatenkellers am Hackerberg zu zerschellen. »Etwa 4.000 Liter Flugbenzin entzünden sich, die Stichflamme ist vierzig, fünfzig Meter hoch, brennende Flugzeugtrümmer übersäen wie Streubomben das Areal. Der Trambahnwagen steht sofort in Flammen, verzweifelt versuchen die Insassen, ins Freie zu gelangen. Nur wenigen gelingt es.«[31] Das Flugzeugunglück fordert 52 Tote – darunter alle 20 Passagiere, 27 Fahrgäste der Tram sowie fünf Passanten.

Großveranstaltung – Eucharistischer Weltkongress in München 1960: Vom 31. Juli bis 7. August 1960 fand in München der Eucharistische Weltkongress statt. Es war das erste internationale Großereignis im Nachkriegsdeutschland mit über einer Million Besuchern. Die historische Postkarte zeigt den Empfang des päpstlichen Legaten am Flughafen München-Riem. | Sammlung Horst Jahnke

Schwierige Standortsuche

Die bereits angestellten Überlegungen, den Flughafen München-Riem weiter auszubauen, wurden nach dieser furchtbaren Flugzeugkatastrophe an der Paulskirche in Frage gestellt. Immer mehr wurde der Flughafen als ernsthafte Bedrohung empfunden, führte doch die Mehrzahl der Abflüge bei dem vorherrschenden Wind aus westlicher Richtung mitten über das Stadtgebiet Münchens. Das weiter zunehmende Verkehrsaufkommen und die nun vermehrt eingesetzten Düsenverkehrsflugzeuge wurden zudem zu einer erheblichen Lärmbelästigung für über 200.000 Münchner Bürger im dicht bebauten Stadtgebiet. Der Flughafen München-Riem, der viele Jahre gerade wegen seiner schnellen Erreichbarkeit in einer komfortablen Stadtrandlage geschätzt wurde, war schlagartig zum Sicherheitsrisiko geworden. Seine Verlagerung an einen neuen Standort schien unumgänglich – aber wohin mit dem zivilen Luftverkehr in München? Die folgenden Monate waren von Diskussionen um einen geeigneten Standort für einen neuen Flughafen bestimmt. Die bereits früher ins Gespräch gebrachten Standortvorschläge mit den Optionen Sulzemoos bei Odelzhausen, Fürstenfeldbruck oder Hofoldinger Forst wurden erneut in der Öffentlichkeit diskutiert. In realistischer Einschätzung ging Graf Castell davon aus, dass die Ver-

Flughafen am Limit: Die Kapazitätsengpässe in Riem nehmen dramatische Ausmaße an, der Flughafen ist hoffnungslos überlastet. Vor allem bei den in der Charterhalle abgewickelten Urlaubsflügen herrscht ein so dichtes Gedränge, dass alle Passagiere den Bau eines neuen Flughafens herbeisehnen. | Lutz Marold, Flughafen München

Große Parkplatznot: Obwohl bereits feststeht, dass der Flughafen München-Riem verlagert wird, muss noch in den Bau eines neuen Parkhauses investiert werden. | Lutz Marold, Flughafen München

Winterdienst 1952 und 1965 Der Winterdienst am Flughafen war eines der Schwerpunktthemen auf der Internationalen Verkehrsausstellung (IVA) 1965 in München. Der Flughafen München-Riem war mit einem Messestand vertreten und informierte dort, »anhand von Modellen und eines Zwölf-Minuten-Farbtonfilms«, wie es in einem alten Prospekt heißt. »Mit dem Einsatz der Düsenflugzeuge sind die Anforderungen an die Bodenanlagen der Flughäfen erheblich gestiegen. Das bedeutet, dass im Winter am Münchner Flughafen 460.000 qm (Start- und Landebahn, Abbremsplätze, Rollbahnen und Hallenvorfelder) sowie 50.000 qm an Zufahrtwegen und Parkplätzen laufend schneefrei gehalten werden müssen.« Heute sorgen in den Wintermonaten bis zu 179 Mitarbeiter des Winterdienstes pro Schicht mit einer ganzen Armada von Spezialfahrzeugen für die Gewährleistung eines störungsfreien Flugbetriebs. | Flughafen München

wirklichung eines neuen Flughafens noch in weiter Ferne liege und hielt angesichts des wachsenden Verkehrsaufkommens am Bau einer zweiten Startbahn für den Riemer Flughafen fest. Gleichzeitig empfahl er aber die Einsetzung einer unabhängigen Kommission zur systematischen Prüfung möglicher Standorte im Umkreis von München.

Verkehrswachswachstum und Ausbau

Zum Ende des Jahres 1962 trat der Flughafen München in die Reihe der »Fluggast-Millionäre« ein. Zum ersten Mal wurde die Millionen-Grenze an Fluggastaufkommen überschritten: 1.006.056 Passagiere wurden verzeichnet.

Mit wachsendem Luftverkehr stieg aber auch das Besucherinteresse: So wurden beim »Tag der offenen Tür« am 19. Oktober 1963 auf dem Riemer Flughafen 12.000 Besucher gezählt. Über 7.000 erkundeten auf Besucherrundfahrten den Airport und 1.800 nahmen an den angebotenen Rundflügen teil.

Die Gebäude des Münchner Verkehrsflughafens platzten aus allen Nähten, Jahr um Jahr wuchs die Zahl der startenden und landenden Flugzeuge an, das Passagier- und Frachtaufkommen stieg. Als die Lufthansa zwölf Düsenverkehrsflugzeuge vom Typ Boeing 727, die »Europa-Jets«, bestellte, musste sogar eine neue Wartungshalle gebaut werden, 100 Meter breit, 60 Meter tief, mit einer lichten Torhöhe von 16 Metern.

Am 25. Oktober 1965 wurde die mit einem Aufwand von zehn Millionen Mark erstellte »Düsenflugzeughalle« in Betrieb genommen. Zudem entstanden neue Parkpositionen auf dem Vorfeld, um größere Flugzeuge mit einem fast doppelt so großen Platzangebot abzustellen. »Begreiflicherweise richtet sich der Aufwand an Gebäuden und technischen Anlagen nach der Stärke des Verkehrs. Die einzelnen Gesellschaften lassen sich aber – oft aus Konkurrenzgründen – nicht im voraus in ihre Karten schauen. So ist es nie zu früh, wenn sich ein Flughafen zu strecken und dehnen beginnt. In Riem ist es für Anpassungsmaßnahmen höchste Zeit«, heißt es im Flugplan von Juli/August 1964. Ein wichtiger Schritt war der Bau eines großen Gepäckkellers auf dem Vorfeld, damit Gepäck auf Förderbändern und mit Gepäck-

Ein glänzender Vogel: Unter der Bezeichnung »Europajet« setzte Lufthansa ab 1964 etwa 50 dieser wunderschönen Flugzeuge im Kurz- und Mittelstreckenverkehr ein: die Aluminiumbleche an der Unterseite des Rumpfes waren so auf Hochglanz poliert, dass man sich darin spiegeln konnte. Das Foto zeigt die dreistrahlige Boeing B 727 »Wiesbaden« bei der Bodenabfertigung am Flughafen München-Riem: Ein Angestellter des Flughafens versorgt das Flugzeug mit Frischwasser, sein Einsatzfahrzeug mit der nach hinten versetzten Fahrerkabine ist wohl eine etwas eigenwillige Sonderkonstruktion des Flughafens mit dem Logo auf der Tür. Nachts waren die Flugzeuge des Typs B 727 übrigens häufig für Fracht- und Postflüge im Einsatz, in den 1970er-Jahren wurden sie dann durch die B 737 ersetzt. Kein Wunder, dass die von der Lufthansa so gepflegte D-ABIH »Wiesbaden« bis heute überlebt hat: Noch im Jahr 2014 flog sie jedenfalls unter der Registrierung N606DH bei Clementine Aviation in West Palm Beach in Florida. | beide Bilder: Lutz Marold, Flughafen München

wagen über eine Rampe auf direktem Weg zu den Flugzeugen transportiert werden konnte. Damit verschwanden die bislang in der Abfertigungshalle herumfahrenden Elektrokarren ebenso wie die sich dort auftürmenden Gepäckstapel.

Vom 25. Juni bis 3. Oktober 1965 fand in München die Internationale Verkehrsausstellung (IVA) statt. Das gemeinsame Motto der deutschen Verkehrsflughäfen lautete »Hinter den Kulissen des Luftverkehrs«. Der Flughafen München stellte den Winterdienst am Airport vor.

Das ständige Ansteigen des Luftverkehrs zwang 1967 zum weiteren Ausbau der Abfertigungshalle zur Parkplatzseite hin. Die Zugänge zur Straße führten über Rampen: »[Es wird] den Fluggästen ermöglicht, das Gepäck in Selbstbedienungswägelchen vom bzw. zum Auto zu transportieren«, so wurde diese Neuerung im Flugplan von März/April 1967 beschrieben.

Das Hauptproblem war aber die nicht mehr erweiterungsfähige einzige Start- und Landebahn, auf die der gesamte südbayerische Raum angewiesen war. Während der Hauptverkehrszeiten wurde die Kapazitätsgrenze von 35 Starts und Landungen pro Stunde erreicht. Die Verlagerung der Allgemeinen Luftfahrt mit Flugzeugen bis 5,5 Tonnen hätte für etwas Entlastung sorgen können, aber letztlich konnte keine Einigung darüber erzielt werden, wo die kleineren Flugzeuge im Großraum von München hätten untergebracht werden können.

1968 erfolgte der erste Linienflug mit einer Boeing 737 der Lufthansa. Die 84-sitzige Maschine, damals das neueste und modernste Kurzstreckenflugzeug, flog mit der Flugnummer LH 147 von Frankfurt nach München. Die Boeing 737, die schrittweise im Deutschland- und Europaverkehr eingesetzt wurde, löste die Propellerflugzeuge vom Typ Convair 440 »Metropolitan« ab.

18 Luftverkehrsgesellschaften flogen 1968 den Flughafen München-Riem an.

Am 1. Januar 1969 wurde die Flughafen München-Riem GmbH in Flughafen München GmbH umbenannt. Neben dem Betrieb des Flughafens Riem oblag ihr nun auch die Planung, Errichtung und die Inbetriebnahme des neuen Münchner Flughafens – ein Spagat zwischen beiden Standorten.

Vom 11. bis 31. August 1969 wurde die Start- und Landebahn auf 2.804 Meter verlängert. Zudem wurde die Piste instandgesetzt. Der Flughafen München-Riem musste für diesen Zeitraum komplett gesperrt werden und der in München abgewickelte Luftverkehr nach Nürnberg oder Stuttgart ausweichen. Der Zubringerverkehr für Fluggäste erfolgte weitgehend über die Bundesbahn.

Flughafendirektor Graf Wulf-Dieter Castell (re.) während einer improvisierten ersten Pressekonferenz nach dem Anschlag auf eine Maschine der israelischen Fluggesellschaft El-Al auf dem Flughafen München-Riem am 10.02.1970. Drei arabische Terroristen hatten im Transitraum sowie am Bus zur Maschine der israelischen Fluggesellschaft El-Al Bomben gezündet. Einer der Attentäter wurde getötet, bei den Detonationen und dem folgenden Schusswechsel mit der Polizei wurden insgesamt elf Personen verletzt. Unter den Passagieren befand sich auch ein Sohn des israelischen Verteidigungsministers Dayan. | picture-alliance/ dpa | Georg Göbe

Anschlag palästinensischer Terroristen

Es war Faschingsdienstag, der 10. Februar 1970, als der Flughafen München-Riem zum Schauplatz eines arabischen Terrorangriffs wurde. Drei Personen eines Kommandos der »Aktionsgemeinschaft zur Befreiung Palästinas« waren um 10.08 Uhr mit der Air France aus Paris-Orly (AF 730) angekommen und befanden sich im Warteraum des Transitbereichs, um vorgeblich um 14.30 Uhr mit der Lufthansa LH 342 nach Rom weiterzureisen. Doch, wie sich später rekonstruieren ließ, planten die drei arabischen Terroristen, ein Ägypter und zwei Jordanier, eine israelische Verkehrsmaschine in ihre Gewalt zu bringen. Sie warteten auf die Ankunft der Boeing 707 der El-Al aus Tel Aviv (LY 435), die mit 70 Passagieren an Bord um 12.20 Uhr in Riem landen und nach einem Zwischenstopp weiter nach London fliegen sollte. Die meisten Fluggäste aus Tel Aviv waren an diesem Tag in München ausgestiegen, nur 15 Passagiere und die Cockpitbesatzung mit Flugkapitän Uriel Cohen nutzten den Tankstopp noch für eine kurze Kaffeepause im Transitbereich, um dann ihren Flug fortzusetzen. Als um 12.45 Uhr der Weiterflug nach London aufgerufen wurde, stiegen die ersten Fluggäste in den bereitgestellten Passagierbus ein. Flugkapitän Cohen schlenderte ahnungslos zum Ausgang des Warteraums, als sich ihm die mit Handgranate und Pistole bewaffneten Terroristen in den Weg stellten und ihn aufforderten, ihren Anweisungen zu folgen. Doch Cohen, ein Hüne von 1,98, dachte nicht daran und ließ sich nicht einschüchtern. Beherzt ging er auf einen seiner Angreifer los und konnte ihm im Handgemenge den Sprengkörper entreißen, der dann wenige Sekunden später, um 12.53 Uhr, zwei Meter neben ihm explodierte. Ein weiterer Terrorist hatte den Fahrer des Passagierbusses bedroht und dann eine Handgranate in den wartenden Bus geschleudert, die den Fluggast Ariel Katzenstein (32) auf der Stelle tötete. Als es im Warteraum zu einem Feuergefecht mit der Grenzpolizei kam, detonierte ein weiterer Sprengsatz. Schließlich konnten die Täter überwältigt werden. Traurige Bilanz des Attentats: ein Toter und neun teils Schwerverletzte. Cohen, der selbst schwere Verletzungen am Unterarm davongetragen hatte, konnte durch seinen Einsatz die Entführung der israelischen Passagiermaschine vereiteln.

In München setzte sich der Terror gegen jüdische Einrichtungen fort: Nur drei Tage nach dem Terrorangriff am Flughafen wurde in der Innenstadt ein Brandanschlag auf das Altenheim der israelischen Kultusgemeinde verübt, dem sieben Menschen zum Opfer fielen. Spätestens seit den Attentaten von München galten auf allen deutschen Flughäfen schärfste Schutz- und Sicherheitsvorkehrungen für alle Flüge von und nach Israel.

In Riem treffen die ersten Jumbo-Jets ein

1970 begann am Flughafen München die Ära der Großraumflugzeuge. Gertrud Goppel, die Gattin des bayerischen Ministerpräsidenten Alfons Goppel, vollzog am 8. Juli 1970 die Taufe eines Lufthansa-Großraumflugzeugs vom Typ Boeing 747 auf den Namen »Bayern«. Rund 360 Ehrengäste starteten zu einem Rundflug – ein völlig neues Fluggefühl für die meisten, denn der Jumbo sei bequem, weiträumig und leise, so das Urteil der Teilnehmer. Ab 1. November 1970 flog die Lufthansa den Münchner Airport dann regelmäßig im Linienverkehr mit einer Boeing 747 an und bediente mit dem Jumbo-Jet täglich die Strecke München–Hamburg–New York.

Die Erfolgsgeschichte der Boeing 747-Flugzeugfamilie begann Mitte der 1960er-Jahre, als Boeing einen Großraumjet entwickelte, der die Antwort auf den wachsenden Bedarf im Luftverkehr war. Nach nicht einmal vier Jahren Planungs- und Entwicklungszeit, in die auch Ingenieure der Lufthansa involviert waren, war der aus rund sechs Millionen Einzelteilen gebaute Jet flugbereit.

Der »Käferschlucker«: Die Frachtversion der Boeing 747 F bot Platz für 72 Volkswagen. Titelbild Flugplan München von Sept./Okt. 1972 | Lufthansa Bildarchiv

Die erste Boeing 747-130 mit der Lufthansa Registrierung »D-ABYA« trug die Produktionsnummer 12. Die »Yankee Alpha«, wie sie intern genannt wurde, wurde am 9. März 1970 an Lufthansa übergeben und am 26. April 1970 erstmals auf der Strecke Frankfurt–New York eingesetzt. Damit war die Kranichlinie nach der amerikanischen Fluggesellschaft Pan American World Airways (Pan Am) die zweite internationale Fluggesellschaft und die erste europäische Airline, die Passagiere mit dem Jumbo an ihr Ziel flog. Die Begeisterung an Bord bei Fluggästen und Crew war enorm. Bereits beim Betreten des Giganten gerate man »in Sektlaune«, schrieb ein Journalist damals. Kein Wunder, denn über die Wendeltreppe im vorderen Teil des Flugzeugs gelangten die Passagiere damals in die First Class Lounge, wo Lufthansa eine Bar eingerichtet hatte. Bis heute bleibt der »Buckel« der Boeing 747, in dem sich das Cockpit und das Oberdeck befinden, das charakteristische Merkmal, durch das sich der Jumbo leicht von allen anderen Flugzeugtypen unterscheiden lässt. Mit ihrer Silhouette hat die Boeing 747 das Jetzeitalter geprägt und ist bis heute eine Stilikone für viele Luftfahrtenthusiasten.

Die Boeing 747 mit ihren knapp 70 Metern Länge und einer Spannweite von nahezu 60 Metern bot in der Lufthansa-Ausführung Platz für 365 Passagiere. Die Höhe des Leitwerks überragte mit gut 19 Metern ein fünfstöckiges Haus. Die Triebwerke des

Nicht nur in technischer Hinsicht gibt es immer wieder Neues: Stewardessen der amerikanischen Fluglinie Pan Am stellen im April 1969 auf dem Münchner Flughafen Riem ihre neue Uniform vor. Neu ist auch der Pillbox-Hut, der die gewohnte Kappe ersetzen wird. | picture-alliance / dpa | Hans Gregor

Manche Erinnerungsfotos hat man immer griffbereit in der Brieftasche. Auf die Frage nach alten Fotos aus Riemer Zeiten, zieht Anton Obermüller aus München (rechts im Bild) eine Schwarz-Weiß-Aufnahme aus der Tasche, die er über 50 Jahre bei sich trägt. Er und seine Kollegen von der Lufthansa Technik waren dabei, **als die Lufthansa am 1. November 1970 erstmals mit einer Boeing 747 vom Flughafen München-Riem nach New York abhob** (Flug-Nr. LH 408/409). Mit dem Jumbo-Jet begann in Riem die Zeit der Großraumflugzeuge, die Passagiere stiegen über mobile Treppen ein, Fingerpositionen wie wir sie heute kennen, gab es noch nicht. | Anton Obermüller, Flughafen München

Als »Official Airline München 72« trugen 70 Flugzeuge der Lufthansa-Flotte ab Anfang 1971 das Olympia-Emblem in die Welt. Das Foto zeigt die Ankunft einer Boeing 737 der Lufthansa am Flughafen München-Riem. Die Mercedes-Passagierbusse des Flughafens machen einen so soliden und robusten Eindruck, dass sie vermutlich immer noch irgendwo auf der Welt im Einsatz sein könnten.

Die 20. Olympischen Spiele in München 1972 sollten »heitere Spiele« werden und einen Gegenentwurf zur Nazi-Olympiade von 1936 in Berlin darstellen. Erstmals seit dem Ende des Zweiten Weltkriegs sollte wieder eine sportliche Großveranstaltung auf deutschem Boden ausgetragen werden. »Ich wünsche mir, dass die Lufthansa-Flugzeuge viele gute Mannschaften und fröhliche Menschen nach München bringen werden«, sagte damals Willi Daume, Präsident des Nationalen Olympischen Komitees (NOK). | Flughafen München

vierstrahligen Großraumflugzeugs erreichten mehr als die doppelte Leistung einer Boeing 707, die bis dahin auf Langstreckenflügen im Interkontinentalverkehr eingesetzt wurde, jedoch nur rund 150 Fluggästen Platz bot.

Vor der Ankunft des ersten Jumbos musste auch der Flughafen München-Riem die Flugzeug- und Passagierabfertigung an die veränderten Größenverhältnisse des Jets anpassen. Die Flugzeughalle war ohnehin zu klein, aber neue Fluggastbrücken, Spezialschlepper, Küchenhub- und Tankwagen mussten entwickelt und die Abfertigungshalle um mehrere Schalter erweitert werden.

Nachdem Lufthansa auch die Nachfolgermodelle Boeing 747-200 und 747-400 betrieben hat, erhielt der Konzern am 2. Mai 2012 als weltweit erste Passagierfluggesellschaft den »Enkel« des ersten Jumbos: die Boeing 747-8. Das moderne Flugzeug bot bis zu 364 Passagieren in First, Business, Premium Economy und Economy Class Platz. Es verbrauchte dabei nur etwas mehr als drei Liter Treibstoff pro Passagier auf 100 Kilometern und wies um 30 Prozent niedrigere Lärmemissionen als das Vorgängermodell auf.

Der Jumbo machte übrigens nicht nur als Passagierflugzeug Karriere. Die Lufthansa übernahm im März 1972 die »erste lächelnde Boeing« der Welt – die Frachtversion Boeing 747-230F – deren Bugspitze sich oben aufklappen ließ. Auf diese Weise konnten auch sperrige Güter problemlos verladen werden. Der Jumbo erhielt den Beinamen »Käferschlucker«, sogar 72 VW-Käfer fanden in seinem Rumpf Platz. Zum Ende des Jahres 1970 konnte der Flughafen eine nahezu sensationelle Bilanz vorlegen. Das Fluggast-Aufkommen stieg in diesem Jahr um 36,8 Prozent auf über 3,5 Millionen Passagiere.

Riem rüstet für Olympia 1972

Die Planungen für die Abwicklung des »olympischen Luftverkehrs« liefen Anfang der 1970er-Jahre auf Hochtouren: »Ein Verkehrsflughafen, zwei Militärflugplätze und zwei Landeplätze werden sich im Sommer 1972 die Aufgabe teilen müssen, den

Münchens Oberbürgermeister Hans-Jochen Vogel (Mitte auf der Gangway mit Brille) wird nach der Rückkehr der Olympia-Delegation aus Rom am 28. April 1966 auf dem Flughafen München-Riem begeistert empfangen. Hans-Jochen Vogel wurde am 27. März 1960 in München erst 34-jährig zum jüngsten Oberbürgermeister einer europäischen Millionenstadt gewählt und holte in dieser Funktion die Olympischen Sommerspiele 1972 in die bayerische Hauptstadt. Das Amt bekleidete er bis 1972. | picture-alliance / dpa | Klaus Heirler

olympischen Luftverkehr zu bewältigen. Während der Linienverkehr und ein Teil des Charterverkehrs über München-Riem abgewickelt werden, muß der restliche Charterverkehr voraussichtlich von Neubiberg und Fürstenfeldbruck übernommen werden. Der nichtgewerbliche Luftverkehr (Allgemeine Luftfahrt) wird auf die Landeplätze Augsburg und Landshut ausweichen müssen. Die Flughafen München GmbH schätzt, daß im August und September 1972 rund 130.000 Fluggäste zusätzlich nach München kommen werden. Das würde im August 1972 ein Passagieraufkommen von 586.000 Fluggästen bedeuten, Start und Landungen wahrscheinlich 8.720. Die Kapazität der Start- und Landebahn reicht jedoch nicht aus, um den durch die Olympiade bedingten zusätzlichen Verkehr bewältigen zu können. Es wird davon ausgegangen, daß in München-Riem bei einem 14-Stunden-Betrieb mit gleichmäßiger Verteilung des Verkehrs 20 Starts und Landungen pro Stunde möglich sind. Diesen täglichen 280 Flugzeugbewegungen stehen aber nach der Prognose rund 365 Starts und Landungen an Durchschnittstagen und 455 Bewegungen an Spitzentagen gegenüber. Also muß auf andere Plätze ausgewichen werden«, hieß es in Planungsunterlagen des Flughafens. Was die baulichen Anlagen des Flughafens betraf, waren im Hinblick auf die absehbare Verkehrsentwicklung anlässlich der Olympischen Sommerspiele 1972 »Überbrückungsmaßnahmen zur Kapazitätserhöhung« erforderlich. Zahlreiche Erweiterungsbauten standen an, in der Ankunftshalle, der Gepäckverteilerhalle, der Abfertigungshalle Inland und der neuen Verbindungsspange mit sechs Flugsteig-Warteräumen. »Dazu wurde das Terminal um einen linearen Vorbau mit sechs Einzelwarteräumen ergänzt und mit Fluggaststeigen und Fluggastbrücken im Obergeschoss ausgestattet. Mit diesen Anbauten konnte erstmals eine niveaugleiche ›gebäudenahe‹ Passagierzuführung vom Terminal über bewegliche Fluggastbrücken zum Flugzeug eingerichtet werden.«[32] Eine neue Ankunftshalle mit einer Fläche von 8.250 Quadratmetern entstand, ihr vorgelagert eine Gepäckhalle mit einer Fläche von 4.500 Quadratmetern. Die Inbetriebnahme der neuen Ankunftshalle erfolgte am 21. April 1971. Auch der Inlandswarteraum wurde um 1.500 Quadratmeter nach Süden erweitert.

Ende des Jahres 1971 überschritt das Fluggastaufkommen die 4-Millionen-Grenze.

Der Abfertigungsbereich für Passagiere im Flughafen München-Riem wurde durch diese Erweiterungsmaßnahmen verdoppelt, die Abfertigungskapazität betrug rund 6,5 Millionen Passagiere pro Jahr. Am 4. Mai 1972 wurden die erweiterten Passagierabfertigungsanlagen, rechtzeitig zu den Olympischen Sommerspielen, ihrer Bestimmung übergeben.

Im August und September 1972 konnte der starke Luftverkehr während der Olympischen Sommerspiele reibungslos bewältigt werden. Doch die »heiteren Spiele von München« nahmen mit dem Überfall palästinensischer Terroristen auf die israelische Mannschaft im Olympischen Dorf am 5. September 1972 einen dramatischen Verlauf. Zwei der Sportler wurden getötet, neun als Geiseln genommen und bei dem Versuch, die Israelis zu befreien, kamen am 6. September auf dem Militärflughafen Fürstenfeldbruck alle Geiseln, ein Polizist und fünf arabische Terroristen ums Leben. Die Welt trauerte, im Münchner Olympiastadion fand eine Trauerfeier mit 80.000 Menschen statt. Am 8. September 1972 startete eine Sondermaschine der El Al auf dem Flughafen München-Riem, um die 17 überlebenden Sportler der israelischen Olympiamannschaft und die Särge mit den ermordeten Athleten nach Tel Aviv zu fliegen. Trotz der Tragödie erklärte IOC-Präsident Avery Brundage: »The games must go on.«

Ende einer Ära, weiteres Wachstum

1972 ging am Flughafen München-Riem eine Ära zu Ende: Flughafenchef Wulf-Diether Graf zu Castell, seit 1949 Geschäftsführer der Flughafen München GmbH, verabschiedete sich zum 31. Dezember 1972 in den Ruhestand. Seine Nachfolge als neuer Hauptgeschäftsführer trat am 1. Januar 1973 Hermann Reichart an. Ihm zur Seite standen Ministerialrat Roman Rittweger und Dipl. Ing. Klaus Nitschke. Die Passagierzahlen beliefen sich Ende 1972 auf 4.467.464 Fluggäste.

1973 brachte eine weitere wichtige Veränderung: Mit dem Eintrag in das Handelsregister beim Amtsgericht München wurde der Beitritt der Bundesrepublik Deutschland als dritter Gesellschafter der Flughafen München GmbH zum 15. November 1973 rechtswirksam. Mehrheitlich hält der Freistaat Bayern 51 Prozent der Anteile, 26 Prozent die Bundesrepublik Deutschland und 23 Prozent die Landeshauptstadt München.

Der Bayerische Staatsminister für Finanzen, Max Streibl, wurde am 29. Juni 1977 zum neuen Vorsitzenden des Aufsichtsrates der Flughafen München GmbH gewählt. Das Fluggastaufkommen überschritt erstmalig die 5-Millionen-Grenze innerhalb eines Jahres.

Im November 1978 wurde das Instrumentenlandesystem an der einzigen Start- und Landebahn optimiert. Neue Landekurs- und Gleitwegsender wurden installiert, um die Zulassung nach der technischen Betriebsstufe CAT IIIa zu erhalten. Damit konnten Flugzeuge ab dem 2. November 1978 im Allwetterbetrieb landen.

Am 17. August 1983 landete erstmals das Überschall-Verkehrsflugzeug Concorde in München-Riem.

Millionenschaden durch Hagel

Es war Freitag, der 13. (!) Juli 1984, als ein heftiges Unwetter über den Flughafen zog und innerhalb von 20 Minuten einen Millionenschaden durch Hagel verursachte. Nach einem heißen Sommertag prasselten ab 20.15 Uhr plötzlich tennisballgroße Hagelbrocken auf den Flughafen nieder und zertrümmerten Gebäude und Flugzeuge. 70 Prozent der Dachflächen wurden beschädigt und etwa 2.000 der nach Westen ausgerichteten Fenster gingen zu Bruch. Die Gebäudeschäden am Flughafen beliefen sich auf 3,4 Millionen Mark. 22 Passagierjets wurden durch die Hageleinschläge schwer beschädigt, Fluggesellschaften bezifferten den Schaden auf rund 90 Millionen Mark.

Sieben Millionen Passagiere – was geht noch?

Am 13. Dezember 1984 landete der 7-millionste Passagier am Flughafen München-Riem. In einer kurzen Ansprache wertete Finanzminister Max Streibl das Überschreiten der Sieben-Millionengrenze in Riem als den Beginn einer ›heißen Phase‹ für den Flughafen. Kapazitätsengpässe, die bereits in den vergangenen Jahren an der Tagesordnung waren, würden sich in den kommenden Jahren noch häufen. In diesem Zusammenhang äußerte er sich skeptisch zu Prognosen, die für München-Riem acht Millionen Passagiere erst für das Jahr 1990 voraussagten. Streibl: »Bei dem Marktpotenzial, das Messen, Kongresse, Industrie und Tourismus in München bieten, erscheint mir diese Voraussage zu pessimistisch.« Der für den neuen Flughafen verhängte Baustopp verursachte in Riem noch einmal erhebliche Investitionen, die für die Erweiterung der Flughafenanlage notwendig waren. So wurde am 1. Juni 1985 die Erweiterung der Abflughalle fertiggestellt. Drei zusätzliche Flugzeugpositionen mussten eingerichtet werden. Im Juni 1986 wurden gleich zwei Richtfeste gefeiert, für die neue Export-Frachthalle und das neue Kurzzeitparkhaus. Die Baukosten beliefen sich auf insgesamt 35 Millionen Mark. Das Parkhaus vor der Ankunftshalle wurde in einer Rekordzeit von nur zwölf Wochen montiert, 600 Tonnen Stahl und 45.000

Ein beeindruckender Anblick: die Concorde in München am 17. August 1984. Viele Luftfahrtenthusiasten trauern diesem Jet immer noch nach. | picture alliance / Raigro / Timeline Images | Raigro

Schrauben verbaut. In dem 160 Meter langen, 32 Meter breiten und zwölf Meter hohen Parkhaus sollten auf 20.000 Quadratmetern rund 750 Autos Platz finden. Klaus Nitschke, Technischer Geschäftsführer, versicherte, dass das rund 7,6 Millionen Mark teure Parkhaus das letzte sei, das in Riem gebaut werde. »Irgendwo ist Schluß, ein Glück, daß wir München 2 bauen können.«

Zehn Millionen Passagiere – Mehr geht nicht!

Mit dieser Prognose sollte er falsch liegen, denn die rasante Verkehrsentwicklung am Flughafen München-Riem zwang 1988 noch zum Bau eines Terminals für den Charterverkehr. Die Dynamik des Verkehrswachstums wurde auf die verkehrsgeografische Lage des Flughafens, seines noch nicht ausgeschöpften Marktpotenzials im Einzugsgebiet und eine gewisse Eigendynamik des Luftverkehrs zurückgeführt. Dazu wurden immer mehr interkontinentale Ziele ab Riem mit Großraumflugzeugen bedient. Führten die traditionellen Routen von München zu Zielen in Süd- und Südosteuropa, nach Nordafrika sowie in den Nahen und Mittleren Osten, wuchs vor allem die Zahl der Fernziele in den USA, in Kanada und im Fernen Osten. Die Passagierzahlen überstiegen 1988 erstmals die 10-Millionen-Marke.

Willi Hermsen wurde zum 1. Juli 1988 als Geschäftsführer für den Bereich Luftverkehr berufen und gab in einem Interview des Flughafen Reports von September/Oktober 1988 eine Einschätzung zur Verkehrsentwicklung: »Durch das Ein-Bahnensystem in München-Riem ist praktisch an zusätzlichen Flügen nichts mehr drin, alle verfügbaren Slots sind mehr oder weniger vergeben. Im übrigen Abfertigungsbereich erhoffe ich mir eine gewisse Entlastung durch das neue Terminal 2, das kann etwas Luft geben. Schade, daß wir jetzt nicht München 2 zur Verfügung haben, wo der Luftverkehr einen derartigen Aufschwung nimmt. Der Druck auf den Flughafen München-Riem wird immer größer. Wir haben für den Sommer 1989 extreme Schwierigkeiten, den Wünschen der Luftverkehrsgesellschaften zu entsprechen.«

Terminal 1 diente der Abfertigung des Linienverkehrs, über das neue Terminal im Osten des Flughafengeländes wurde ab 15. November 1988 der Charterverkehr abgewickelt. Im Dezember 1988 gab es einen Wechsel im Aufsichtsrat der Flughafen München GmbH. Das bislang von Dr. h. c. Max Streibl wahrgenommene Amt wurde vom Bayerischen Finanzminister Gerold Tandler ausgeübt. Ministerpräsident Max Streibl war seit 1977 (als Finanzminister) Vorsitzender des Gremiums und blieb weiterhin Mitglied des Aufsichtsrats. Hauptgeschäftsführer Roman Rittweger begrüßte, erstmals auch einen Bayerischen Ministerpräsidenten im Aufsichtsrat zu wissen, zeige das doch den Stellenwert, den die Bayerische Staatsregierung dem Flughafen München beimesse. Streibl habe an der zukunftsorientierten Konzeption unbeirrt festgehalten und die Geschäftsführung gegen alle Versuche verteidigt, die Planung zugunsten kurzsichtiger Lösungen umzustoßen.

Betrieb am Limit

Bei den weiter ansteigenden Passagierzahlen der folgenden Jahre nahmen die Kapazitätsengpässe in Riem dramatische Ausmaße an, der Flughafen war hoffnungslos überlastet. Zur Hauptreisezeit herrschte vor allem in der Charterhalle ein so dichtes Gedränge, dass sich die Geschäftsführung für die unerträglichen Zustände entschuldigte und die Passagiere vertröstete – mit dem Bau des neuen Flughafens werde es bald besser.

Am 28. November 1990 wurde Georg Freiherr von Waldenfels zum neuen Aufsichtsratsvorsitzenden gewählt und am 1. Januar 1991 löste Willi Hermsen den in den Ruhestand getretenen Roman Rittweger als Hauptgeschäftsführer der FMG ab. Walter Vill wurde zum neuen kaufmännischen Geschäftsführer des Unternehmens berufen.

Mit dem Abflug eines Airbus A310 nach New York verabschiedete sich die Pan Am am 31. Oktober 1991 aus Riem. Es war der letzte Start der traditionsreichen Airline, mit der 43 Jahre zuvor der zivile Luftverkehr in München begonnen hatte. Pan Am ging in Konkurs, wurde von Delta Air Lines übernommen und existierte zum Ende des Jahres nicht mehr als eigenständiges Unternehmen.

Im letzten kompletten Betriebsjahr des Riemer Flughafens war das Passagieraufkommen durch die spürbaren Auswirkungen des Golfkriegs zunächst rückläufig, andererseits führte die Öffnung nach Osten zu einem erhöhten Reiseaufkommen in einem anderen Segment: Viele Ostdeutsche nutzten die neu gewonnene Reisefreiheit und auch der Geschäftsreiseverkehr mit Zielen in Osteuropa nahm zu. Zum Ende des Jahres 1991 wurden in Riem noch einmal 10.797.984 Passagiere verzeichnet, aber dann sollte mit der Eröffnung des neuen Flughafens im Jahr 1992 endlich Entlastung kommen.

»Bye, bye, es war schön bei Euch in Riem«

52 Jahre und sechs Monate lang hatte der Flughafen München-Riem der bayerischen Landeshauptstadt als internationaler Verkehrsflughafen gedient. Der Flughafen, dessen Nachkriegsgeschichte mit der Landung einer DC-3 der Pan American World Airways am Dienstag, dem 6. April 1948, begonnen hatte, wurde am Samstag, dem 16. Mai 1992, nach 16.112 Betriebstagen endgültig geschlossen.

Abschied von Riem: Passagiere des letzten Fluges der Lufthansa werden mit Lebkuchenherzen verabschiedet, die Besatzung des Lufthansa-Flugs überreicht eines dem Technischen Geschäftsführer des Flughafens. | Jürgen Naglik/Flughafen München

Um 21.40 Uhr startete letztmalig eine Chartermaschine vom Typ Boeing B 767-300 der LTU nach Mombasa. Die letzte Ankunft eines Linienflugs aus dem Ausland war ein Airbus A310 der Lufthansa aus London-Heathrow, der um 22.10 Uhr landete. Eine Boeing 737 der Lufthansa (D-ABJD, »Freising«), die gegen 22.55 Uhr mit Ziel Berlin abhob, war schließlich das letzte in Riem startende Flugzeug. Flugkapitän Michael Sikora verabschiedete sich im Tower mit den Worten »Bye, bye, es war schön bei Euch in Riem«.

Um 23.46 Uhr wurde die Landebahnbefeuerung für immer abgeschaltet, die Ära Riem war beendet. Nach einer emotionalen Abschiedsfeier mit Klaus Nitschke, dem Technischen Geschäftsführer, gingen die Lichter aus. Souvenirjäger machten sich ans Werk, um in der Schalterhalle noch das eine oder andere Erinnerungsstück abzumontieren – Airport- und Airline-Devotionalien aus einer vergangenen Zeit. Über Nacht erfolgte der Umzug zum neuen Flughafen München im Erdinger Moos, der am 17. Mai 1992 planmäßig seinen Betrieb aufnahm. ■

DER MÜNCHEN-RIEM-BILDERBOGEN

Der erste Jet der Lufthansa, eine Boeing 707 landete am 20. März 1960 auf dem Flughafen München-Riem. Tausende von Besuchern zog es zum Airport, um den aus New York kommenden »Boeing Jet« in München zu begrüßen. Die mit Strahltriebwerken ausgestattete Boeing 707 der Lufthansa flog ab April 1961 im Linienverkehr von München nach New York. Die 707 steht ganz im Hintergrund. Schaulustige wurden mit einem Bus in deren Nähe gefahren. | Flughafen München

Ankunft eines Verkehrsflugzeugs am Flughafen München-Riem im Jahr 1955: So müssen wir uns die Ankunft eines Verkehrsflugzeugs am Flughafen München-Riem im Jahr 1955 vorstellen: Auf dem Vorfeld werden gleich die Passagiertreppen an das Flugzeug geschoben und Abholer verfolgen von der Besucherterrasse aus das Geschehen. Rechts im Hintergrund ist der Biergarten des Flughafenrestaurants zu sehen, der direkt an das Vorfeld angrenzt, davor sind zwei Kleinflugzeuge abgestellt. Wer genau hinschaut, erkennt vor dem Biergarten auch einen Mitarbeiter, der dort schon mit einem Rollwagen bereitsteht, um die Bordverpflegung zum Flieger zu bringen. Der Betreiber des Flughafenrestaurants, Leo Lehmeyer, sorgte selbstverständlich auch für das Catering der Passagiere. | Flughafen München

Verkehrsflughafen mit Segelflugbetrieb: »Betreten des Vorfelds strengstens untersagt« steht auf dem Schild am Taxiway, auf dem gerade eine Convair CV-240 der KLM zum Start rollt – kein Zaun, keine Absperrung. Aufgenommen wurde das Foto am Flughafen München-Riem, etwa im Jahr 1955. Bei der Datierung des Fotos ist die Registrierung des Flugzeugs hilfreich. Erst in der Vergrößerung ist »PH-TEK« zu erkennen und das ist die Registrierung für die Convair mit Namen »Johannes Vermeer«, die von Februar 1949 bis Mai 1959 bei der KLM im Einsatz war. Auch die Segelflugzeuge im Hintergrund lassen Rückschlüsse auf das Alter des Fotos zu, ganz links ist eine Kaiser Ka-3 mit V-Leitwerk zu sehen, die ab 1952 gebaut wurde, und daneben stehen einige Ka-4, die es ab 1953 gab. | Sammlung Horst Jahnke/Flughafen München

Flughafenrundfahrten mit der »Porschelok«: Besucherrundfahrten auf dem Vorfeld des Münchner Flughafens erfreuten sich großer Beliebtheit. Diese sogenannte »Porschelok« war anlässlich eines »Tages der offenen Tür« am 19. Oktober 1963 im Einsatz. Der grüne schienenlose Zug war eines von drei Fahrzeugen, die 1959 von der Sollinger Hütte Uslar für die Henry Escher KG Dortmund gebaut wurden. Im Jahr 1960 fuhr der Zug auf der Deutsch-Französischen Gartenschau in Saarbrücken. Heinz Grandmontagne, der Betreiber der Saarmesse, hatte den Zug von Escher erworben. Wie lange die Porschelok am Münchner Flughafen zu sehen war, ist ebenso unbekannt wie der Verbleib. | Holger Schuett, Porschelok

Schön nostalgisch: die Werbung für die Restaurantkette Wienerwald. Mitte der 1960er-Jahre bot der am Flughafen München-Riem ansässige »Bayerische Flugdienst Hans Bertram« auch Besucherrundfahrten an. Auf dem Vorfeld wurde den Teilnehmern das Flughafengeschehen erläutert. Mit Flugzeugen des Typs Dornier Do-27 und Do-28 fanden Rundflüge über München sowie Flüge zu den Alpen und den Voralpenseen statt. | Lutz Marold, Flughafen München

So waren sie, die 1960er-Jahre in Riem: Standesgemäß hatten sich diese beiden unbekannten Damen mit dem schwarzen Taxi zum Flughafen München-Riem chauffieren lassen. Legendär der nahezu unverwüstliche Mercedes-Benz der Baureihe »Ponton«, aber auch der VW-Käfer mit den Ovalfenstern hinten sowie der Opel Rekord P1 rechts im Bild sind heute gesuchte Raritäten. | Sammlung Horst Jahnke

Isar 61

Sie müssen diesen hübschen Wagen kennenlernen, wenn Sie sich mit der Absicht tragen, ein preiswürdiges, vernünftiges Auto zu kaufen.

Achten Sie dabei auf folgende Einzelheiten:

- Setzen Sie sich am besten gleich zu viert in den ISAR. Sie werden überrascht sein von der Geräumigkeit und dem Komfort, den Ihnen dieser moderne Wagen bietet.
- Prüfen Sie insgesamt und im einzelnen die Innenausstattung auf Qualität des Materials und saubere Verarbeitung und urteilen Sie, ob Ihnen für Ihr gutes Geld noch mehr geboten werden kann.
- Beladen Sie den großen Kofferraum im Heck mit dem Reisegepäck für 4 Personen und bedenken Sie, daß es zu den selbstverständlichen Forderungen an ein Auto gehört, von Gepäckstücken im Innenraum unbelästigt und ungefährdet zu reisen.
- Lassen Sie sich von der vorbildlichen Heizungs- und Klimaanlage überraschen. (Geruchlose Heizung und einwandfreie Belüftung können entscheidend sein für die Sicherheit und den Genuß des Reisens.)
- Probieren Sie auch das exakt und „butterweich" schaltende Vollsynchron-Getriebe (System Porsche). Leicht schalten heißt sicher fahren.
- Lassen Sie einmal dem Viertakt-Boxer des ISAR 61 die Zügel locker. Seine Anzugsfreudigkeit beim Überholen und am Berg vermittelt Ihnen das Gefühl überlegener Leistung.
- Und dann — erproben Sie diese Bremsen! Ihre erstaunliche Bremskraft gewährt Ihnen — zusammen mit der unvergleichlichen Straßen- und Kurvenlage des neuen ISAR 61 — optimale Sicherheit.

Prüfen und vergleichen Sie nur diese wenigen Punkte. Es sind nicht die einzigen, die Ihnen Ihre Wahl erleichtern werden.

HANS GLAS GMBH · DINGOLFING/BAY.

Werbeaufnahmen vor dem Münchner Flughafen im Jahr 1960: Der moderne »Isar 61« des Herstellers Glas aus Dingolfing wird wegen seiner Geräumigkeit und dem gebotenen Komfort angepriesen. Die Limousine wurde von einem Zweizylinder-Viertakt-Boxermotor mit 600 ccm angetrieben, verfügte über 19 PS und erreichte einen Spitzengeschwindigkeit von 98 Stundenkilometern. | Zeitgenössischer Zeitungsausschnitt, Sammlung Horst Jahnke

Das Luftbild zeigt den Flughafen München-Riem im Jahr 1965: »Der Flughafen München-Riem steht mit rd. 1,3 Mio. Passagieren im Jahr an fünfter Stelle unter den zehn deutschen Verkehrsflughäfen. Er gilt als das Tor zum Mittleren und Nahen Osten, nach Süd- und Osteuropa. 16 internationale Luftverkehrsgesellschaften haben den Münchner Flughafen in ihr weltweites Verkehrsnetz einbezogen«, so heißt es in einem Faltprospekt des Münchner Flughafens zur Internationalen Verkehrsausstellung (IVA), die vom 25. Juni bis 3. Oktober 1965 in München stattfand. | Sammlung Horst Jahnke

Gepäckwagen am Flughafen München-Riem: Die Gepäckstücke der Fluggäste wurden vom neu errichteten Gepäckkeller aus mit einem Elektrokarren direkt zum Flugzeug gefahren und dann per Hand verladen. Der »Dienstmann« des Flughafens trug selbstverständlich die Dienstmütze. Und von der Terrasse aus konnte man das Geschehen auf dem Vorfeld »live« verfolgen und seinen Liebsten zum Abschied zuwinken. Im Jahr 1965 wurden 1,6 Millionen Passagiere im Jahr gezählt, heute hat sich die Zahl der Fluggäste vervielfacht und auf modernsten Gepäckförderanlagen sausen die Gepäckstücke über kilometerlange Förderbänder, bis sie in Container verladen und zum Flugzeug gefahren werden. | Flughafen München

Eine bunte Mischung verschiedener Frachtsendungen steht hier zur Verladung einer Boeing 727 der Lufthansa am Flughafen München-Riem bereit. Neben ein paar Taschen und Koffern kamen 1965 auch säuberlich verschnürte Pakete und Briefbeutel der Post in den Laderaum. 1965, als dieses Bild mit dem schönen Lufthansa-Käfer entstand, wurden am Flughafen München-Riem 5.391 Tonnen Luftpost umgeschlagen. Ab 1961 wurde ein innerdeutsches Nachtluftpostnetz aufgebaut. Postflugzeuge aus ganz Deutschland flogen sternförmig den zentral gelegenen Frankfurter Flughafen an, dort wurde die Briefpost ausgetauscht und die Maschinen flogen zurück nach Hamburg, Frankfurt, Köln, Berlin oder München. 2009 stellte die Post den nächtlichen Briefpostaustausch per Flugzeug ein und verlagerte den Brieftransport auf den Lkw. Verladen wurde mühsam per Hand, denn Container mit vorsortierten und bereits konfektionierten Frachtsendungen gab es noch nicht. | Lutz Marold, Flughafen München

◀ **Ja, mir san …** Im Jahr 1967 war der Marshaller am Riemer Flughafen mit dem Fahrrad unterwegs. Die Kellen zum Einweisen der Flugzeuge wurden am Lenker eingesteckt. | Lutz Marold, Flughafen München

Riem 1965 – Enteisung

Noch während die letzten Passagiere einsteigen, beginnt bereits die Enteisung der Lufthansa-707 in München-Riem. Auch ein Passagier (vorne rechts im Bild) kann sich unmittelbar vor dem Abflug noch vom Stand der Enteisungsarbeiten überzeugen. Die Aufnahme von 1965 zeigt ein Magirus-Deutz-Enteisungsfahrzeug vor einer vierstrahligen Boeing 707 der Lufthansa, die unter der Flug-Nr. 402 täglich den Kurs München–New York bediente. Über heute gebräuchliche Verfahren, wie das eingesetzte Enteisungsmittel aufgefangen und wieder verwendet werden könnte, hat man sich damals vermutlich noch keine Gedanken gemacht. | Lutz Marold, Flughafen München

Damals wie heute werden Flugzeuge unmittelbar vor dem Start mit glykolhaltigen **Enteisungsmitteln** besprüht. Das Foto zeigt, wie sehr sich die Arbeitsbedingungen für die Flugzeugenteiser verändert haben. Während die Mitarbeiter in Riem diese Convair CV-440 der Swissair noch im offenen Hubkorb, mit der Sprühlanze in der Hand, bearbeiteten, sitzen die Kollegen heute in einer spritzwassergeschützten und beheizten Kabine und steuern von dort aus sowohl das Fahrzeug als auch einen mit mehreren Sprühköpfen besetzten Sprüharm, mit dem sich selbst Flugzeuge von der Größe eines Airbus A380 enteisen lassen | Lutz Marold, Flughafen München

Zwei Boeing 727 am Flughafen München-Riem: Hier parken gleich zwei Boeing 727 der Lufthansa vor dem Abfertigungsgebäude des Flughafens München-Riem, direkt vor der ehemaligen Besucherterrasse. Die Aufnahme muss Mitte der 1960er-Jahre entstanden sein. Ab 1964 setzte die Lufthansa das dreistrahlige Verkehrsflugzeug im Kurz-und Mittelstreckenverkehr als »Europajet« ein, übrigens noch mit einem »Drei-Mann-Cockpit« und einem Flugingenieur an Bord. Abgelöst wurde es 1992 durch die Boeing 737. Besonders markant waren die drei im Heck integrierten Triebwerke und die hinten ausklappbare Fluggasttreppe. Nachts wurden die Flugzeuge oft als Frachter im Postverkehr eingesetzt und wurden deshalb als besonders laute »Krachmacher« wahrgenommen. Flugzeuge haben oft eine abenteuerliche Geschichte, die 727-130C im Vordergrund wurde von Lufthansa an die schwedische Transair verkauft, die das Flugzeug an die jugoslawische Pan Adria verleaste. Heute soll die Maschine auf dem Flughafen von Upington in Südafrika abgestellt sein. | Lutz Marold, Flughafen München

Die »Dufte Biene« aus Berlin: Typisch Berliner Originale standen wohl Pate für die Namensgebung der in den 1960er-Jahren im Berlin-Verkehr eingesetzten Flugzeuge der Pan Am: »Dufte Biene« hieß die abgebildete Boeing B 727, die hier am Flughafen-Riem Station machte. Pan Am hatte aber auch den »Langen Lulatsch«, die »Flotte Motte« und den »Schrägen Otto« im Einsatz auf den Strecken nach Berlin, die nach dem Viermächte-Status der damals geteilten Stadt nur von den Alliierten bedient wurden. Die als N 320 PA registrierte B 727 wurde am 13. März 1966 als «Clipper Berlin« an Pan American ausgeliefert und im September 1975 an Alaska Airlines verkauft. Im Jahr 1990 übernahm Lufthansa von Pan Am die Flugrechte für den Berlinverkehr. 1991 war die traditionsreiche Zeit der »Clipper« endgültig vorbei, als die Flotte von »Pan American World Airways« von »Delta Air Lines« übernommen wurde. | Lutz Marold, Flughafen München

Ein Blick zurück in das alte Kontrollzentrum der Flugsicherung am Flughafen München-Riem. Das Ende der 1960er-Jahre aufgenommene Foto zeigt die Fluglotsen vor den runden Radarschirmen im »ATC Center«. Nach damaligem Stand der Technik hatte man oben moderne Bildschirme abgehängt, auf denen die in Sektoren aufgeteilten Kontrollzonen dargestellt waren. Die damals gebräuchlichen »Flimmerkisten« zeigten meist Bilder in Schwarz-Weiß und die Geräte waren mit Bildröhren ausgestattet. | Flughafen München

Letzter Flug einer Lufthansa Convair 1968: Diesem Piloten und den beiden Stewardessen war eine zünftige bayerische Brotzeit am Flughafen München-Riem gewiss. Nach der letzten planmäßigen Landung einer Convair in München wurden die Damen mit Blumen, der Lufthansa-Kapitän mit einer Kette frischer Würste empfangen, die ihm eine charmante Dame im feschen Dirndl um den Hals legte. Für alle sicher ein unvergessliches Ereignis. | Lutz Marold, Flughafen München

Vorfeldbetrieb auf dem Münchner Flughafen mit einem VW-Bulli T1 (Doppelkabine) und einer Convair 440-0 »Metropolitan« der Lufthansa (D-ACEK) etwa im Jahr 1964. Das abgebildete »Follow Me« Fahrzeug diente als Vorlage für die originalgetreue Restauration eines Bullis, der heute als Traditionsfahrzeug des Münchner Flughafens unterwegs ist. | Lutz Marold, Flughafen München

Ankunft der »Beatles«: Riesentrubel, als am 23. Juni 1966 die vier »Pilzköpfe« aus Liverpool mit einem Linienflug der British-Europaen Airways (BEA) aus London in München ankommen. Gleich bei der Ankunft wurden sie mit dem landestypischen »Outfit« ausgestattet, mit Lederhosen und weißem Trachtenhemd. Am Tag darauf gaben die »Fab Four« mit John Lennon, Paul McCartney, George Harrison und Ringo Starr ein legendäres Konzert im Münchner Circus-Krone-Bau. | Rainer Schwanke/Archiv Herbert Hauke/Rockmuseum München

Improvisationsgeschick ist alles: Um den neuen Riesenvogel in Riem abfertigen zu können, musste noch etwas improvisiert werden: Für den Einstieg vorne wurde eine solide Fluggasttreppe aus Holz angefertigt. Für den Einstieg hinten wurden zwei Fluggastbrücken und eine Hebebühne kombiniert, um die erforderliche Einstiegshöhe zu erreichen. | Flughafen München

Viele Jahre Flugerfahrung: Flugkapitän Franz Heinrich Freiherr von Gablenz im Cockpit der Boeing 747-200. Wie kaum ein anderer Pilot hatte er eine Vielzahl von Flugzeugen gesteuert, von der Ju 52, der DC-3 und der Super Constellation bis zur Boeing 707 und der Boeing 747. | Franz Heinrich Freiherr von Gablenz, Lufthansa

Seltene Fracht: Auch lebendes Großvieh wurde mitunter zum Fluggast. So ganz willig scheint das Tier aber nicht zu sein. Viehverladung an einer DC-10 der Turkish Airlines im Jahr 1972. | Lutz Marold, Flughafen München

Als wir noch schwere Koffer geschleppt haben: Kann sich noch jemand daran erinnern, wie wir damals in den 1970er-Jahren mit Hartschalenkoffern auf Reisen gingen? Gefühlte Schwergewichte mussten da bewegt werden, und zwar ganz ohne Rollen! Am Flughafen München-Riem wurden die Gepäckstücke sorgsam auf Gepäckwagen aufgeschichtet, zum Flieger transportiert und dann von Hand verladen. Erst mit den modernen Großraumflugzeugen kamen auch die Luftfrachtcontainer, die, für jeden Flugzeugtyp maßgeschneidert, jeden Kubikzentimeter des Frachtraums optimal ausnutzten. Die Container haben die Arbeit des Bodenverkehrsdienstes erheblich erleichtert, aber das Beladen der Container ist bis heute Handarbeit geblieben. Nur im Flugzeugrumpf kleinerer Maschinen ist einfach kein Platz für Container, da müssen sich auch heute noch Flughafenmitarbeiter in niedrige, enge und heiße Frachträume zwängen, um dort das Reisegepäck zu verstauen – für die Mitarbeiter der Gepäckabfertigung hinter den Kulissen oftmals Schwerstarbeit. | Lutz Marold, Flughafen München

Ticketgebühr für die Modernisierung des Flughafens: Bevor Passagiere am Flughafen München-Riem in den Warteraum vorgelassen wurden, war um 1987 zunächst noch eine Ticketgebühr von 5,– DM fällig. Die »Passenger Service Charge« wurde zur Finanzierung anstehender Modernisierungsmaßnahmen in Riem verwendet. Erst dann folgte die Passkontrolle für fast alle internationalen Flüge, denn das Schengen-Abkommen über den schrittweisen Abbau von Personenkontrollen an den Binnengrenzen der EU trat erst 1993 in Kraft. Da ist das Reisen doch heute wesentlich angenehmer geworden! | Flughafen München

DER LANGE WEG ZUM NEUEN FLUGHAFEN 1963–1992

Hermann Reichart, Hauptgeschäftsführer des Flughafens, erläutert dem Bayerischen Wirtschaftsminister Anton Jaumann den Stand der Planungen für den neuen Flughafen. | Flughafen München

Standortsuche und Genehmigungsverfahren

BEREITS ENDE DER 1950ER-JAHRE hatten Verkehrsuntersuchungen ergeben, dass der Flughafen München-Riem auf lange Sicht den Anforderungen des Luftverkehrs nicht mehr gewachsen sein würde. Als die Entscheidung getroffen wurde, den Flughafen nicht mehr zu erweitern, sondern komplett zu verlegen, begann die systematische Standortsuche nach einem »Schema-Leitplan« als Bewertungsmaßstab.

Oechsle-Kommission

Am 8. März 1963 konstituierte sich die Kommission »Standort Großflughafen München«, nach ihrem Vorsitzenden, dem Staatsminister Dr. Richard Oechsle, auch Oechsle-Kommission genannt, die zunächst unter 20 möglichen Standorten fünf für eine genaue Untersuchung auswählte: Mammendorf (westlich

Chronik

Standortsuche ______________ 1963–1969

Standortentscheidung ______________ am 5. August 1969

Raumordnungsverfahren ______________ 1967–1969

Luftrechtliche Genehmigung ______________ 1969–1974

Planfeststellungsverfahren ______________ 1974–1979

Beginn der Bauarbeiten ______________ am 3. November 1980

Baustopp ______________ am 16. April 1981
nach Beschwerde beim Bayerischen Verwaltungsgerichtshof

Planänderungsbeschluss ______________ am 7. Juni 1984
mit reduzierter Fläche

Planfeststellungsbeschluss ______________ vom 8. März 1985
Baustopp aufgehoben
sofortige Vollziehbarkeit festgestellt

Wiederaufnahme der Bauarbeiten ______________ Ende März 1985

Beginn Hochbau Zentralgebäude ______________ August 1987

Beginn Bauarbeiten Terminal ______________ Februar 1988

Richtfest Terminal 1 ______________ September 1989

Bezug Verwaltungsgebäude ______________ August 1991

Beginn Probebetrieb ______________ Februar 1992

Eröffnung Flughafen ______________ 17. Mai 1992

Einer staubigen Kieswüste glich die Baustelle des neuen Münchner Flughafens, doch im Zentrum wuchsen bereits die ersten Bauwerke empor. Das Luftbild vom 2. Mai 1988 zeigt den Bau von Tower und Zentralbereich. Der von links nach rechts verlaufende S-Bahn-Tunnel ist bereits im Rohbau fertiggestellt, damit die darüber liegenden Gebäude errichtet werden können. | Horst Jahnke, Flughafen München

von Fürstenfeldbruck), Sulzemoos (nordwestlich von Dachau), Erding-Nord (nordöstlich von München), Hörlkofener Wald (östlich von München) und Hofoldinger Forst (südlich von München). Am 26. Oktober 1964 legte die Oechsle-Kommission ihren Abschlussbericht vor und empfahl für die engere Wahl die drei möglichen Standorte nach der Rangstufe 1. Hörlkofener Wald, 2. Sulzemoos und 3. Hofoldinger Forst. »Der Standort Erding-Nord wurde von der Kommission hinsichtlich der Geländeverhältnisse als gut geeignet beurteilt. Aufgrund der damals noch ungeklärten meteorologischen Verhältnisse wurde diesem Standort jedoch keine Rangstufe gegeben. Die Kommission wies ferner darauf hin, daß eine Entscheidung für Erding-Nord eine Aufgabe des dortigen Militärflugplatzes notwendig machen würde.«[33]

Diesen Kommissionsbericht wertete ein am 19. Oktober 1965 gebildeter »Arbeitskreis Flughafen München« aus, dem Vertreter des Bundes, des Freistaates Bayern und der Landeshauptstadt München angehörten. Nach den Empfehlungen des Arbeitskreises beschloss die Bayerische Staatsregierung am 18. Oktober 1966 ein Raumordnungsverfahren für den möglichen Standort Hofoldinger Forst einzuleiten, das am 10. Oktober 1967 auf den Standort Erding-Nord/Freising ausgedehnt wurde, nachdem das Bundesverteidigungsministerium zugesagt hatte, im Falle der Verwirklichung eines Verkehrsflughafens am Standort Erding-Nord den Flugbetrieb auf dem benachbarten Militärflugplatz Erding einzuschränken. Nach den Abwägungen im Raumordnungsverfahren, ob Bau und Betrieb eines Verkehrsflughafens mit möglichst geringen Beeinträchtigungen für die Bevölkerung und die Landschaft verwirklicht werden könne, sprach sich die Bayerische Staatsregierung unter Leitung des damaligen Ministerpräsidenten Alfons Goppel am 5. August 1969 für die Errichtung des »Flughafens München 2« am Standort Erding-Nord/Freising aus. »15 Jahre nachdem der Generalausbauplan für München-Riem die Notwendigkeit eines Flughafenneubaus gezeigt hatte, war der Standort für den neuen Flughafen München gefunden. Weitere 23 Jahre – beinahe ein Vierteljahrhundert – sollten bis zur Eröffnung im Mai 1992 vergehen.«[34]

Genehmigungsverfahren

Nach geltendem Luftverkehrsrecht für die Neuanlage von Flughäfen musste ein zweistufiges Genehmigungsverfahren durchgeführt werden.

Im luftrechtlichen Genehmigungsverfahren wurde zunächst unter Beteiligung zahlreicher Fachbehörden und der betroffenen Gemeinden geprüft, ob das in Frage kommende Gelände grundsätzlich für die Anlage eines Flughafens geeignet war, oder ob Gesichtspunkte dagegen sprachen. Die Flughafen München GmbH beantragte am 14. August bzw. 29. Dezember 1969 bei der zuständigen Aufsichtsbehörde, dem Bayerischen Staatsministerium für Wirtschaft und Verkehr, die Durchführung dieses luftrechtlichen Genehmigungsverfahrens. Am 9. Mai 1974 erließ das Ministerium den luftrechtlichen Genehmigungsbescheid.

Mit Schreiben vom 4. Juni beantragte die Flughafen München GmbH die Durchführung eines Planfeststellungsverfahrens für den Bau eines neuen Flughafens. Es oblag der Regierung von Oberbayern das Projekt unabhängig zu prüfen und Argumente wie Gegenargumente neutral zu bewerten. Alle nur denkbaren Gesichtspunkte mussten aufgegriffen werden: die Verwirklichung des Projekts in geplanter Größe, Auswirkungen des Flughafenbetriebs auf Anlieger, Auswirkungen auf den Wasserhaushalt, die Landschaft, den Eingriff in Eigentumsrechte Dritter und Entschädigungsregelungen usw. Alle möglicherweise vom Projekt betroffenen Bürger, Gemeinden, Behörden und sonstige öffentlichen Stellen waren anzuhören und über die vorgetragenen Einwendungen musste entschieden werden. In einer Informationsbroschüre des Flughafens heißt es dazu: »In dem fünf Jahre dauernden Planfestestellungsverfahren für den Flughafen München 2 wurden 26.332 Einwendungen von privater Seite gegen das Projekt erhoben und Stellungnahmen von 180 Trägern öffentlicher Belange und Behörden sowie von 30 Gemeinden abgegeben. In 249 Erörterungsterminen wurden die betroffenen Bürger gehört. Darüber hinaus wurden im Rahmen des Verfahrens zahlreiche Gutachten eingeholt, die sich u. a. mit Fragen der Lärmbelästigung, mit Prognosen, mit Kapazitätsberechnungen, mit einer möglichen Luftverschmutzung sowie mit meteorologischen und ökologischen Fragen befaßten. Mit Datum vom 8. Juli 1979 erließ die Regierung von Oberbayern den Planfeststellungsbeschluß.«

Gegen den Planfeststellungsbeschluss wurden 5.724 Klagen eingelegt. In 40 Musterverfahren wurden vor dem Verwaltungsgericht München die gegen den Planfeststellungsbeschluss erhobenen Anfechtungsklagen verhandelt, aber nach einem Prozess, der rund ein Jahr dauerte, wurde die sofortige Vollziehbarkeit des Planfeststellungsbeschlusses im Wesentlichen bestätigt. Gegen diesen Beschluss wurde jedoch Beschwerde beim Bayerischen Verwaltungsgerichtshof (VGH) eingelegt, der am 16. April 1981 die ein knappes halbes Jahr zuvor am 3. November 1980 aufgenommenen Bauarbeiten für den Flughafen München 2 stoppte. Insbesondere beanstandete der VGH den Flächenbedarf, der als zu groß angesehen wurde und nicht zu rechtfertigen sei.

Die ersten Gebäude auf dem neuen Flughafen; die Bauzentrale mit den fünf Gebäudeflügeln und vorne das Informationszentrum. Hinten im Bild eine Sanitätsstation mit Hubschrauberlandeplatz und auf der linken Straßenseite die Baustellenkantine. Rechts im Bild wird noch ein Acker bestellt. Luftbild vom 2. Mai 1988. | Horst Jahnke, Flughafen München

Um dem Einwand eines zu großen Geländeverbrauchs zu begegnen, reduzierten die Flughafenplaner die Fläche des Flughafens und verzichteten auf eine dritte Start- und Landebahn für den Kleinflugzeugverkehr sowie auf bereits planfestgestellte Erweiterungsflächen. Im ursprünglichen Konzept waren sogar zwei parallel verlaufende Hauptbahnen mit einer Länge von 4.000 Metern sowie zwei Nebenbahnen mit einer Länge von 2.500 Metern vorgesehen. Bei der Regierung von Oberbayern wurde im Oktober 1981 ein Planänderungsverfahren beantragt, mit einer von 2.050 Hektar auf 1.387 Hektar reduzierten Fläche. Dazu erging am 7. Juni 1984 der Planänderungsbeschluss. Nach der Verkleinerung der Planung beantragte die Flughafen München GmbH am Freitag, dem 13. Juli 1984, beim Bayerischen Verwaltungsgerichtshof die Aufhebung des Baustopps.

Darauf wurden die gerichtlichen Verfahren erneut aufgenommen und vom 8. November 1984 bis zum 22. Februar 1985 setzte sich der 20. Senat des Bayerischen Verwaltungsgerichtshofs an 19 Verhandlungstagen mit den Einwendungen der Kläger gegen den Flughafen München 2 auseinander. Am 8. März 1985 wurde in zweiter Instanz der Baustopp aufgehoben. Die Notwendigkeit des neuen Flughafens wurde vom VGH anerkannt, und das Verfahren für rechtmäßig erklärt. Die neu festgeschriebene Flughafenfläche einschließlich des geplanten Start- und Landebahnsystems könne rechtlich nicht beanstandet werden.

Die Richter stellten die sofortige Vollziehbarkeit des Planfeststellungsbeschlusses in seiner geänderten Fassung wieder her. Ende März 1985 konnten die ersten Bauarbeiten für den neuen Flughafen aufgenommen werden. Zudem bestätigte das angerufene Bundesverwaltungsgericht im Dezember 1986 die Rechtmäßigkeit der Planung für den neuen Flughafen.

Planung und Bau

Bis zum Mai 1967 wurde das grundlegende Flughafenkonzept entwickelt, das von zwei parallelen Start- und Landebahnen ausging, in der Bebauungszone dazwischen die Flugbetriebsflächen, die Passagierabfertigungsanlagen mit einem linear strukturierten Terminal quer zur Flughafenlängsachse, Hallen für Fracht und Flugzeugwartung sowie alle Versorgungseinrichtungen, im Zentrum an Schiene und Straße angebunden. Allem zu Grunde lag die Idee der Intermodalität, sinnvoll sollten die Verkehrsträger Flugzeug, S-Bahn und Auto miteinander verknüpft werden. Die Schienen- und Straßenanbindung sollte von West und Ost erfolgen und in der Mitte ein zentraler Bahnhof entstehen.

Die beiden Start-und Landebahnen sollten einerseits die betrieblichen Anforderungen an den Luftverkehr erfüllen, aber andererseits nach den Kriterien des Lärm- und Umweltschutzes so an den neuen Standort angepasst werden, dass benachbarte Ortschaften nicht direkt überflogen werden mußten. Der berechnete Achsabstand von 2.300 Metern und der Schwellenversatz um 1.500 Meter gegeneinander ergab sich aus den Richtlinien der Internationalen Zivilluftfahrtorganisation (ICAO) für den gleichzeitigen parallelen Flugbetrieb auf beiden Bahnen. Nach der vorherrschenden Windrichtung wurden die Bahnen in Ost-West-Richtung, 08/26, ausgerichtet. Das Bahnsystem sollte so in die Landschaft eingefügt werden, dass die in Verlängerung der Startbahnachsen liegenden An- und Abflugbereiche möglichst nur über unbesiedeltes Gebiet führten – ein sehr anspruchsvoller Planungsauftrag, um die Lärmbelästigung auf ein absolutes Minimum zu beschränken.

Nach sorgfältiger Prüfung möglicher Optionen stand bei den Planungen die im 19. Jahrhundert entstandene Streusiedlung Franzheim im Weg. Mit der Entscheidung der Bayerischen Staatsregierung für den Standort Erding-Nord/Freising vom 5. August 1969 musste der Ort aufgegeben und seine 200 Bürger umgesiedelt werden. Das war kein leichtfertiger und unwidersprochener Beschluss. Doch der Flughafen konnte mit allen betroffenen Bürgern einvernehmliche Lösungen erzielen, zahlte Entschädigungen oder stellte geeignete Tauschgrundstücke zur Verfügung und baute in der Umgebung des Flughafens neue Häuser und Höfe für die ehemaligen Franzheimer.

Alle für das Flughafenprojekt benötigten Grundstücke konnten freiwillig erworben werden, kein einziges Enteignungsverfahren musste eingeleitet werden. Zudem kaufte der Flughafen viele zusätzliche Grundstücke auf, die entweder als geeignetes Tauschland zur Verfügung gestellt wurden oder aber später als Kompensationsflächen für den Eingriff in die Landschaft vorgesehen waren. Um den Flughafen herum wurde ein großzügiger Grüngürtel von 230 Hektar angelegt und die ursprünglich als Ackerland genutzten Flächen wurden zu vernetzten Biotopen für Flora und Fauna. Pflanzen wie seltene Sumpforchideen fanden einen neuen Platz und geschützte Vogelarten eine neue Heimat. Über 750.000 Jungpflanzen, Büsche und Bäume wurden in der Umgebung des Flughafens gesetzt.

Der Flughafen sollte sich möglichst harmonisch in die Landschaft einfügen. Frühzeitig wurde die Landschaftsgestaltung als Teil der Flughafenplanung verstanden, lineare Strukturen des Erdinger Mooses mit seinen Baumreihen entlang von gerade verlaufenden Bächen und Entwässerungsgräben und die für das Landschaftsbild typischen Alleen an Wegen und Straßen wurden als Strukturprinzip in die Flughafenplanung aufgenommen. Prof. Günther Grzimek und das Freisinger Büro Grünplan von Eberhard Krauss erarbeiteten dazu die Richtlinien.

Überhaupt war das gesamte visuelle Erscheinungsbild von großer Bedeutung. Angeblich trafen sich maßgebliche Flughafenplaner und Architekten auf einer Berghütte, um gemeinsame Leitlinien für die Gestaltung des neuen Flughafens zu entwickeln. Weiße Baumaterialien sollten verwendet werden, dazu Glas und Edelstahl als Materialien, runde Säulen und modulare Strukturen sollten entstehen, möglichst viel natürliches Licht in transparenten Räumen genutzt werden, die sich durch Offenheit und Großzügigkeit auszeichnen sollten. In Zusammenarbeit mit den Flughafenplanern entwickelten Otl Aicher und Eberhard Stauß die Grundlagen des Flughafendesigns und erarbeiteten Gestaltungsrichtlinien, die für Formen, Farben, Materialien und Schriften galten, für die Gestaltung von Brückenbauwerken ebenso wie für die Beschilderung im Flughafenbereich oder die Lackierung von Fahrzeugen des Fuhrparks.

Sechs international zusammengesetzte Arbeitsgemeinschaften aus Architektur- und Ingenieurbüros, die sich alle schon mit der Planung von Flughäfen befasst hatten, erhielten im April 1970 den Auftrag, anhand des vorgegebenen Konzepts eine Grundlagenplanung für den neuen Flughafen zu erarbeiten. Die Ergebnisse der vorgelegten Planungsgutachten wurden von einer Jury, bestehend aus Stadtplanern, Architekten und Flughafenplanern, bewertet. Nach der Begutachtung durch dieses Gremium internationaler Experten wurde empfohlen, drei der sechs Gutachten zu kombinieren. »Die Projektgemeinschaft für Flughafenplanung (Architekturbüro Heinz Wilke, Hannover, und Ing.-Büro Heinz-Jürgen Cordes, München) fügte 1972 in Zusammenarbeit mit der Flughafen München GmbH (FMG) die von der Jury empfohlenen besten konzeptionellen Elemente aus drei Planungsgutachten zu einem brauchbaren Geländenutzungs- und Funktionsplan zusammen.«[35]

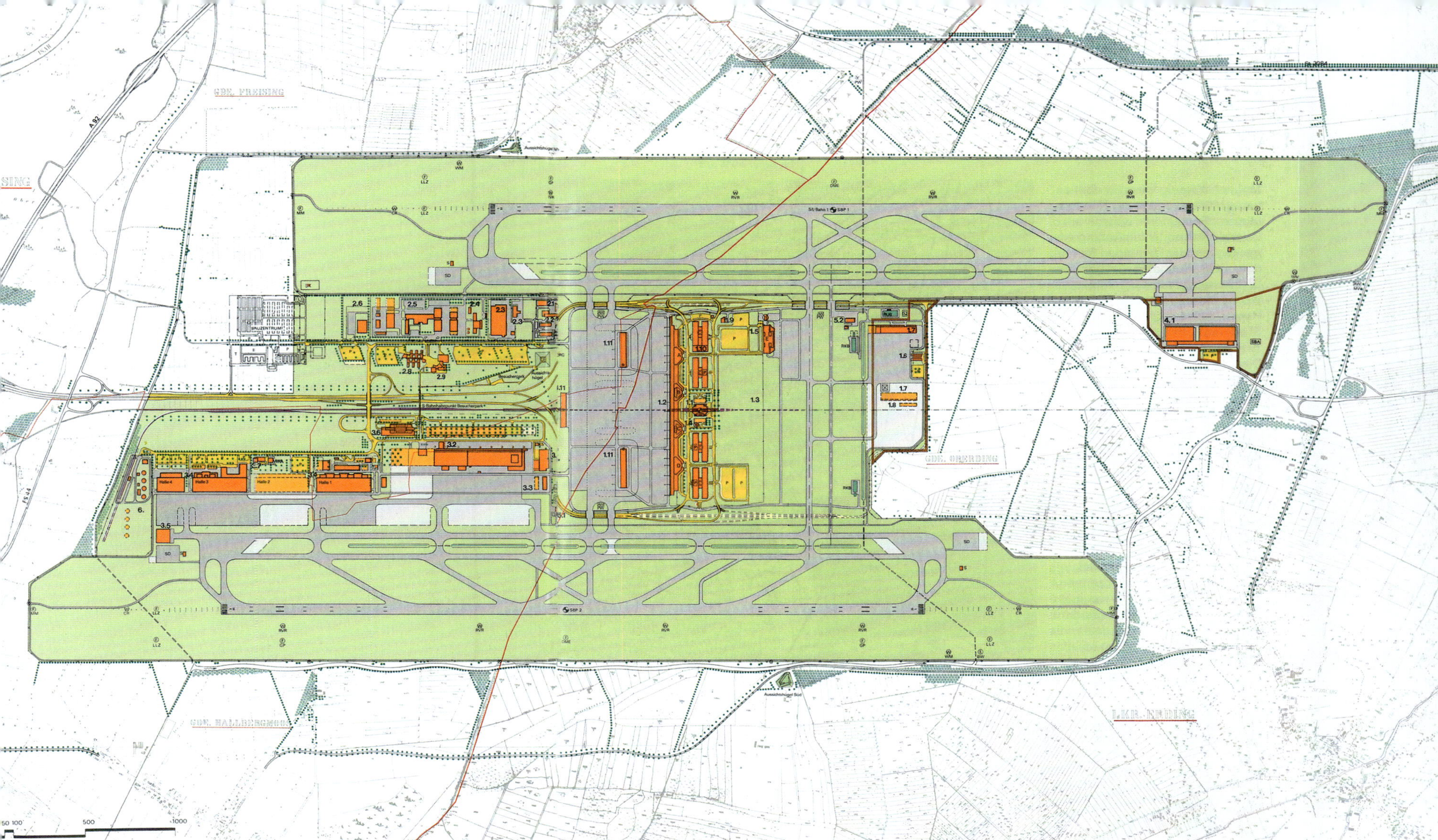

Masterplan mit Entwicklungsperspektiven: Geländenutzungs- und Funktionsplan des Münchner Flughafens aus dem Jahr 1992. | Flughafen München

Das »Münchner Modell«

Nun lag der erste Entwurf eines Masterplans vor – das »Münchner Modell« war in seinen Grundzügen entstanden. Der Flughafen München nahm Gestalt an, mit zwei jeweils 4.000 Meter langen Start- und Landebahnen, die 2,3 Kilometer auseinanderlagen, um einen parallelen Betrieb zu ermöglichen. Dazwischen die Bebauungszone mit einem quer zu den Bahnen angelegten Passagierbereich mit einer Länge von einem Kilometer. Ringförmig sollte die Straßenanbindung erfolgen. Die direkt vor dem Terminal angeordneten Parkhäuser sollten dem Passagier kurze Wege ermöglichen, von den Zufahrten zum Terminal bis zu den Abflugbereichen waren nur wenige Schritte zurückzulegen. Im Zentrum der S-Bahnhof mit den im Tunnel geführten Gleisen unter Terminal und Vorfeld hindurch in Richtung Westen, um die Verbindung zum Münchner S-Bahnnetz herzustellen. Der erarbeitete Geländenutzungs- und Funktionsplan sollte aber vor allem ausreichend Entwicklungsperspektiven bieten für künftige Erweiterungen – ein weitsichtiges, sehr gut durchdachtes und zukunftsfähiges Konzept für den Bau eines neuen Flughafens, der nun »auf der grünen Wiese« verwirklicht werden konnte.

Architektenwettbewerbe

Auf der Grundlage des Masterplans wurde ein Architektenwettbewerb für den Passagierabfertigungsbereich durchgeführt, aus dem im April 1976 als Sieger das Architekturbüro von Busse und Partner Blees, Büch und Kampmann hervorging. »Die von der FMG [Flughafen München GmbH] angestrebte Synthese von Architektur und Landschaft wurde bei diesem Entwurf am besten erreicht.«[36]

Weitere Architektenwettbewerbe folgten, für die Verwaltung und die Betriebsgebäude im nördlichen Bebauungsband, für Fracht und Flugzeugwartung im südlichen Bebauungsband sowie

Modell des Passsagierabfertigungsbereichs mit Terminal 1, Tower, Zentralgebäude und vier Parkhäusern. | Flughafen München

Sieger des Architektenwettbewerbs für den Passagierabfertigungsbereich: Das Architekturbüro von Hans-Busso von Busse (2. von rechts) und seinen Partnern Heinz Blees, Roland Büch und Niels Kampmann. | von Busse/Flughafen München

für die allgemeine Luftfahrt. Im Rahmen der Landschaftsplanung wurde auch der pyramidenförmige Besucherhügel in unmittelbarer Nähe zu Startbahn und Vorfeld angelegt.

Planung aus einem Guss

Auf einer Fläche von 15 Quadratkilometern sollte ein neuer Flughafen entstehen, mit 120 verschiedenen Gebäuden, Terminals und Flugzeughallen, einem eigenen Kraftwerk und einer komplexen Ver- und Entsorgungsinfrastruktur – eine kleine Stadt mit Schienenanbindung und eigenem Bahnhof sowie einem Autobahnanschluss. Über 400 Planungsbeteiligte in 80 Architekten- und Ingenieurbüros machten sich an die Arbeit, entwickelten Konzepte und zeichneten 125.000 Pläne für die Bauausführung. Es waren rund 180 Architekten an der Verwirklichung des Projekts beteiligt, aber wie stellte der langjährige Planungschef des Flughafens Manfred Steffen so treffend fest: »Wie kann ein Bauherr ein großes Boot auf Kurs halten, das so viele kräftig rudernde Individualisten an Bord hat? Einer der glücklichsten Einfälle der FMG im Verlauf der Planung war 1986 die Errichtung einer Gestaltungsrunde. Ihr gehörten die Architekten aller wichtigen und größeren Gebäudeanlagen an, ferner die Landschaftsgestalter, die Designer und Vertreter der FMG. Die Architekten fanden sich in der Gestaltungsrunde auf freiwilliger Basis zusammen, um gemeinsam mit dem Bauherrn ihre und die Planungen ihrer Kollegen im Hinblick auf städtebauliche, architektonische und ästhetische Qualität freimütig zu diskutieren. … So dürfte es gelungen sein, über eine … gewachsene und verfestigte gestalterische Grundhaltung einen Flughafen herzustellen, der – cum grano salis – aus einem Guss ist.« Über das gemeinsame Ziel war man übereingekommen: Die Architektur sollte die »Sprache der rationalen, funktional begründeten, technisch organisierten Moderne bedienen.« Objektübergreifend sollte eine Gesamtstruktur im Sinne einer »Einheitlichkeit in Vielfalt« verwirklicht werden.[37]

Es galt, eine Mammutaufgabe zu bewältigen. Dazu musste das Bauvorhaben in überschaubare Einheiten aufgegliedert und koordiniert werden. Vier Baumanagements wurden ins Leben gerufen, für die Bereiche Passagierabfertigung, Technische Dienste und Verwaltung, Fracht- und Flugzeugwartung sowie Flächen- und Linienbauwerke. Mit der Aufgabe eines übergeordneten Projektkoordinators zur Abstimmung unzähliger Schnittstellen wurde das Büro CBP Cronauer Beratung Planung aus München betraut, die Kostenplanung, -steuerung und -kontrolle oblagen der Ingenieur-Gemeinschaft Greiner-Tillyard, München.

Die Bauarbeiten beginnen

Am 3. November 1980 begannen die Bauarbeiten, kein feierlicher

Luftaufnahme der Baustelle vom 12. April 1989. | Luftbildverlag Hans Bertram, Flughafen München

offizieller Spatenstich, sondern für erste Erdbauarbeiten rückten an diesem kalten Novembertag Bagger und Planierraupen an, um im Süden des Geländes einen Abfanggraben auszuheben.

Gewässerneuordnung und Grundwasserabsenkung

Zunächst waren wasserwirtschaftliche Maßnahmen erforderlich. Der Baugrund in der Münchner Schotterebene war ideal, die Kiesschicht mit einer Mächtigkeit von 15 Metern stabil, nur der hohe Grundwasserstand stellte die Planer vor Herausforderungen. Natürliche Bäche und die zur Entwässerung des Erdinger Mooses vor 150 Jahren angelegten Kanäle und Gräben mit Oberflächengewässer mussten umgeleitet werden. Das Grundwasser, das das Gelände von Süd nach Nord durchfloss, musste im Süden in Entwässerungsgräben aufgefangen und im Norden über Versickerungsschächte wieder dem natürlichen Grundwasserstrom zugeführt werden – selbstverständlich in gleicher Qualität und Quantität. Um einen frostsicheren Betrieb auf den Flugbetriebsflächen zu gewährleisten, musste das Grundwasser innerhalb des Flughafenzauns um 1,5 Meter abgesenkt werden, außerhalb sollte die Gesamtbilanz unverändert bleiben. Dazu wurde im Norden des Flughafengeländes eine Grundwasserversickerungsanlage mit einem Pumpwerk und vielen Versickerungsschächten in Betrieb genommen.

Vier Jahre Baustopp

Im Winter 1980/81 begann der großräumige Erdbau, Baustellen wurden errichtet und Baustraßen angelegt, bis der Bayerische Verwaltungsgerichtshof am Gründonnerstag, dem 16. April 1981, völlig unerwartet einen Baustopp verhängte, der vier Jahre währen sollte. Zahlreiche Verträge mit Bauunternehmen mussten aufgehoben und die Bauarbeiter entlassen werden. Der aus allen Nähten platzende Flughafen München-Riem musste, nolens

Im Rahmen einer Pressekonferenz des bayerischen Arbeitsministers Gebhard Glück am 8. August 1989 erläutert Klaus Nitschke (links im Bild), der Technische Geschäftsführer des Flughafens, das Bauvorhaben. Das Thema ist Arbeitsschutz und Sicherheit auf der Baustelle. Dazu passen dann auch die Baustellenhelme auf den Köpfen. | Peter Bock-Schröder, Flughafen München

volens, viel länger als geplant betrieben werden, zudem entstanden durch die Verzögerung erhebliche Mehrkosten durch die inzwischen eingetretenen Baukostensteigerungen.

Dialog mit der Öffentlichkeit

Die Tatsache, dass verschiedene Gerichtsinstanzen in ihren Urteilen zu unterschiedlichen Bewertungen des geplanten Neubauprojekts kamen, verursachte in der Bevölkerung ein erhebliches Maß an Verunsicherung und Verwirrung. »Der Flughafenbau geriet mit einem Schlage wieder in den Strudel öffentlicher Stimmungsmache. Es gab Erklärungen auf allen politischen Ebenen, Demonstrationen für und gegen den Flughafen, Presseveröffentlichungen, Rundfunk- und Fernsehberichte mit kontroversen Inhalten. Es entstand in weiten Kreisen der Bevölkerung, auch bei direkt Betroffenen, der Eindruck, als wären die langjährigen, sachbezogenen Auseinandersetzungen im Grunde eine Farce gewesen und die Realisierung oder Nicht-Realisierung des Projekts wäre in Wahrheit eine Sache juristischer Spitzfindigkeiten. … Mit einem breiten Spektrum von Maßnahmen leistete die Flughafen München GmbH in den folgenden Jahren ein Maximum an öffentlicher Aufklärung. Presseinformationen und -konferenzen, lokale und regionale Veranstaltungen, Einladungen der Anwohner in Erding und Freising nach Riem, Ausstellungen, Broschüren, Kontakte zu den Grundstückseigentümern und eine individuelle Bearbeitung jeder einzelnen Anfrage zeigten allmählich auch Wirkung. Die Einsicht in die Notwendigkeit des neuen Flughafens wuchs … Dennoch konnte das Hauptziel, nämlich dem Flughafenprojekt eine stabile Vertrauensbasis in der Öffentlichkeit zu schaffen, nicht erreicht werden«, so die Einschätzung von Ingeborg Ergenzinger, der damaligen Pressechefin des Flughafens.[38] Der Konflikt hatte sich noch verschärft, als der Flughafengesellschaft die durch den Baustopp verursachten Kapazitätsprobleme in Riem angelastet wurden. Im Hinblick auf die bevorstehende Verlagerung des alten Flughafens beschränkten sich die Investitionen in die Infrastruktur auf das unbedingt Notwendige, damit der Betrieb aufrechterhalten werden konnte. Verständlich, dass höchst beengte Verhältnisse, schnell errichtete Provisorien und eine einzige Start- und Landebahn, über die der stark zunehmende Flugverkehr abgewickelt werden musste, unweigerlich zu Verspätungen und auch zu Protesten wutentbrannter Passagiere führte.

Am 7. Juni 1984 verkündigte die Regierung von Oberbayern den Planänderungsbeschluss. »Die Bekanntgabe ist für uns ein wichtiger Schritt nach vorne, in Richtung Wiederaufnahme der Bauarbeiten«, erklärte FMG-Hauptgeschäftsführer Hermann Reichert in einer Ausgabe des Flughafen Reports von Mai/Juni 1984. »Zwar ist zu begrüßen, daß die Regierung von Oberbayern die von uns eingereichten Pläne zur Verkleinerung und zur Modifizierung der baulichen Anlagen planfestgestellt hat. Darüber hinaus hat die Planfeststellungsbehörde aber weitere Auflagen erteilt, die möglicherweise die Betriebsabläufe am neuen Flughafen einschränken könnten. Besonders einschneidend ist dabei die Neuregelung des Nachtflugbetriebs.«

Die Bauarbeiten können beginnen

Nach langen juristischen Auseinandersetzungen wurde der Baustopp am 8. März 1985 aufgehoben – die Bauarbeiten konnten wieder aufgenommen werden. Anfang November 1985 war das Bauzentrum für die vier oben genannten Baumanagements, für den Projektkoordinator, für Behörden und eine Sanitätsstation als erster Gebäudekomplex auf dem Gelände bezugsfertig.

Informationen aus erster Hand

In unmittelbarer Nähe wurde am 24. März 1987 ein Informationszentrum eröffnet. Damit verfolgte der Flughafen München

Abstimmung in der P anungsabteilung des Flughafens: Manche Detailfragen lassen sich am besten am Modell klären. | Flughafen München

von Anfang an eine durch Offenheit und Transparenz geprägte Baustellenkommunikation und informierte mit Schautafeln, Modellen und Filmen über das geplante Bauvorhaben. Tausende interessierter Bürger und Fachbesucher aus dem In- und Ausland ließen sich die Flughafenanlage erläutern und verschafften sich auf geführten Busrundfahrten über das Baustellengelände einen Eindruck über den jeweiligen Baufortschritt. Als der Flughafen deutliche Konturen annahm, war das Interesse an Baustellenrundfahrten dermaßen groß, dass drei Reisebusse durch eine Funkverbindung miteinander verbunden werden mussten, um im Konvoi über das Gelände zu fahren – im ersten Bus erläuterte ein Besucherbetreuer die im Bau befindliche Flughafenanlage. Fachbesucher wurden mit Bauhelmen und Stiefeln ausgestattet und erhielten die Erläuterungen der Fachplaner bei laufendem Baubetrieb. Besonders die technischen Anlagen weckten internationales Interesse, von der Rollführung für Flugzeuge entlang von Lichterketten über die Stromversorgung durch ein eigenes Blockheizkraftwerk bis zu den Abläufen in der Gepäckförderanlage.

Im Jahr der Inbetriebnahme erreichte das Interesse den absoluten Höhepunkt: 1,7 Millionen Besucher stürmten den Flughafen. Während der Publikumstage vom 14. März bis 20. April 1992 konnte sich die Öffentlichkeit ein Bild vom neuen Flughafen verschaffen – eine einmalige Gelegenheit, um den Flughafen kurz vor seiner Eröffnung kennenzulernen. Im regelmäßigen Busshuttle wurden fünf Stationen im Flughafengelände angefahren, an denen Fachleute die Anlagen über Lautsprecher detailliert erläuterten. Tage der offenen Tür an sechs Wochenenden – der Ansturm von Besuchern war gigantisch und die über ein großes Reisebüro in ganz Bayern zum Preis von sieben Mark vertriebenen Tickets waren schnell ausverkauft.

Der Flughafen nimmt Gestalt an

Bis Ende 1986 wurden fast ausschließlich Tiefbauarbeiten durchgeführt, der großräumige Erdbau, die Errichtung der beiden Start- und Landebahnen, Kanalbauarbeiten, vor allem aber der Tunnelbau für die S-Bahn, damit mit dem Bau des darüber liegenden Terminals begonnen werden konnte.

Als im Frühjahr 1987 die ersten Hochbauten in Angriff genommen wurden, war die »heiße Bauphase« eingeläutet. Im August 1987 begannen die Bauarbeiten für das Zentralgebäude mit dem S-Bahnhof, im November war Baubeginn für den Tower. Beide Gebäude waren bereits ein Jahr später im Rohbau fertiggestellt, Richtfest wurde am 10. November 1988 gefeiert.

Im Musterhaus wurden Fassadenelemente aufgebaut, die Innenausstattung mit Abfertigungsschaltern und Sitzbänken bemustert, der Bodenbelag mit Granitplatten verschiedener Anbieter gegenübergestellt, um Optionen zu prüfen. Schließlich fielen hier die Entscheidungen, wie der Flughafen einmal ausschauen würde.

Der Bau von Terminal und Zentralbereich

Die Bauarbeiten für Terminal 1 begannen im Februar 1988; am 11. September 1989 konnte in dem über einen Kilometer langen Gebäude Richtfest gefeiert werden. Anlässlich dieses Tages der Freude sagte Roman Rittweger, Hauptgeschäftsführer des Flughafens: »Der Rohbau des Terminals steht, das größte Einzelbauwerk des neuen Flughafens hat sichtbare Gestalt angenommen. Es verkörpert das Herzstück der ganzen Anlage. … Bei aller Freude über das Erreichte wissen wir aber, daß diese Hebweih

Blick über die Baustelle des Flughafens München II im Erdinger Moos. Aufnahme vom 17.3.1989. | picture-alliance/ dpa | Klaus-Dieter Heirler

nur ein Meilenstein ist auf dem Weg zu unserem eigentlichen Ziel: Der Inbetriebnahme des neuen Flughafens. … Doch während die Handwerker das Gebäude mit seinem Innenleben versehen und ihm von außen den letzten Schliff geben, treten bei der Flughafen München GmbH die Planungen für den Betrieb des neuen Flughafens in ihre entscheidende Phase.«

Im Terminal, dem Zentralbereich und den Parkhäusern hatte Prof. von Busse mit seinem Team höchst ansprechende gestalterische Ideen verwirklicht und sein Konzept eines orts- und landschaftsbezogenen Flughafens umgesetzt. Sein Credo war stets die Wahrung vertrauter Maßstäbe in der Architektur, ohne jeden Gigantismus. Der Flughafen als Bauherr hatte die Gesamtverantwortung für die Planung der zentralen baulichen Flughafenanlagen in die Hände des Planungsbüros von Busse gelegt. Von Busse: »Dieser Entscheidung liegt die Einsicht zugrunde, daß in der kreativen Zusammenführung der einzelnen Disziplinen – der Architekten, der Ingenieure für Tragwerk, für Versorgungseinrichtungen, für Logistik und Medien, der Landschaftsarchitekten, der Designer, Künstler und Werbefachleute – die große, die einzige Chance für die Verwirklichung eines übergreifenden, ganzheitlichen Architekturkonzeptes liegt; Chance auch, das ordnende, das gestalterisch-kreative und technisch-innovative Potential der Ideen schlüssig und abgewogen in die städtebauliche und architektonische Form umzusetzen. In einer engen Verflechtung der baulichen Anlagen mit der Landschaft liegt eines der wichtigen und übergeordneten Entwurfsziele begründet. Die charakteristischen Erscheinungsbilder des Erdinger Mooses, einer ursprünglichen Moorlandschaft, die Offenheit und Weite der Horizonte, ihre Licht- und Farbtransparenz und die Großzügigkeit ihrer geometrischen Formen sind ebenso prägende Gestaltmerkmale wie die linearen Strukturen der Wege und Baumreihen, Gräben und Dämme.«[39]

Besonderes Augenmerk richtete von Busse auf das Spiel von Licht und Schatten, auf den Lichteinfall durch die zum Himmel gerichteten Glasfassaden, die dem Gebäude mit seinem weißen Tragwerk ein freundlich-sympathisches Ambiente verliehen. Der weiße Flughafen war entstanden, dazu blauer Himmel, silberne Flugzeuge und die grüne Landschaft – ein unverwechselbares Erscheinungsbild für Bayerns Tor zur Welt.

Das Terminal mit seinen 20 Fluggastbrücken umfasste eine Bruttogeschossfläche von 176.000 Quadratmetern, im gesamten Passagierbereich mit Terminal, Zentralbereich, Tower und Tiefgaragen wurden 211.000 Kubikmeter Beton- und Stahlbeton, 21.100 Tonnen Bewehrungsstahl und 2.600 Tonnen Profilstahl und Stahlrohre verbaut, 65 Aufzüge und 42 Fahrtreppen eingesetzt. Die Gesamtlänge der 48 Fahrsteige betrug 2.356 Meter. Allein im Terminal waren 55.000 Quadratmeter Fassaden entstanden.

Europas größte Baustelle

Auch in den anderen Bereichen liefen die Bauarbeiten auf Hochtouren, auf den Startbahnen, den Flugbetriebsflächen mit Boarding Stations und Rampengerätestationen, den Hangars für Fracht und Wartung, dem Verwaltungsgebäude, den Parkhäusern und der Halle F. Auf dem Vorfeld West mit seinen 48 Flugzeugabstellpositionen wurde eine Fläche von 600.000 Quadratmetern betoniert, in zwei Schichten mit einer Gesamtstärke von 36 Zentimetern. Der Projektkoordinator Karl A. Cronauer verwies zu Recht darauf, dass zum Projekt nicht nur die zuerst ins Auge fallenden Hochbauten gehörten, sondern dass »einer der Schwerpunkte der zu bewältigen Bauleistungen auf dem Boden und bei den übergeordneten Systemen gelegen hat: riesige Erdbewegungen, Bauwerke der Gewässerordnung, Start- und Landebahnen, Vorfelder und Rollbahnen, Versorgungsbauwerke für Wasser, Gas, Wärme, Strom und Telefon, Anschlüsse an Autobahnen, Straßen- und das Schienennetz; elektronische Systeme für Information, Regeln und Alarmmeldungen; die Flugbetriebsstoffversorgung, der Anschluß der Flugzeuge an die

Das hatten die Architekten im Blick: das **Spiel mit Licht und Schatten**, um den großen Baukörper zu gliedern. | Foto Infozentrum/Bauzentrale

Terminal 1 des neuen Münchner Flughafens im Erdinger Moos mit 20 Fluggaststeigen am 9. Dezember 1991. | Klaus Leidorf, Flughafen Müncehn

400 Hz-Anlage und nicht zuletzt die Müllentsorgung. Umfangreiche Maßnahmen waren außerdem zum Schutze der Umwelt, für die Sicherheit der Passagiere und aller am Fluggeschehen Beteiligten notwendig. 10.000 km zu koordinierende Spartenleitungen, ca. 800.000 zu planende und zu installierende Datenpunkte der Leittechnik, 15.000.000 Kubikmeter zu bewegende Erdmassen allein im großräumigen Erdbau.«[40]

In der Hauptbauzeit, in den Jahren 1989 bis 1990, waren auf Europas größter Baustelle über 6.000 Bauarbeiter, Monteure und Ingenieure im Einsatz. 140 Baukräne bewegten sich auf der riesigen Baustelle, um die zügige Fertigstellung des gewaltigen Flughafenprojekts zu gewährleisten. »Nach sorgfältiger Abwägung aller Faktoren entscheidet sich die Geschäftsführung der FMG im Frühjahr 1991 für den 17. Mai 1992 als Termin der Inbetriebnahme des neuen Flughafens. Am 25. April stimmt der Aufsichtsrat des Unternehmens diesem Terminvorschlag zu. 392 Tage vor dem bewußten Datum läuft damit der Countdown für den Start des neuen Flughafens.«[40] Mit dem von Hauptgeschäftsführer Willi Hermsen verkündeten Termin für die Inbetriebnahme ging ein spürbarer Ruck durch die gesamte Mannschaft – unter Hochdruck, größtem Personaleinsatz und vielen Überstunden musste es gelingen, den Flughafen termingerecht fertigzustellen.

Das erste Flugzeug landet

Kurz vor 9 Uhr am 28. Oktobers 1991 war es soweit, nach einer Schleife über den neuen Airport setzte das erste Verkehrsflugzeug zum Landeanflug auf der südlichen Piste im Erdinger Moos an. Zuvor mussten einige etwas irritierte Rehe von der Bahn vertrieben werden. Zeitweilig dichter Bodennebel hatte am Morgen die Sicht behindert, aber dann brach die Sonne durch und Lufthansa-Flugkapitän und Chefpilot Robert Salzl landete die Boeing 747-400 mit dem Kennzeichen D-ABVA »Berlin« sicher auf dem neuen Flughafen München. Mit an Bord des ersten Jumbos in München II waren Flugkapitän Martin Gaebel, Vorstandsmitglied der Lufthansa für den Bereich Flugbetrieb und Dr. Klaus Nittinger, Vorstandsmitglied für den Bereich Technik. Feierlich hisste Salzl die Lufthansa-Flagge und rollte Richtung Wartungshalle, wo die Lufthanseaten nach ihrer Ankunft durch den Hauptgeschäftsführer des Flughafens, Willi Hermsen, begrüßt wurden.

Spannende Momente: Würde der Jumbo in den im September 1990 fertiggestellten Hangar mit einer Torhöhe von 24 Metern hineinpassen? Kein Problem, das Leitwerk hat eine Höhe von

Am Morgen des 28. Oktober 1991 trifft das erste Verkehrsflugzeug, eine Boeing 747 der Lufthansa, in der Wartungshalle ein. | Horst Jahnke, Flughafen München

19,41 Metern und der Hangar war für die Unterbringung von sechs Boeing 747 konzipiert.

Kaum 45 Minuten später landete der zweite Jumbo-Jet in München. Während der noch laufenden Bauarbeiten auf der Flughafenbaustelle sollten 250 Techniker die gesamte 747-Flotte der Lufthansa umrüsten. Jeweils zwei Wochen dauerten die Umrüstarbeiten in der Kabine, bis die nächsten Jumbos im Erdinger Moos landeten.

Probebetrieb und Fertigstellung

Ab 1991 nahm eine Arbeitsgruppe »Inbetriebnahme« ihre Arbeit auf, die Testphase einzelner Anlagen lief an und Personalschulungen fanden statt. Während viele Gebäude noch ihren Feinschliff bekamen und die Inneneinrichtung vervollständigt wurde, begann am 17. Februar 1992, drei Monate vor der Eröffnung, der Probebetrieb. Acht Wochen lang wurden alle relevanten Abfertigungsvorgänge unter möglichst realistischen Bedingungen durchgespielt. Die Flugzeugabfertigung auf dem Vorfeld wurde zunächst mit Fahrzeugen nachgestellt, später stellten Luftverkehrsgesellschaften echte Flugzeuge für den Probelauf zur Verfügung. Im Terminal testeten 2.000 Freiwillige, Studenten, Bundespolizisten und Soldaten die Betriebsabläufe. Sie erhielten Tickets für fiktive Flüge nach New York oder Palma de Mallorca, mussten sich im Terminal zurechtfinden, schleppten Koffer gefüllt mit alten Telefonbüchern, checkten an den noch mit Schutzfolien abgedeckten Schaltern ein und passierten die Passkontrolle, um zum Abfluggate zu gelangen. Funktionierten die Monitor- und Anzeigensysteme? Als Back-up wurden mit Kreide beschriftete Tafeln bereitgehalten. Konnten Bordkarten beim Check-in ausgegeben werden? War die Gepäckförderanlage den Mengen des aufgegebenen Gepäcks gewachsen? Für den Belastungstest wurde die Anlage sukzessive auf sechs, acht und zehn gleichzeitig abgefertigte Flüge hochgefahren. Als Ergebnis des Probebetriebs wurden Unzulänglichkeiten aufgespürt, Schnittstellen identifiziert und die Abläufe weiter optimiert – wichtige Erfahrungen, damit im späteren Realbetrieb alles reibungslos funktionierte. ■

EXKURS

EIN FLUGHAFEN ZIEHT UM

ALS LOGISTISCHE MEISTERLEISTUNG sollte der spektakuläre Umzug eines ganzen Flughafens gefeiert werden, der Monate zuvor minutiös von einem Expertenteam des Flughafens unter Leitung von Horst Jucha und Kuno Kirchner von der Mülheimer Unternehmensberatung Agiplan geplant war: Bei laufendem Betrieb sind in der Nacht zum 17. Mai 1992 rund 700 Lkw im Einsatz, um das gesamte Inventar des Riemer Flughafens über die rund 30 Kilometer lange Fahrstrecke zum neuen Standort zu befördern. Fluggasttreppen, Hubbühnen, Flugzeugschlepper und Flugzeugcontainer werden an 130 definierten Beladepunkten in Riem verladen, um dann als Sondertransporte auf öffentlichen Straßen, von der Polizei eskortiert, zu den jeweils mit Nummern bezeichneten 480 Entladepunkten am neuen Flughafen geleitet zu werden. Die »Betriebsverlagerung« wird von 5.000 Mitarbeitern bewerkstelligt. Allein 280 Vorfeldbusse und für den öffentlichen Straßenverkehr nicht zugelassene Fahrzeuge müssen in dieser Nacht zum neuen Flughafen gefahren werden. Bis auf ein paar Kleinigkeiten klappt der Umzug reibungslos. So ist der Stationsleiter einer Airline so besorgt um wichtige Unterlagen und Papiere, dass er den schweren Tresor entgegen der Planung gleich in das erste Fahrzeug verladen lässt. Am neuen Flughafen angekommen, steht der Tresor prompt vor einem Aufzug, der dieses Gewicht nicht bewältigen kann.

Als erstes Flugzeug landet um 4.55 Uhr eine MD 83 der Aero Lloyd aus Izmir auf der Südbahn des neuen Flughafens und kommt den beiden zehn Minuten später zeitgleich auf der Nord- und Südbahn aufsetzenden Lufthansa-Maschinen mit den Namen »Erding« und »Freising« zuvor.

Als erstes Verkehrsflugzeug hebt um 5.59 Uhr eine Boeing 747-200 der Lufthansa mit dem Kennzeichen D-ABYJ von der nördlichen Startbahn zu einem Rundflug Richtung Alpen ab, im Cockpit Lufthansa-Vorstandsmitglied Flugkapitän Martin Gaebel, an Bord 218 Ehrengäste. Der »Premierenflug München« führt über Rosenheim, den Chiemsee und Salzburg am Dachsteinmassiv vorbei, dann über die Hohen Tauern mit Großglockner und Großvenediger in Richtung Dolomiten. Wendepunkt der einmaligen Tour ist das Tessin. Zurück geht es über den Bodensee, das Allgäu und die Zugspitze nach München. Ein letzter nostalgischer Überflug über den schon geschlossenen Flughafen Riem und dann die Landung um 7.30 Uhr am neuen Flughafen München.

Während die schweren Lastkräne noch das Vorfeldgerät abladen, stehen die Flugzeuge für die ersten Starts am 17. Mai schon bereit. Der reguläre Flugbetrieb beginnt um 6.00 Uhr, mit einigen Charterflügen der Hapag Lloyd nach Karpathos, Heraklion und Athen, mit der Condor nach Rhodos und der Aero Lloyd nach Antalya. Der Lufthansa-Flug LH 111 um 6.30 Uhr nach Frankfurt ist der erste Linienflug. Schon am 16. Mai waren in der Zeit von 10.00 bis 23.25 Uhr 17 Überführungsflüge als »Ferry Flights« ohne Passagiere von Riem zum neuen Standort überführt worden.

Insgesamt 42 Starts und Landungen mit mehr als 40.000 Passagieren werden am ersten Betriebstag durchgeführt und rund 70.000 Besucher erleben die Flughafenpremiere live vor Ort.

Zahlreiche Journalisten aus dem In- und Ausland berichten über das Ereignis, das weltweit Lob und Anerkennung erfährt – sogar vom »größten Umzug seit der Völkerwanderung« ist die Rede. Die erfolgreiche Transportlogistik hat derartig beeindruckt, dass das Expertenteam vom Flughafen München fortan zu einem gefragten Ansprechpartner für die Inbetriebnahmeplanung internationaler Verkehrsflughäfen wird und Aufträge für die Organisation von Flughafenumzügen erhält. So steuert das Münchner Airport Consulting Team etwa die Umzüge der Flughäfen Athen und Bangkok, wird aber auch mit der Aufgabe betraut, den Umzug des Deutschen Bundestags von Bonn nach Berlin zu organisieren. ■

Fluggasttreppen werden in Riem verladen. Für alle Beteiligten wird es eine spannende, aber auch anstrengende Nacht, in der präzise Planung ihre Umsetzung finden wird. | Herbert Stolz, Flughafen München

Der Umzug läuft auf vollen Touren. Nachts bewegt sich eine Fahrzeugkolonne mit Schwertransportern zum neuen Flughafen. | Gregor Feindt, Flughafen München

Provisorische Passagierabfertigung in einer Flugzeugwartungshalle. | Herbert Stolz, Flughafen München

Kein Leichtgewicht, ein Flugzeugschlepper sicher am Haken. | Jürgen Naglik, Flughafen München

Und schon geht es los: Entladung von Gepäckwagen, während bereits die ersten Flugzeuge mit Passagieren eingetroffen sind. | Jürgen Naglik, Flughafen München

Eine kleine Verschnaufpause. | Jürgen Naglik, Flughafen München

Präzisionsarbeit beim Verladen | Jürgen Naglik, Flughafen München

Alt und neu im Formationsflug zur Eröffnung: vorne das Traditionsflugzeug der Lufthansa, die Ju 52 »D-AQUI«, dahinter ein nagelneuer Airbus A340 in Werksbemalung. | Herbert Stolz, Flughafen München

Royale Eröffnung und strahlende Gesichter: Königin Silvia von Schweden eröffnet den Flughafen München, neben ihr Aufsichtsratsvorsitzender Georg von Waldenfels und Flughafenchef Willi Hermsen. | Jürgen Naglik, Flughafen München

In der Vollmondnacht stehen Baukräne bereit, um eintreffende Lkw zu entladen. | Herbert Stolz, Flughafen München

DER NEUE FLUGHAFEN MÜNCHEN
Eine einzigartige Erfolgsgeschichte

Am 28. Oktober 1991 landet das erste Flugzeug, eine Boeing 747, auf der Baustelle des neuen Flughafens. | Werner Hennies, Flughafen München

Vom City Airport zur Airport City: Ausbau zum internationalen Luftverkehrsdrehkreuz

DER NEUE FLUGHAFEN MÜNCHEN geht mit einem modular aufgebauten Terminal mit einer Kapazität von zwölf Millionen Passagieren an den Start. Wie Bausteine reihen sich vier Abflugbereiche und die dazwischenliegenden fünf Ankunftsbereiche aneinander, landseitig auf einer Ebene, luftseitig mit einer Ebene für ankommende und einer für abfliegende Passagiere. Vor dem einen Kilometer langen Gebäude sind vier Parkhäuser angeordnet. »Drive to the gate« und kurze Wege vom Parkplatz bis zum Abflug sind auch die dem Flughafenkonzept zu Grunde liegenden Leitsätze. Bei den sich über viele Jahre hinziehenden Genehmigungsverfahren wird streng darauf geachtet, dass bedarfsgerecht gebaut wird und auch Höhenbegrenzungen eingehalten werden. Schnell wird es im Terminal zu eng, das Gebäude wird im Süden und Norden erweitert und auf dem Vorfeld West entstehen mit zusätzlichen Wartehallen zwei wichtige Ergänzungsbauwerke, damit auch 20 Millionen Passagiere bewältigt werden können.

Der Masterplan ermöglicht sehr gute Entwicklungsperspektiven für den Flughafen München: Mit dem Bau von Terminal 2 wird weiter im Osten und parallel zum bestehenden Terminal im Jahr 2003 ein weiteres lineares Gebäude errichtet, das aus der Luft als Kontur des Buchstabens »H« zu erkennen ist, mit dem Zentralgebäude und dem S-Bahnhof in der Mitte. Während Terminal 1 in vier autarke Module gegliedert ist, wird in Terminal 2 ein grundlegend anderes Konzept verfolgt: einem 980 Meter langen Pier mit den Warteräumen und den Gates für den Abflug ist ein zentrales Abfertigungsgebäude vorgelagert. Fluggäste checken an zentraler Stelle ein, durchlaufen die Pass- und Sicherheitskontrollen und finden attraktive Einkaufsmöglichkeiten sowie ein ansprechendes Gastronomieangebot, bevor sie sich vor dem Abflug in die Wartezonen begeben. In der zentralen Abfertigungshalle befindet sich auf der unteren Ebene der Ankunftsbereich mit der Gepäckausgabe, auf der oberen Ebene der Abflugbereich.

Terminal 2 ist das Ergebnis einer einzigartigen Zusammenarbeit zwischen Airport und Airline: Vor allem dem Hauptgeschäftsführer der Flughafen München GmbH, Willi Hermsen, und dem Vorstandsvorsitzenden der Deutschen Lufthansa AG, Jürgen Weber, ist es zu verdanken, dass erstmals ein Flughafen gemeinsam mit einer Fluggesellschaft ein neues Terminal plant, baut und betreibt. Erstmals beteiligt sich die Lufthansa mit einem Anteil von 40 Prozent an einem Flughafenterminal, ein Gemeinschaftsprojekt, für das beide Partner die unternehmerische Verantwortung übernehmen. Das auf eine Kapazität von 25 Millionen Fluggästen ausgelegte Terminal 2 wurde von dem Münchner Architekturbüro Koch + Partner entworfen und ist auf die besonderen Anforderungen des Umsteigerverkehrs zugeschnitten. Frühzeitig wird die Lufthansa in die Planungen eingebunden, um die Anforderungen des Nutzers zu berücksichtigen. Letztlich sollte die enge Kooperation von Airport und Airline, schon von der Planung an, die Grundlage einer überaus erfolgreich verlaufenden Entwicklung des Münchner Flughafens bilden.

Lufthansa und die Partner der »Star Alliance« entwickeln Terminal 2 zu einem effizienten Drehkreuz mit schnellen Umsteigemöglichkeiten – die »Minimum-Connecting-Time« beträgt 30 Minuten – während im Terminal 1 Fluggesellschaften verkehren, die sogenannte »Punkt-zu-Punkt« Verkehre bedienen, etwa die Air France nach Paris, die Emirates nach Dubai, die British Airways nach London oder die Vueling nach Barcelona. Letztgenannte Fluggesellschaften fliegen von München aus zu ihren

Der Flughafen München aus der Vogelperspektive im September 2021: **Blick von Westen auf die Gesamtanlage**, im Vordergrund der Pullinger Weiher und die Isarauen. | Michael Fritz, Flughafen München

Premierenflug am 17. Mai 1992: Über 200 geladene Ehrengäste checken zum Rundflug ein. | Herbert Stolz, Flughafen München

Internationales Medieninteresse: Hunderte von Journalisten aus aller Welt berichten über den Umzug des Münchner Flughafens in der Nacht vom 16. auf den 17. Mai 1992 und sind von der logistischen Glanzleistung beeindruckt. | Herbert Stolz, Flughafen München

heimatlichen Drehkreuzen, um von dort aus viele Anschlussflüge zu anderen Destinationen zu ermöglichen. Terminal 1 wird von Fluggesellschaften bedient, die der »Oneworld Alliance« angehören, während in Terminal 2 mit Lufthansa und Airlines wie etwa Aegean Airlines, Air Canada, Air China, All Nippon Airways, Croatia Airlines, LOT, SAS, Singapore Airlines, Thai Airways, Turkish und United Airlines, alles Mitglieder der »Star Alliance«, verkehren.

Mit dem hochmodernen, passagierfreundlichen und äußerst leistungsfähigen Terminal 2 verdoppelt der Münchner Airport seine Kapazität auf jährlich 50 Millionen Fluggäste und bekommt mit einer Umsteigezeit von nur 30 Minuten das schnellste Umsteigeterminal Europas. Der Architekt Norbert Koch folgt der Gesamtkonzeption des Flughafens und setzt mit der einladend freundlichen Architektur von Terminal 2 gestalterische Leitlinien fort. Lichtdurchflutete Räume und die hohe Qualität des visuellen Erscheinungsbildes zeichnen auch Terminal 2 aus, Funktionalität und Ästhetik sind im Einklang. Wolfgang Mayrhuber, Vorstandsvorsitzender der Deutschen Lufthansa AG, spricht bei der Eröffnung auch von Flughäfen, die wie Visitenkarten für ein ganzes Land stehen: »Wenn man als Reisender in ein helles, großzügiges, freundliches Ambiente eintaucht und die Abläufe als bequem, professionell und kundenfreundlich erlebt, dann lässt das Rückschlüsse zu – auf ein Land, ein Unternehmen, auf die Menschen des Landes. Und sei es nur bei einem Transitaufenthalt, was auf gut 40 Prozent aller Fluggäste in München zutrifft. Der erste Eindruck ist entscheidend.«

Mit der Eröffnung des Satellitengebäudes im Jahr 2016 erfährt der Münchner Flughafen abermals einen Qualitätssprung. Der Münchner Flughafen gewinnt durch den Satelliten 27 gebäudenahe Flugzeugabstellpositionen, über die Fluggäste direkt und ohne Bustransfer ins Flugzeug gelangen. Ein maßgeschneidertes Gastronomiekonzept sorgt für eine ganz besondere Wohlfühlatmosphäre, die den Fluggästen gleich bei der Ankunft das typische Münchner Flair vermittelt. Die Passagiere werden nach bester bayerischer Art verwöhnt, verschiedene Restaurants bieten eine reiche Auswahl kulinarischer Schmankerl, die auch dem internationalen Publikum schnell einen ersten Eindruck bayerischer Lebensart vermitteln. Überhaupt legt der Flughafen München Wert auf ein unverwechselbares und authentisches Ambiente, das im Satellitenterminal vielleicht am besten mit dem zentralen Marktplatz zum Ausdruck kommt, der den Münchner Viktualien-

Blick nach Norden zum Freisinger Domberg: Ein Flugzeug startet auf der Nordbahn, links neben dem Tower die Baustelle des Piers vor Terminal 1, rechts das Dach des München Airport Center (MAC). | Michael Fritz, Flughafen München

markt »en miniature« nachbildet. Zusätzlich können elf Millionen Reisende bedient werden. Mit der Komplettierung von Terminal 2 durch einen Satelliten sind beste Voraussetzungen geschaffen, damit der Flughafen München auch im Wettbewerb mit anderen europäischen Verkehrsdrehscheiben bestehen und überproportional am Luftverkehrswachstum partizipieren kann.

War der alte Flughafen München-Riem noch ein vertrauter »City Airport«, den die Münchner trotz aller Kapazitätsnöte am Ende doch wegen seiner Stadtnähe zu schätzen wussten, so eröffnen sich am neuen Flughafen ganz neue Perspektiven. Sie finden einen modernen Verkehrsflughafen vor, der Effizienz und beste Abfertigungsqualität, dazu Komfort und Service in großzügig dimensionierten Terminals bietet. Die übersichtliche und benutzerfreundliche Verkehrsanlage zeichnet sich durch eine ansprechende Architektur aus und mit Terminal 2 entsteht am Airport auch ein erstklassiges Dienstleistungsangebot. Vor dem Abflug erwartet die Fluggäste ein vielfältiges gastronomisches Angebot: Vom Schnellimbiss bis zu »Fine Dining«, von asiatischen Spezialitäten über italienische Pasta bis zur Currywurst ist alles geboten, um ein Verweilen in angenehmer Atmosphäre zu ermöglichen. Das Brauhaus »Airbräu« mit seinem Biergarten unter dem Dach

Der zentrale Marktplatz im Satellitenterminal. | Yorck Dertinger, Flughafen München

Attraktive Läden laden ein zum Flanieren und Shoppen vor dem Abflug. | Yorck Dertinger, Flughafen München

des »München Airport Center« (MAC) lädt mit bayerischer Küche sowie hauseigenen Biersorten zur Einkehr ein. Hier wird die zünftige und allseits geschätzte bayerische Wirtshauskultur gepflegt. Zum Flanieren und Shoppen finden sich attraktive Läden und Geschäfte und sorgen für einen kurzweiligen Aufenthalt am Flughafen. Ein Konferenzzentrum bietet Raum für internationale Tagungen oder wichtige Geschäftstermine direkt am Flughafen. Die »Süddeutsche Zeitung« spricht in diesem Zusammenhang bereits von einem »Marktplatz mit angeschlossenem Flugbetrieb« und tatsächlich tragen die Einnahmen aus Vermietung und Verpachtung, die sogenannten »Non-Aviation Revenues«, mit rund 50 Prozent zum Geschäftsergebnis des Flughafens bei.

Flughafen oder/und Shopping Center

Der neue Flughafen München hat in den vergangenen drei Jahrzehnten einen enormen Wandel vollzogen. Während sich das ursprüngliche Geschäftsmodell weitgehend auf die reibungslose Abwicklung des Flugbetriebs beschränkt, bietet das internationale Luftverkehrsdrehkreuz mit seinen Läden, Veranstaltungen und gastronomischen Einrichtungen heute auch einen attraktiven Marktplatz mit einer breiten Palette von Angeboten und Dienstleistungen.

Auf dem zentralen Marktplatz, dem Forum des MAC, finden auf einer Fläche von 10.000 Quadratmetern vielfältige Veranstaltungen statt: Da werden vor den Augen der Passagiere Tennis- oder Basketballmeisterschaften ausgetragen oder Veranstaltungen wie »Bike & Style« oder »Surf & Style«, eine der größten europäischen Surf-Veranstaltungen auf einer künstlich erzeugten stehenden Welle, abgehalten. Das Food-Festival »Taste & Style« oder Präsentationen von neuesten Automodellen bis zum jährlich stattfindenden Weihnachts- und Wintermarkt mit einer Eisfläche zum Schlittschuhlaufen und Eisstockschießen sind für Fluggäste, Abholer und Besucher gleichermaßen attraktiv.

Am »Marktplatz« findet sich in Bayern gewöhnlich das »Gasthaus«, und auch die »Kirche« ist nicht weit: Sowohl ein katholischer als auch ein evangelischer Pfarrer sind am Münchner Flughafen vor Ort, um Mitarbeiter und Passagiere auch seelsorgerisch zu betreuen oder um in der Kapelle Gottesdienste, Trauungen, Taufen oder Trauerfeiern abzuhalten. Rund 38.000 Mitarbeiter sind am Flughafen München beschäftigt und jeden Tag nutzen über 100.000 Reisende den Airport. Tatsächlich bildet der Flughafen München eine Stadt für sich, mit einem eigenen Kraftwerk, eigenem Bahnhof, einem Ärztezentrum, einer Feuerwehr- und einer Polizeistation, Hotels mit Spa-Bereichen, diversen Banken, Geschäften und Restaurants – eben eine bei den Reisenden ausgesprochen beliebte »Airport City«, die es an nichts fehlen lässt.

Steigende Passagierzahlen und Rekordjahr 2019

Die Erfolgsgeschichte des Münchner Flughafens ist eindrucksvoll: Seit seiner Eröffnung im Jahr 1992 haben sich die Passagierzahlen am neuen Standort nahezu vervierfacht. Der Flughafen München setzt seinen Steigflug fort. Bis zum Jahresende 2019 werden knapp

48 Millionen Passagiere am Flughafen München starten, landen oder umsteigen. Inzwischen zählt der Flughafen München zu den verkehrsreichsten »Hubs« in Europa. Die besonders dynamisch verlaufende Verkehrsentwicklung bringt weiteren Schwung und beschert dem Airport im Jahr 2019 neue Höchstmarken: Mit knapp 14 Millionen Fluggästen wird von Juli bis September 2019 ein neuer Quartalsrekord verzeichnet. Der Juli 2019 bringt mit insgesamt rund 4,7 Millionen Passagieren einen neuen Monatshöchstwert. Zudem nutzen am Freitag, dem 27. September 2019, rund 174.000 Reisende an einem einzigen Tag Bayerns Luftverkehrsdrehkreuz – mehr als je zuvor an einem Tag.

Wachstumstreiber ist insbesondere der internationale Verkehr von und nach München. Auf den Langstrecken werden neun Prozent mehr Fluggäste als im Vorjahr registriert. Das ist ein Zuwachs von über einer halben Million auf insgesamt 6,3 Millionen Reisende in diesem Verkehrssegment. Zu diesem Wachstumsschub tragen aber auch die neuen Strecken nach Bogota, Dallas/Ft. Worth und Osaka bei. Das höchste Verkehrsaufkommen auf der Langstrecke wird auf Verbindungen zwischen München und den USA erzielt: Hier legen die Passagierzahlen um elf Prozent auf 2,2 Millionen zu. Einen wesentlichen Beitrag dazu liefert die Deutsche Lufthansa, die ihre Kapazitäten auf der Langstrecke erheblich erweitert. Zudem will die Lufthansa ihr Engagement am Standort München wegen guter Auslastung, stabiler Nachfrage und eines gesunden Marktumfelds weiter stärken und mit Frequenzerweiterungen das Flugangebot von München ausdehnen.

Terminal als Schaufenster für modernste Fahrzeuge »made in Bavaria«. | Shutterstock/Copenhagen Stock

Doch dann wird in den Jahren 2020 und 2021 der Höhenflug des Münchner Flughafens durch die Auswirkungen der weltweiten Corona-Pandemie jäh unterbrochen. Der internationale Luftverkehr gerät in die schwerste Krise seiner Geschichte. Pandemiebedingt kommt der Luftverkehr phasenweise sogar fast komplett zum Erliegen. Weltweite Reisebeschränkungen und die sich ständig verändernden Quarantäneregelungen lassen das Passagieraufkommen in München im Jahr 2020 auf 11,1 Millionen Passagiere

Wirtschaftsminister Lang übergibt die Betriebsurkunde an die Geschäftsführung des Flughafens. Von links nach rechts: Walter Vill, August Lang, Willi Hermsen, Ferdinand Jaquet. | Herbert Stolz, Flughafen München

sinken. Im Folgejahr werden 12,5 Millionen Fluggäste gezählt, erst Impfkampagnen, erheblich ausgeweitete Hygiene-Schutzmaßnahmen und Lockerungen bei den Einreisebestimmungen führen zu einer zögerlichen Verkehrsbelebung.

Die Erfahrung aus der Vergangenheit lehrt jedoch, dass nach Krisen (wie etwa den Ölkrisen der 1970er-Jahre, dem Golfkrieg oder den Auswirkungen von »9/11«) in der Regel starke Nachholeffekte einsetzen. Schon heute zeichnet sich ab, dass das Mobilitätsbedürfnis ungebrochen hoch ist: Menschen wollen fliegen und statt Videokonferenzen und Skype-Kontakten endlich wieder persönliche Geschäftskontakte pflegen, Familie und Freunde treffen und Urlaubsreisen antreten. Sobald die pandemiebedingten Reiserestriktionen entfallen, ist davon auszugehen, dass die Luftverkehrsgesellschaften am Münchner Flughafen schon bald wieder deutlich mehr Verbindungen anbieten werden. Im ersten Halbjahr des Jahres 2022 verzeichnet der Flughafen München mit 13 Millionen Passagieren wieder einen deutlichen Aufwärtstrend. Die Nachfrage nimmt spürbar an Fahrt auf, sodass mit erheblichen Passagierzuwächsen zu rechnen sein wird.

Bewegende Ereignisse und Meilensteine

Feierliche Eröffnung des modernsten Flughafens Europas

Die Feierlichkeiten zur Einweihung des Airports finden bereits sechs Tage vor der offiziellen Eröffnung am 17. Mai 1992 statt, um eine reibungslose Inbetriebnahme zu gewährleisten. Während eines Festakts in der Flugzeugwartungshalle der Lufthansa erleben rund 2.000 geladene Gäste am 11. Mai 1992 im Beisein von Königin Silvia von Schweden, von Bundesverkehrsminister Günther Krause sowie führenden Vertretern aus Politik und Wirtschaft den großen Moment, als Ministerpräsident Max Streibl am Rednerpult den roten Knopf drückt und damit die Startfreigabe für einen fabrikneuen Airbus A340, in den Farben von Airbus Industries, erteilt. Unter den Klängen der Bayern- und Nationalhymne startet das modernste Verkehrsflugzeug der Welt vom modernsten Flughafen Europas, ein Flugzeugtyp, der später über viele Jahre das Rückgrat des Langstreckenverkehrs von und nach München bilden sollte.

In den Festansprachen wird darauf hingewiesen, dass die Eröffnung in eine glückliche Zeit falle, denn mit der Wiedervereinigung Deutschlands habe auch Bayern wieder seine zentrale Position in der Mitte Europas zurückerlangt. Gute, weltweite Luftverkehrsverbindungen seien für den Wirtschaftsstandort Deutschland im Herzen Europas unverzichtbar, insbesondere nach der Vollendung des Europäischen Binnenmarktes. Mit der Aufhebung der Grenzen in Europa werde der Freistaat Bayern mit dem neuen Flughafen die Möglichkeit haben, seine periphere Rolle in eine zentraleuropäische Mittlerrolle zu verwandeln.

1994 – Eröffnung des Münchner Airport Hotels

Am 17. Mai 1994 wird das Kempinski Hotel Airport München in Gegenwart von 1.700 geladenen Gästen feierlich eröffnet. Das von dem Architekten Helmut Jahn entworfene 5-Sterne-Hotel besteht aus zwei Gebäudeflügeln, die von einem Glasdach überspannt sind. Die 24 Meter hohe Atriumhalle mit einem Palmengarten ist ein gefragter Veranstaltungsort. Das einzige mitten im Flughafen gelegene Hotel bietet rund 350 komfortable Zimmer, 46 Suiten und über 30 Konferenzräume. Seit 2015 wird das zu den »Leading Airport Hotels« zählende Haus von Hilton betrieben. Im März 2022 wird das »Mountain Hub Gourmet« im Hilton Munich Airport mit Küchenchef Stefan Barnhusen mit einem Michelin-Stern ausgezeichnet.

1995 – Lufthansa will München zum zweiten Hub ausbauen

Mit Beginn des Sommerflugplans stationiert die Deutsche Lufthansa am 26. März 1995 erstmals zwei Großraumflugzeuge vom Typ Airbus A340 in München, um das Flugangebot nach Asien und über den Nordatlantik auszuweiten. Am 26. Oktober 1995 stellt Lufthansa-Netzmanager Herbert Steppat die Ausbaupläne seiner Gesellschaft für den Münchner Flughafen vor: »Wir

Startschuss für den neuen Münchner Flughafen: am 11. Mai 1992 finden in der Flugzeugwartungshalle der Lufthansa die Eröffnungsfeierlichkeiten statt. | Flughafen München

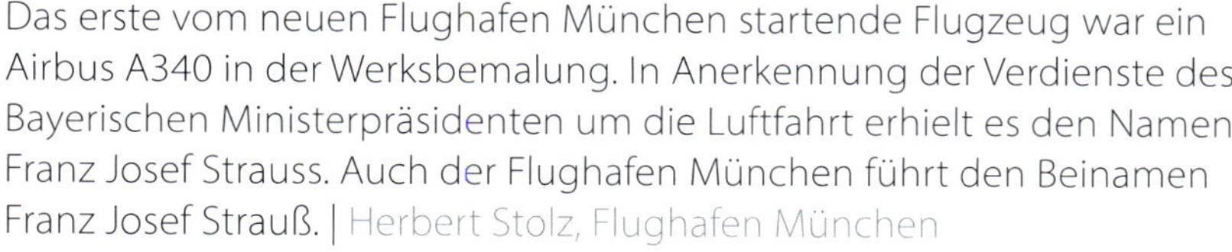
Das erste vom neuen Flughafen München startende Flugzeug war ein Airbus A340 in der Werksbemalung. In Anerkennung der Verdienste des Bayerischen Ministerpräsidenten um die Luftfahrt erhielt es den Namen Franz Josef Strauss. Auch der Flughafen München führt den Beinamen Franz Josef Strauß. | Herbert Stolz, Flughafen München

Richtfest Kempinski Airport Hotel (heute Hilton) am 6. Mai 1993. | Werner Hennies, Flughafen München

werden klotzen statt kleckern«, sagt er und kündigt an, dass Lufthansa den Flughafen München zu ihrer zweiten Luftverkehrsdrehscheibe ausbauen und diesen Ausbau in den folgenden Jahren kontinuierlich fortsetzen werde.

1996 – Grundsteinlegung München Airport Center (MAC)
Der Grundstein für das München Airport Center (MAC) wird am 24. Juni 1996 gelegt. Das vom Architekten Helmut Jahn entworfene multifunktionale Dienstleistungszentrum im Herzen des Flughafens soll im Frühjahr 1999 in Betrieb gehen.

1999 – München Airport Center (MAC) eröffnet
Feierlich wird am 14. September 1999 das München Airport Center (MAC) eröffnet. Passend zum internationalen Flair des Business- und Servicezentrums setzen 550 Künstler aus vier Kontinenten die Eröffnungsfeier als musikalische Weltreise in Szene. Das neue MAC bietet auf 31.000 Quadratmetern Platz für Büros, Ausstellungsräume und Shops. Außerdem entstehen im MAC Räumlichkeiten für ein medizinisches Zentrum mit mehreren Arztpraxen sowie für das Konferenzzentrum »Municon« im Zentrum des Flughafens. Der Gebäudekomplex besteht aus zwei L-förmigen Gebäudeflügeln, die eine 10.000 Quadratmeter große Forumsfläche umschließen, über die sich in der Höhe von 41 Metern ein Glas-Membran-Dach wölbt. Mit dem MAC hat der Flughafen München seinen Marktplatz, der wenige Monate später bereits zum ersten Mal als Schauplatz eines großen Weihnachtsmarktes genutzt wird.

1999 – Mehr Kapazität im Terminal 1
Nachdem im Terminal 1 vor allem zu den Verkehrsspitzen beengte Raumverhältnisse herrschen, wird das ein Kilometer lange Gebäude im Mai 1999 um 50 Meter nach Norden und 60 Meter nach Süden verlängert.

2003 – Eröffnung Terminal 2: »Sprung in ein neues Luftverkehrszeitalter«
Rund drei Jahre nach Baubeginn und zwei Tage vor seiner Inbetriebnahme am 29. Juni 2003 wird das neue Terminal 2 des Münchner Flughafens im Rahmen eines Festaktes mit über 2.500 Ehrengästen offiziell eröffnet. Das neue Terminal, das die Passagierkapazität des Münchner Airports auf 50 Millionen Fluggäste verdoppelt, ist ein Gemeinschaftsprojekt der Flughafen München GmbH (FMG) und der Deutschen Lufthansa AG. Die Lufthansa, die das neue Abfertigungsgebäude mit den Luftverkehrsgesell-

Am 27. Juni 2003 wird Terminal 2 feierlich enthüllt. | Werner Hennies, Flughafen München

schaften der Star Alliance sowie weiteren Partnergesellschaften exklusiv nutzen wird, will den Flughafen München mit dem Terminal 2 als zentrale Drehscheibe innerhalb ihres internationalen Streckennetzes weiter ausbauen. Der bayerische Finanzminister und Aufsichtsratsvorsitzende der FMG, Prof. Dr. Kurt Faltlhauser, würdigt die offizielle Startfreigabe für das neue Terminal als »Sprung in ein neues Luftverkehrszeitalter«. Wie der bayerische Ministerpräsident Dr. Edmund Stoiber in seiner Ansprache deutlich macht, wird das neue Terminal 2 den gesamten bayerischen Wirtschaftsraum nachhaltig aufwerten. Im Namen der Bundesrepublik Deutschland und der Landeshauptstadt München, die gemeinsam mit dem Freistaat Bayern den Gesellschafterkreis der FMG bilden, betonen auch Bundesverkehrsminister Dr. Manfred Stolpe sowie der Münchner Oberbürgermeister Christian Ude den Bedeutungszuwachs, den der Flughafen München mit seinen neuen Anlagen erlangt hat.

Als »zukunftsweisende Infrastruktureinrichtung, die dem gesamten Luftverkehrsstandort Deutschland zugute kommen wird«, bezeichnet Dr. Michael Kerkloh, der Vorsitzende der Geschäftsführung der FMG, das neue Terminal 2 des Münchner Flughafens. Zu der innovativen Kooperation von FMG und Lufthansa – es ist die europaweit erste Partnerschaft dieser Art

Oben: Die Baustelle des Terminals 2 am 16. März 2001. Rechte Seite: Auch in der Dämmerung ein aufregender Blick, hier die Baustelle des S-Bahn-Tunnels unter dem Vorfeld Ost im Jahr 2000. | Beide Bilder: Werner Hennies, Flughafen München

zwischen einem Flughafen und einer Fluggesellschaft – erklärt Kerkloh: »Im Terminal 2 verbinden sich die Stärken einer der weltweit führenden Luftverkehrsgesellschaften mit den Stärken eines der am schnellsten wachsenden Airports Europas zu einer neuen Qualität.«

Am 29. Juni 2003 werden von knapp 900 Flugbewegungen am Airport allein 608 Flüge über das neue Abfertigungsgebäude geführt. Die ersten Passagiere checken für einen Flug nach Griechenland ein. Der Premierenflug mit der Flugnummer DE 7808 wird von Thomas Cook Airlines um 5.05 Uhr nach Rhodos durchgeführt. Zum Einsatz kommt ein Flugzeug vom Typ Airbus A320. Die erste Landung wird gegen 6.30 Uhr aus Doha erwartet. Hier wird als erstes Flugzeug ein Airbus A300-600 der Qatar Airways mit der Flugnummer QR 009 im regulären Flugbetrieb am neuen Terminal andocken.

Am ersten Betriebstag lernen bereits rund 30.000 Passagiere das neue Terminal mit seinen Abfertigungseinrichtungen sowie seinem attraktiven Laden- und Gastronomieangebot kennen.

2004 – Freigabe für den Airbus A380

Im Jahr 2004 erhält der Flughafen München als erster Airport Europas die Zulassung für die Abfertigung von Großraumflugzeugen des Typs Airbus A380. Als Ergebnis einer vorausschauenden Flughafenplanung entsprechen Länge und Breite der Bahnen, die Kurvenradien der Rollwege und die Tragfähigkeit der Rollbrücken den Vorgaben für die Zulassung des Riesenfliegers aus Toulouse.

Am 28. März 2007 um 12.35 Uhr landet unter den Augen von mehr als 10.000 Luftfahrtfans das modernste und größte Verkehrsflugzeug der Welt auf der südlichen Start-und Landebahn des Münchner Airports.

Zahlen und Fakten Terminal 2

- 2.000.000 m² umbauter Raum,
- Bruttogrundfläche 260.000 m²
- 114 Gates
- 80 Rolltreppen
- 70 Aufzüge
- 40 km Gesamtlänge der Gepäckförderanlage, 19.000 Elektromotoren, 14.000 Koffer pro Stunde
- 28 Flugzeugabstellpositionen am Gebäude, davon 24 mit Fluggastbrücken
- 6.000 Meter unterirdisches Betankungssystem, 228 Zapfstellen
- 6.400 Stellplätze auf elf Geschossebenen
- 2.200.000 m² Erdbewegungen
- 43.000 Tonnen Stahl, 215.000 m² Beton
- 100.000 m² verlegter Natursteinboden
- 50.000 Beleuchtungskörper
- 90 km Kabeltrassen
- 25 km Abwasserleitungen
- 40 km Löschwasserleitungen
- 150 km Lüftungskanäle
- Gesamtkosten rund 1,5 Mrd. Euro

2005 – Bester Airport Europas
Erstmals wird der Flughafen München am 11. April 2005 bei der alljährlich durchgeführten weltweiten Passagierbefragung des unabhängigen Luftfahrtforschungsinstitutes Skytrax zum besten Flughafen Europas gekürt. Im weltweiten Ranking der Airports erreicht München einen hervorragenden vierten Platz. In den kommenden Jahren kann der Münchner Airport seinen Europameistertitel immer wieder erfolgreich verteidigen.

2005 – Die Planungen zum Ausbau des Start- und Landebahnsystems beginnen
Die Gesellschafterversammlung der FMG erteilt dem Unternehmen am 26. Juli 2005 den Auftrag, die Planungen zum Ausbau des bestehenden Start- und Landebahnsystems aufzunehmen und zeitnah ein entsprechendes Raumordnungsverfahren vorzubereiten. Vor dem Hintergrund des weiterhin dynamischen Verkehrswachstums auf dem Münchner Airport ist der Ausbau notwendig.

2012 – Grundsteinlegung für Satellitenterminal
Am 23. April 2012 wird der Grundstein für den neuen Terminal-Satelliten gelegt. Das neue Passagiergebäude, das eine zusätzliche Kapazität für elf Millionen Reisende bietet, nimmt im Jahr 2016 den Betrieb auf. Die Flughafen München GmbH und die Deutsche Lufthansa AG bauen, finanzieren und betreiben den Satelliten gemeinsam.

2016 – Eröffnung des Satellitenterminals
Am 26. April 2016 beginnt ein neues Kapitel in der Münchner Flughafengeschichte: Mit der Inbetriebnahme des neuen Satellitengebäudes – dem ersten sogenannten »Midfield-Terminal« in der deutschen Flughafenlandschaft – setzt Europas erster 5-Star-Airport erneut Maßstäbe in Punkto Servicequalität, Passagierkomfort und Nachhaltigkeit.

Mit dem Satellitenterminal führen die Flughafen München GmbH und die Deutsche Lufthansa AG ihr erfolgreiches »Joint Venture« fort. Wie schon beim Terminal 2 planen, bauen und

Als erster Airport Europas wird der Flughafen München am 7. April 1994 für den neuen Super-Airbus A380 zugelassen. | Alex Tino Friedel, Flughafen München

finanzieren beide Unternehmen das neue Abfertigungsgebäude gemeinsam im Verhältnis 60 zu 40. Generalplaner und Architekt ist das Münchner Büro Koch + Partner.

Bei einem Festakt mit spektakulären Einlagen von Artisten verfolgen 1.900 Gäste den Start für eines der modernsten Flughafengebäude der Welt.

Der bayerische Finanzminister Markus Söder weist in seiner Festansprache darauf hin, dass die Kapazität des Satelliten dem Gesamtverkehrsaufkommen eines mittleren deutschen Flughafens entspräche. Der Flughafen München setze damit erneut Maßstäbe und sei für Bayern ein entscheidender Mobilitäts- und Standortvorteil. 27 neue Gebäudepositionen stehen nun für die Flugzeuge zur Verfügung, sodass Busfahrten zu den Maschinen weitgehend überflüssig werden. Mit seinem von Premiummarken und bayerischem Lokalkolorit geprägten Gastronomie- und Shopping-Angebot sowie fünf neuen Lounges mit mehr als 4.000 Quadratmetern bietet der Satellit zusätzlichen Komfort und noch mehr Qualität.

Durch das neue Passagiergebäude, das mit einer selbstfahrenden Bahn mit Terminal 2 verbunden ist, erhöht sich die Kapazität um weitere elf Millionen auf insgesamt 36 Millionen Passagiere. Die Realisierung des neuen Satellitengebäudes erfolgt im Zeit- und Kostenrahmen. Die Gesamtinvestition für das Satellitenterminal beläuft sich auf rund 900 Millionen Euro.

2018 – Die Bauarbeiten für einen neuen Flugsteig beginnen
Im Herbst 2018 beginnen erste vorbereitende Bauarbeiten auf

An symbolischen Schubhebeln starten die »Hausherren« den Betrieb des Satelliten: der bayerische Finanzminister und Vorsitzende des Aufsichtsrates der Flughafen München GmbH (FMG), Dr. Markus Söder, der Parlamentarische Staatssekretär im Bundesverkehrsministerium, Norbert Barthle, der Münchner Oberbürgermeister Dieter Reiter, der Vorstandsvorsitzende der Deutschen Lufthansa AG, Carsten Spohr, der CEO des Lufthansa-Hubs München, Thomas Winkelmann, die FMG-Geschäftsführer Dr. Michael Kerkloh und Thomas Weyer sowie Norbert Koch, Generalplaner und Architekt des Satellitengebäudes. | Stephan Görlich, Flughafen München

Erweiterung Terminal 1: Der im Bau befindliche neue Flugsteig auf dem Vorfeld West. | Rendering Planungsgemeinschaft T1E: SSF/SP/sop/JSK

dem Vorfeld für eine Erweiterung von Terminal 1. Ein neuer Flugsteig mit zentralisierten Kontroll-, Retail- und Gastronomiebereichen soll entstehen, der mit den heutigen Modulen A und B verbunden sein und mehr als 320 Meter in das westliche Vorfeld des Münchner Airports hineinreichen wird. An dem Pier werden insgesamt bis zu zwölf Flugzeuge andocken können. Am 14. November 2018 erlässt die Regierung von Oberbayern den Planfeststellungsbeschluss.

Ziel dieser Ausbaumaßnahme ist eine bedarfsgerechte Anpassung an veränderte Verkehrsstrukturen sowie eine Steigerung der Service- und Aufenthaltsqualität im Terminal 1. Die Gesamtfläche der Erweiterung inklusive der Umbauten in der heutigen Ankunft im Modul B beträgt rund 95.000 Quadratmeter. Für das Ausbauvorhaben sind Gesamtprojektkosten von rund 600 Millionen Euro veranschlagt, die die Flughafen München GmbH aus eigenen Mitteln aufbringen wird. Frühestens Ende 2025 kann mit der Inbetriebnahme des neuen Flugsteigs gerechnet werden.

Ausflugsziel Besucherpark

Neues Besucherzentrum »Dimension M« eröffnet

Am 14. Juli 2000 öffnet der neugestaltete Besucherpark seine Pforten. Eröffnet wird das mit modernsten Multi-Media-Einrichtungen ausgestattete Besucherzentrum »Dimension M« sowie eine Ausflugsgaststätte unterhalb des Besucherhügels. Eine interaktive Ausstellung informiert über eine Fülle von Themen rund ums Fliegen und im gut sortierten Airport-Shop können Flugzeugmodelle und Souvenirs erworben werden. Luftfahrtinteressierte Besucher können bei einer Besucherrundfahrt hautnah den aktuellen Flugbetrieb erleben. Ein guter Überblick über die Flughafenanlagen bietet sich vom Besucherhügel aus und während sich die Kinder auf dem attraktiven Spielplatz austoben, können die Eltern entspannen und das gastronomische Angebot nutzen. Rasch entwickelt sich der Besucherpark mit seinen Einrichtungen zu einem beliebten Ausflugsziel.

Historische Flugzeuge laden zu einer Zeitreise ein

Am 25. September 1993 wird im Besucherpark eine Lockheed L-1049 Super Constellation aufgestellt. Das historische Flugzeug musste am Flughafen Frankfurt den Bauarbeiten für Terminal 2 weichen, wurde in Teile zerlegt und zum neuen Standort am Münchner Flughafen transportiert. Rumpf, Tragflächen, Motorgondeln und Leitwerk wurden per Tieflader in den Besucherpark gebracht. Der Eigentümer Werner Dobrovolny von der Albatros

Airport Service GmbH betreute das Museumsflugzeug, bis es die Flughafen München GmbH im Zuge der Neugestaltung des Besucherparks im Jahr 2000 erwarb und komplett restaurierte.

Super Constellation erstrahlt in neuem Glanz

Am 16. Mai 2001 wird nach aufwendigen Restaurierungsarbeiten das im Besucherpark des Münchner Flughafens ausgestellte historische Flugzeug vom Typ Lockheed L-1049 Super Constellation der Öffentlichkeit zur Besichtigung freigegeben. Seit Ende Januar wurde die viermotorige Propellermaschine einer umfassenden Verjüngungskur unterzogen. Die unermüdliche Wartungscrew, die sich aus ehemaligen Technikern der Lufthansa rekrutierte, war bei Wind und Wetter zur Stelle, um Rumpf und Tragflächen der Super Constellation ebenso wie die Kabine und das Cockpit in insgesamt über 4.000 Arbeitsstunden zu restaurieren. Das Flugzeug wurde zusätzlich mit den für die Super Constellation charakteristischen Zusatztanks an den Enden der Tragflächen ausgestattet. Diese sogenannten »Tip Tanks«, die jeweils 2.200 Liter Treibstoff aufnehmen können, waren insbesondere für Langstreckenflüge von Bedeutung, weil sie die Reichweite der Maschine entscheidend verlängerten. Die Flughafen München GmbH hatte lange nach den authentischen Zusatztanks suchen müssen, bis sie im kalifornischen Oakland fündig wurde. Da die Verbindungsstücke für die Aufhängung der Tip Tanks an den Tragflächen nicht mehr erhältlich sind, wurden in der Lufthansa-Werft am Münchner Flughafen eigens entsprechende Anschlussstücke gefertigt. Jetzt erstrahlt die »Königin der Lüfte« wieder in neuem Glanz. Die »Super Connie« trägt die Farben und die Kennung »D-ALEM« jener Maschine, mit der die neu gegründete Deutsche Lufthansa am 8. Juni 1955 in Hamburg zu ihrem ersten planmäßigen Flug im Interkontinentalverkehr startete.

Die »Freunde der historischen Flugzeuge« arbeiten unermüdlich an der Restaurierung der »Super Connie«. Schwere Strukturschäden müssen beseitigt werden, neue Stringer und Spanten eingesetzt, Tausende von Nieten aufgebohrt und neue Bleche vernietet werden. Eine besondere Herausforderung ist die Beschaffung und Montage der »Tip Tanks«. Für die originalgetreue Neulackierung werden 400 kg Farbe verbraucht. Das Bild unten zeigt Bruno Schwaighart bei der Arbeit | Horst Jahnke (oben) und Werner Hennies, Flughafen München

Letzter Flug der Ju 52: Am Haken eines Krans wird die ehrwürdige »Tante Ju« an die endgültige Parkposition gehievt. | Horst Jahnke, Flughafen München

Flughafen München Besucherpark: Drei historische Flugzeuge sind ausgestellt – eine Lockheed Super Constellation (Registrierung D-ALEM), eine Junkers Ju 52/3m (D-ANOY) (jeweils in Lufthansa-Lackierungen) und eine Douglas DC-3 (Registrierung HB-IRN) der Swissair. | Michael Fritz, Flughafen München

Douglas DC-3 landet im Besucherpark
Am 4. Mai 1994 wird im Besucherpark ein weiteres historisches Flugzeug aufgestellt: eine zweimotorige 1941 gebaute DC-3.

Ein Ehrenplatz für »Tante Ju«
Nach einem spektakulären letzten Flug, allerdings am Haken eines 120-Tonnen-Teleskop-Krans, beginnen am 11. März 2002 die Restaurierungsarbeiten an der geschichtsträchtigen Junkers Ju 52. Die betagte »Tante Ju« wird einer umfassenden Schönheitsoperation unterzogen und erstrahlt zum zehnten Jahrestag des Münchner Airports in neuem Glanz. In originalgetreuer Bemalung erinnert die liebevoll restaurierte Junkers Ju 52 mit der Kennung »D-ANOY« und dem Namenszug »Rudolf von Thüna« an eine Maschine gleicher Bauart, mit der Carl August Freiherr von Gablenz 1937 erstmals ein Flug über das Pamirgebirge bis nach China gelang.

Willkommener Gastredner zur feierlichen Eröffnung am 18. Mai 2002 ist der Sohn des Flugpioniers, Franz Heinrich Freiherr von Gablenz, der mit dem Hauptgeschäftsführer der Flughafengesellschaft Willi Hermsen und Bruno Schwaighart von den »Freunden der historischen Flugzeuge« das Flugzeug zur Besichtigung freigibt. Zusammen mit der Lockheed L-1049 Super Constellation und der Douglas DC-3 sind nun drei historische Flugzeuge im Besucherpark ausgestellt, sie stellen Meilensteine der Luftfahrt dar.

Ereignisse, die bewegten

Weltwirtschaftsgipfel in München
Nur sechs Wochen nach der Eröffnung besteht der neue Flughafen München und seine Crew die erste Bewährungsprobe: Zwischen dem 2. und 9. Juni 1992 müssen die zum Weltwirtschaftsgipfel in der Münchner Residenz an- und abreisenden 140 Regierungsflüge unter höchsten Sicherheitsanforderungen bewältigt werden. So reisen der US-Präsident George Bush, sein russischer Amtskollege Boris Jelzin, Bundeskanzler Helmut Kohl sowie die übrigen Regierungschefs der führenden Industrienationen mit großem Gefolge in München an.

München im Fußballfieber
Das Endspiel im Europapokal zwischen Olympique Marseille

Ankunft mit Air Force One: US-Präsident George Bush trifft in Begleitung seiner Ehefrau Barbara zum Weltwirtschaftsgipfel in München ein. | oben: Peter Bock-Schroeder, Flughafen München; unten: Jürgen Naglik, Flughafen München

und dem AC Mailand (Ergebnis 1:0) am 26. Mai 1993 führt rund 30.000 Schlachtenbummler nach München. Insgesamt 217 zusätzliche Starts und Landungen werden problemlos abgewickelt. In der Nacht auf den 27. Mai starten die Flugzeuge zwischen 0.30 und 2.20 Uhr zum Teil im Minutentakt, um die Fans zügig in ihre Heimat zurückzubringen.

Staatsbesuch aus Japan
Kaiser Akihito und Kaiserin Michiko von Japan treffen am 17. September 1993 in München ein.

Der Dalai Lama in München
Im Oktober 1993 landet der Dalai Lama in München. Er wird vom stellvertretenden Ministerpräsidenten Hans Zehetmair begrüßt.

Flughafen begrüßt neue Fluggesellschaft
Die Deutsche BA verlegt zum 1. April 1994 ihre gesamte Jet-Flotte und die Verwaltung auf den Flughafen München.

Feuerwehr-Fahrzeug mit Geschwindigkeitsrekord
Mit einem Geschwindigkeitsrekord gelingt es der Feuerwehr am 17. Juni 1994, als schnellstes Flughafenfeuerwehr-Fahrzeug in das Guiness Buch der Rekorde aufgenommen zu werden. Das 1.000 PS starke Großraumlöschfahrzeug vom Typ FLF 80/135 erreicht unter den kritischen Augen dreier unabhängiger Gutachter eine Geschwindigkeit von 141,3 Stundenkilometern.

Condor-Drehkreuz zu beliebten Urlaubszielen
Mit dem Beginn des Winterflugplans 1994 richtet die Fluggesellschaft Condor am Münchner Flughafen ein Drehkreuz ein, das dem Airport große Verkehrszuwächse beschert. Jeweils zu den Tagesrandzeiten werden Urlaubsgäste aus ganz Deutschland nach München geflogen, um dann auf die Urlaubsflieger zu den beliebten »Warmwasserzielen« verteilt zu werden.

Eine Insel für die Zeit
Zum dritten Geburtstag des Flughafens wird am 17. Mai 1995 ein besonderes Kunstwerk fertiggestellt: das von den Künst-

Stelldichein der Urlaubsflieger: Condor-Drehkreuz am Flughafen München. | Werner Hennies, Flughafen München

lern Wilhelm Holderied und Karl Schlamminger kreierte Erdzeichen, das aus der Vogelperspektive im Westen des Flughafens bewundert werden kann. Die »Insel für die Zeit« ist ein monumentales Kiesrelief – eines von vielen Kunstwerken am Münchner Airport.

Neuer Rekord: 50 Millionen Fluggäste
Wie ein Staatsgast wird am 24. Januar 1996 der 50-millionste Passagier empfangen. Die Dame, die mit einer Lufthansa-Maschine aus Chicago gelandet ist, wird auf dem Vorfeld von Staatsminister Erwin Huber und FMG-Hauptgeschäftsführer Willi Hermsen begrüßt.

Flugzeugentführung mit glimpflichen Verlauf
Um auf die Lage in Tschetschenien aufmerksam zu machen, entführt ein bewaffneter Geiselnehmer am 8. März 1996 eine Boeing 727 der Kibris Turkish Airlines auf dem Flug von Nikosia nach Istanbul. Die Maschine landet mit 101 Passagieren und acht Besatzungsmitgliedern in München. Nach einem langen nächtlichen Nervenkrieg ergibt sich der Flugzeugentführer schließlich in den Morgenstunden und stellt sich den Behörden. Ein glimpflicher Ausgang.

»Über morgen« – Technologietage am Airport
Im September 1996 finden am Münchner Flughafen an drei Wochenenden die »Technologietage« statt. »Über morgen« lautet das Motto und die bayerische Wirtschaft nutzt Hangar 4 als Schaufenster der Zukunft. Über 20 Unternehmen präsentieren

Ein echter Meilenstein, 50 Millionen Fluggäste. | Peter Bauersachs, Flughafen München

ein breites Spektrum innovativer Produkte bayerischer Spitzentechnologie. Die aufsehenerregende High-Tech-Show zieht über 45.000 Besucher an.

Der längste Fleckerlteppich der Welt

Am 19. Oktober 1996 wird ein neuer Weltrekord vermeldet: 58 Flughafenmitarbeiter haben in privater Initiative den mit 78 Metern längsten Fleckerlteppich der Welt gewebt. Er wird am 19. Oktober am Tower des Flughafens gehisst, dann in 78 Einzelbilder zerteilt und anschließend für wohltätige Zwecke versteigert. Dabei werden insgesamt 17.200 Mark erzielt, die drei Behinderteneinrichtungen in der Region zugute kommen.

Gastspiel der Concorde

Trotz nasskalten Wetters finden sich am 26. Oktober 1996 über 5.000 Schaulustige am Airport ein, um eine Concorde der Air France am Flughafen München zu begrüßen. Es wird zum Bedauern vieler Planespotter ein einmaliges Gastspiel bleiben.

Kinderfest zum 5. Geburtstag

Am 17. Mai 1997 feiert der Flughafen mit 49 Kindern, die alle am 17. Mai 1992 geboren sind, eine große Geburtstagsparty. Die 5-Jährigen sind begeistert vom Kinderfest und einem Rahmenprogramm mit dem Gaukler Till Eulenspiegel und dem Zauberer el Gecco, vor allem aber von der Rundfahrt mit dem für sie organisierten Schauspritzen der Feuerwehr. Gegenüber den

Einsatzkräfte eines Sonderkommandos nähern sich auf einer Gangway am frühen Samstagmorgen einer Boeing 727 der türkisch-zyprischen Fluggesellschaft, die ein Entführer am Vorabend auf dem Flug von Nordzypern nach Istanbul in seine Gewalt gebracht und nach einer Zwischenlandung in Sofia nach München umgeleitet hatte. Nach immerhin fünfstündigen Verhandlungen gab der 20-jährige Entführer schließlich auf. Die Geiseln blieben erfreulicherweise unversehrt. | picture-alliance / dpa | Peter_Kneffel

Fluggästen präsentiert sich der Airport von seiner »Schokoladenseite«: Hostessen verteilen 70.000 Schokoladentäfelchen im Terminal.

Flughafen mit gefragter Umzugsexpertise

Unter 42 Bewerbern setzt sich die FMG durch und erhält am 27. April 1998 den Zuschlag für die Planung und Steuerung des Umzugs des Deutschen Bundestags von Bonn nach Berlin. Auch dieser Umzug gelingt reibungslos.

100 Millionen Passagiere

Am 18. November 1998 wird der 100-millionste Passagier am Flughafen München begrüßt.

Erste öffentliche Wasserstofftankstelle weltweit

Am 5. Mai 1999 wird eine Wasserstofftankstelle am Münchner Flughafen in Betrieb genommen. Das vom Bayerischen Staatsministerium für Wirtschaft, Verkehr und Technologie geförderte und von einem Konsortium von 13 Projektpartnern getragene Pilotprojekt umfasst neben der ersten öffentlichen Wasserstofftankstelle auch den Betrieb einer eigenen Fahrzeugflotte mit

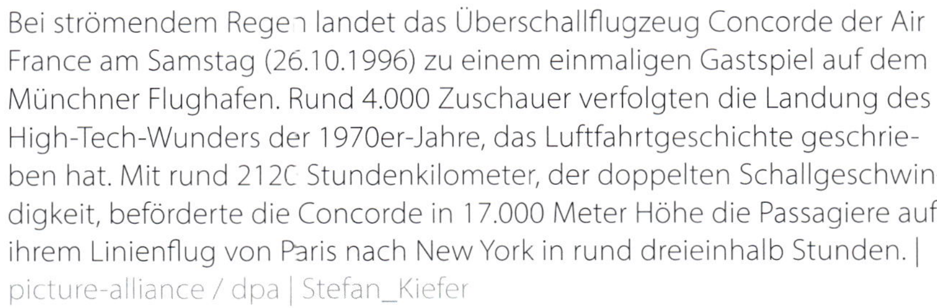

Bei strömendem Regen landet das Überschallflugzeug Concorde der Air France am Samstag (26.10.1996) zu einem einmaligen Gastspiel auf dem Münchner Flughafen. Rund 4.000 Zuschauer verfolgten die Landung des High-Tech-Wunders der 1970er-Jahre, das Luftfahrtgeschichte geschrieben hat. Mit rund 2120 Stundenkilometer, der doppelten Schallgeschwindigkeit, beförderte die Concorde in 17.000 Meter Höhe die Passagiere auf ihrem Linienflug von Paris nach New York in rund dreieinhalb Stunden. | picture-alliance / dpa | Stefan_Kiefer

Der Flughafengeburtstag wird gebührend mit einer passend geschmückten Torte gefeiert. Aber das war ntaürlich nicht alles. Auch die Kunststücke von Gauklern und Zauberer begeisterten die geladenen kleinen Gäste. Der Hit war aber sicher die Fahrt zur Feuerwehr, die ihre Löschfahrzeuge vorführte. | Werner Hennies, Flughafen München

Passagierbussen und Pkw des Flughafens, die mit Wasserstoff betrieben werden. Rund 34 Millionen DM werden für das Projekt aufgewendet. Auch heute gibt es zum Thema Wasserstoff viele Projekte auf dieser Welt.

Kosmisches Jahrhundertereignis

3.000 Besucher stürmen den Besucherhügel, um von dort aus den besten Blick auf die totale Sonnenfinsternis vom 11. August 1999 zu bekommen. Der Flughafen erhält Anfragen aus ganz Europa, um einen Platz zu reservieren. Es herrscht Volksfeststimmung: Eine Gruppe junger Leute aus Schweden packt ihre Instrumente aus und begeistert mit flotten Dixieland-Rhythmen, einige tanzen, andere haben sich zu einem Picknick verabredet, Decken ausgebreitet und lassen die Sektkorken knallen. Das seltene Naturschauspiel ist mit den vom Flughafen verteilten »SoFi-Brillen« gut zu beobachten. Unmittelbar vor der totalen Finsternis kommt Wind und Kälte auf und dann ist sie zu sehen, die volle Korona. Hunderte von Besuchern applaudieren, dann Staunen, Stille, Ergriffenheit, nur das Klicken der Kameras ist zu hören. Sichtliche Erleichterung, als die ersten Sonnenstrahlen hinter der Scheibe des Mondes wieder aufblitzen.

Flughafen mit eigener Brauerei

Am 9. September 1999 öffnet das neue flughafeneigene Brauhaus »Airbräu« erstmals seine Pforten. Mit seinen schmackhaften selbstgebrauten Bieren und den Schmankerln aus der bayerischen Küche wird die weltweit einzige Flughafenbrauerei schnell zum beliebtesten Meeting Point am Münchner Flughafen.

Chapeau! Ankunft des dreißigsten Airbus A340

Am 6. Oktober 2000 wird der 30. Airbus A340 der Lufthansa ausgeliefert. Nach der Landung auf der Südbahn wird dem neuen Flugzeug ein gigantischer Hut aufgesetzt. Unter den Klängen bayerischer Blasmusik wird der A340 im Hangar der Lufthansa feierlich begrüßt. Zur Erinnerung an den damaligen Festakt hängt der Hut noch heute an einer Wand der Wartungshalle der Lufthansa Technik AG.

Auswirkungen der Terroranschläge vom 11. September 2001

Aufgrund der Terroranschläge in den USA vom 11. September 2001 werden die Flugzeuge, die von München aus nach Nordamerika gestartet sind, zum Flughafen München zurückgeschickt oder zu Ausweichflughäfen außerhalb der USA umgeleitet. In den folgenden Tagen bleibt der Luftraum über den USA gesperrt, erst am 14. September können wieder Flüge von München zu US-amerikanischen Zielen durchgeführt werden.

Was für ein Anblick: Gut behütet gegen den Regen kommt dieser Airbus A340 in München an. Gefeiert wird das dreißigste Flugzeug dieses Typs, das am Airport stationiert wird.. | Alex Tino Friedel, Flughafen München

Das ging noch glimplich aus: Die Fokker 70 nach der Notlandung am 5. Januar 2004. | Christian Krella, Flughafen München

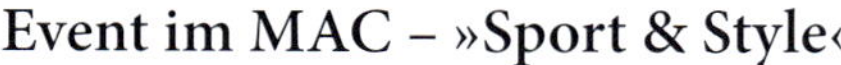
Event im MAC – »Sport & Style«
Am 23. Oktober 2002 findet im München Airport Center die Willy Bogner Show »70 Jahre Sport & Style« statt.

Fotovoltaik von Anfang an
Am 10. Juli 2003 wird eine Fotovoltaikanlage auf dem Dach von Terminal 2 in Betrieb genommen. Sie erzeugt pro Jahr rund 500.000 kWh.

»Inter Airport« am Flughafen München
Im Oktober 2003 findet die Flughafenmesse »Inter Airport« im Hangar 4 und auf der Freifläche vor der Wartungshalle statt.

Notlandung nach Triebwerksproblemen
Das neue Jahr beginnt für den Flughafen München mit einer Schrecksekunde: Am 5. Januar 2004 morgens um 8.10 Uhr meldet der Pilot einer im Landeanflug auf die Südbahn des Münchner Airports befindlichen Fokker 70 der Austrian Airlines gegenüber dem Tower Triebwerksprobleme. Sechs Minuten später folgt die alarmierende Ankündigung: »Wir schaffen es nicht mehr auf die Landebahn«.

Um 8.17 Uhr gelingt Flugkapitän Jan Michael Kurka und seinem Co-Pilot Markus Türk eine Notlandung auf einem schneebedeckten Acker nahe dem Eittinger Ortsteil Reisen, nur etwa vier Kilometer vor dem Aufsetzpunkt der Südbahn. Die Flugzeuginsassen bleiben bis auf einige kleinere Blessuren unverletzt, das Flugzeug wird leicht beschädigt.

Flughafen wird zum Schauplatz einer Flugzeugentführung
Zum zweiten Mal in seiner Geschichte wird der Flughafen München am 29. Juni 2004 zum Schauplatz einer Flugzeugentführung. Eine A320 der Fluggesellschaft Freebird, das von München nach Istanbul fliegen soll, muss wenige Minuten nach dem Start aufgrund einer an Bord geäußerten Bombendrohung wieder zum Münchner Flughafen zurückkehren. Einige Minuten nach der Landung gelingt es einem beherzten Passagier, den Entführer aus einer geöffneten Flugzeugtüre auf das Vorfeld zu stoßen. Die 150 Passagiere und sieben Besatzungsmitglieder können das Flugzeug kurz darauf unverletzt verlassen.

250 Millionen Passagiere
Am 16. März 2005 begrüßt Flughafenchef Dr. Michael Kerkloh den 250-millionsten Passagier am Flughafen München.

Fußballweltmeisterschaft in Deutschland
Mit der Begegnung Deutschland gegen Costa Rica (Ergebnis 4:2) wird in München am 9. Juni 2006 die Fußballweltmeisterschaft eröffnet. Auch der Münchner Airport wird Teil dieses Ereignisses, das bald als »Sommermärchen« bezeichnet wurde, da sowohl Nationalmannschaften als auch deren Fans in großer

Die Terroranschläge vom 11. September 2001 in New York führen zu zahlreichen Flugausfällen und wirbeln die Flugpläne durcheinander. | Alex Tino Friedel, Flughafen München

WM 2006: Die Fußballfeier beginnt auch in München. 700 zusätzliche Flüge tragen zum »Sommermärchen« bei. | Werner Hennies, Flughafen München

Zahl über die bayerische Luftverkehrsdrehscheibe reisen. Rund 700 zusätzliche Flüge werden im Zusammenhang mit der WM durchgeführt. Für Tausende Fans ersetzt das MAC-Forum den Besuch des Fußballstadions, denn hier werden die Spiele kostenlos und auf großer Leinwand präsentiert.

Papstbesuch in München
Standesgemäß mit einer Sondermaschine der Alitalia landet Papst Benedikt XVI. am Nachmittag des 9. September 2006 in München und wird am Flughafen unter anderem von Bundespräsident Horst Köhler, Bundeskanzlerin Angela Merkel und dem Ministerpräsidenten Edmund Stoiber empfangen.

Ankunft des ersten Airbus A380
Tausende von begeisterten Zuschauern und strahlender Sonnenschein am Münchner Flughafen sorgen am 28. März 2007 für die passende Kulisse, als um 12.35 Uhr erstmals ein Flugzeug vom Typ Airbus A380 am Münchner Flughafen landet. Bevor das modernste Großraumflugzeug der Welt fünf Stunden und mit abermals großem Publikum Richtung Toulouse abhebt, nutzen geladene Gäste und Pressevertreter die Gelegenheit, das 73 Meter lange Riesenflugzeug zu besichtigen.

Vulkan legt Luftverkehr lahm

Nach dem Ausbruch des isländischen Vulkans Eyjafjallajökull wird am 16. April 2010 um 20 Uhr auch der Luftraum über dem Münchner Flughafen gesperrt. Für ein paar Stunden ist der Flughafen München der einzige Airport in Deutschland, an dem noch Flugzeuge starten und landen können. Eine Richtung Süden voranschreitende Aschewolke legt den Flugverkehr in Nord- und Mitteleuropa zunehmend lahm. Tausende Fluggäste verbringen diese und die kommenden Nächte in den Terminals des Flughafens. Die FMG stellt Feldbetten, Decken sowie Speisen und Getränke für die Passagiere bereit, ehe am 21. April wieder uneingeschränkter Flugbetrieb möglich ist. Es werden aufgrund der Luftraumsperrungen knapp 6.000 Flüge am Münchner Airport annulliert.

Premiere auf dem Münchner Flughafen

Die Fluggesellschaft Emirates setzt am 25. November 2011 erstmals den Airbus A380, das derzeit größte Passagierflugzeug der Welt, auf der Strecke von München nach Dubai im Linienverkehr ein. Von diesem Tag an bietet die Fluggesellschaft regelmäßig einrn ihrer zwei täglichen Flüge von München nach Dubai mit dem A380 an. Emirates ist die erste ausländische Fluggesellschaft, die regelmäßig mit dem Airbus A380 nach Deutschland fliegt.

Hunderte Schaulustige haben sich am Münchner Flughafen auf dem Zuschauerhügel südlich der Landebahn versammelt, um den neuen Airbus A 380 aus der Nähe zu sehen. | picture alliance/Süddeutsche Zeitung Photo|Hess, Catherina

Neuer Markenauftritt

2013 präsentiert sich der Flughafen München mit einem neuen Markenauftritt. Zentrale Elemente sind das große M mit einem farbigen »Connector«, dazu der Markenkern mit der Botschaft »Verbindung leben«.

BayernTour Natur

Erstmals beteiligt sich der Flughafen München im Juni des Jahres 2013 an der unter Federführung des Bayerischen Umweltministeriums stattfindenden Veranstaltungsreihe und zeigt auf Rundfahrten, wie Technik und Natur möglichst in Einklang gebracht werden können. Fachkundige Führer erläutern, welche Maßnahmen erforderlich sind, um den Anforderungen des Vogelschutzes ebenso wie denen des Luftverkehrs zu entsprechen. Umfassend wird über das Biotopmanagement auf den Flughafenwiesen informiert.

München wird erster »5-Star-Airport« Europas

Bayerns Tor zur Welt wird im Frühjahr 2015 als erster Flughafen Europas mit dem Prädikat eines »5-Star-Airport« ausgezeichnet. Der begehrte Ehrentitel, der in der Branche als »Oscar der Luftfahrt« gilt, wird vom Londoner Institut »Skytrax« verliehen. Prüfer des unabhängigen Institutes hatten die bayerische Luftverkehrsdrehscheibe über Monate hinweg unter die Lupe genommen. Bereits im Jahr 2013 hatte der Airport eine Qualitäts-Offensive gestartet und in den fünf Kategorien »Erstklassiges Ambiente und hoher Komfort«, »Vielfältige Serviceangebote«, »Effiziente Abläufe«, »Einfache Orientierung« und »Außergewöhnliche Gastfreundschaft« für kontinuierliche Optimierungen gesorgt.

Drehkreuz für Staats-und Regierungschefs 2015

Der Flughafen München wird zum Drehkreuz für die Staats-und Regierungschefs der sieben führenden Industrienationen, die mit Regierungsflugzeugen anreisen, um unter strengstem Sicherheitsvorkehrungen per Hubschrauber zum Treffen der G7 geflogen zu werden, das vom 7.–8. Juni 2015 im oberbayrischen Schloss Elmau stattfindet. Bayern rückt erneut in das Zentrum der Welt-

Die A350 zieht in München ein. Mit einer großen Lightshow wird sie 2000 Gästen präsentiert. | Stephan Görlich, Flughafen München

politik, als Bundeskanzler Olaf Scholz vom 26.–28. Juni 2022 zum G7 Gipfel ins Schloss Elmau einlädt

Lufthansa präsentiert Airbus A350
Vor 2.000 geladenen Gästen präsentiert die Deutsche Lufthansa AG am Münchner Flughafen am 2. Februar 2017 das erste von zunächst zehn für den Standort München vorgesehenen Langstreckenflugzeugen vom Typ Airbus A350. Der Airbus A350-900 »D-AIXA«, der kurz darauf sein Debüt im Linienverkehr auf der Route von München nach Delhi gibt, wird im Rahmen der Feier auf den Namen »Nürnberg« getauft.

Bestnoten für den Münchner Flughafen
2017 wird der Münchner Flughafen im Rahmen der »World Airport Awards« zum zehnten Mal als bester Flughafen Europas ausgezeichnet. Das Terminal 2 wird zum besten Terminal der Welt gekürt. Dazu kann Flughafenchef Dr. Michael Kerkloh auf der Bilanzpressekonferenz das beste Wirtschaftsergebnis der Unternehmensgeschichte verkünden.

Party zum Flughafengeburtstag
Vom 17. bis 21. Mai 2017 feiert der Münchner Airport sein 25-jähriges Bestehen – nicht nur mit seinen Mitarbeitern, sondern auch mit der breiten Öffentlichkeit, mit Freunden, Fans und Wegbegleitern aus München und der Region. Nach einem Staatsempfang zum eigentlichen Flughafengeburtstag am 17. Mai mit dem Aufsichtsratsvorsitzenden der Flughafen München GmbH, Staatsminister Dr. Markus Söder, und über 300 geladenen Gästen, beginnt die Geburtstagsparty für die Öffentlichkeit, zehntausende Besucher feiern mit. Den passenden Rahmen für ein rauschendes Fest mit musikalischen Top-Acts liefert eine Zeltstadt auf einem 20.000

Quadratmeter großen Gelände im Besucherpark. Es sind Fahrgeschäfte aufgebaut. Catering-Zelte und Food Trucks sowie ein Bierzelt laden zu einer kulinarischen Reise von Bayern nach Amerika, Asien und Afrika ein. In den Zelten präsentiert der Radiosender Bayern 3 im Rahmen der »Music Days« ein Musikprogramm, DJs heizen den Besuchern ordentlich ein. Auf einer Ausstellungsfläche auf dem Vorfeld können während der »Family Days« am 20. und 21. Mai Flugzeuge wie eine historische Super Constellation, ein Eurofighter oder eine Transall der Bundeswehr aus nächster Nähe bestaunt werden. Moderne Passagiermaschinen sind in ihrer ganzen Vielfalt auf dem Vorfeld zu sehen und der Flughafen präsentiert den Fuhrpark mit Flugzeugschleppern, Gepäckwagen, Enteisungs- und Feuerwehrfahrzeugen.

Lufthansa stationiert fünf Langstreckenmaschinen vom Typ Airbus A380

Die Deutsche Lufthansa setzt mit dem Beginn des Sommerflugplans am 25. März 2018 fünf Langstreckenmaschinen vom Typ Airbus A380 ab München ein und bedient damit täglich Peking, Hongkong und Los Angeles. München ist nach London, Paris und Frankfurt europaweit der erst vierte Flughafen, an dem das größte Passagierflugzeug der Welt stationiert wird.

Rendezvous der Klassiker: Bei den »Family Days« anläßlich des 25. Geburtstags des Flughafens traf die letzte noch in Europa fliegende »Super Constellation« auf einen Mercedes 300 SL Flügeltürer. | Horst Jahnke, Flughafen München

Bundespolizei sperrt Terminal: Vorübergehend keine Abflüge

Nachdem am 28. Juli 2018 eine Person an der Fluggastkontrolle im Terminal 2 am Münchner Flughafen unkontrolliert in den Sicherheitsbereich gelangt ist, sperrt die Bundespolizei vorübergehend den Sicherheitsbereich von Terminal 2 mit dem dazugehörigen Satellitengebäude. Seit 6.47 Uhr finden auf Anweisung

Lufthansa

Der Airbus A380 mit der Registrierung D-AIME und dem Naman »Johannesburg« in der Morgendämmerung am Terminal in München. | picture alliance / NurPhoto | Nicolas Economou

der Bundespolizei im Terminal 2 keine Abflüge mehr statt, es kommt es zu erheblichen Unregelmäßigkeiten im Luftverkehr. Um 11.44 Uhr wird die Sperrung von Terminal 2 aufgehoben. Insgesamt müssen rund 300 Flüge annulliert werden, davon sind über 30.000 Fluggäste betroffen. Zahlreiche Passagiere sind am Flughafen gestrandet und müssen angesichts der heißen Temperaturen von Mitarbeitern des Flughafens und der Lufthansa versorgt werden.

Über 38.000 Beschäftigte am Münchner Airport
Flughafenchef Dr. Michael Kerkloh präsentiert am 10. Juli 2019 im Münchner Presseclub die Ergebnisse einer neuen Beschäftigtenstudie am Münchner Airport. Die Airport-Crew ist der neuen Untersuchung zufolge innerhalb der letzten drei Jahre noch einmal um fast 3.400 Mitarbeiter auf nunmehr über 38.000 in über 500 Unternehmen angewachsen.

Wechsel an der Spitze der Flughafen München GmbH
Am 1. Januar 2020 löst Jost Lammers den in den Ruhestand wechselnden Dr. Michael Kerkloh als Vorsitzenden der Geschäftsführung der FMG ab.

Und Corona verändert alles

Am 12. März 2020 stuft die Weltgesundheitsorganisation (WHO) die Verbreitung des neuen Coronavirus als Pandemie ein. Zwei Tage später tritt in den Vereinigten Staaten ein Einreiseverbot in Kraft, das unter anderem für alle Reisenden aus der EU gilt. In der Folge kommt es zu immer mehr Restriktionen und Einschränkungen im internationalen Reiseverkehr, die den Luftverkehr vorübergehend fast zum Erliegen bringen.

Satellitengebäude und Terminal 1 vorübergehend geschlossen
Der Flughafen München reagiert auf die erheblichen Verkehrsrückgänge infolge der weltweiten Reisebeschränkungen zur Eindämmung des Coronavirus und bündelt Ressourcen für die Passagierabfertigung. Ab dem 24. März 2020 wird das zum Terminal 2 gehörende Satellitengebäude (Gates J, K und L) bis auf Weiteres nicht mehr für den Passagierverkehr genutzt. Sämtliche hier vorgesehenen Abflüge und Ankünfte werden über das Ter-

Ein Corona-Hilfsflug der Luftwaffe steht im Cargo-Bereich des Flughafen München. Am Nachmittag des 28. November 2021 soll der Bundeswehr-Transport, im Rahmen des Kleeblatt-Konzepts, COVID-19-Patienten zum Flughafen nach Hamburg fliegen. | picture alliance/dpa | Peter Kneffel

minal 2 (Gates G und H) abgewickelt. Der Betrieb des Personentransportsystems zwischen dem Terminal 2 und dem Satellitengebäude wird vorübergehend ausgesetzt. Aufgrund der massiven Verkehrsrückgänge wird auch das Terminal 1 des Münchner Flughafens am 29. April 2020 vorübergehend vom Netz genommen.

Instandhaltungsarbeiten am Bahnsystem

Der Münchner Flughafen nutzt die durch die Corona-Pandemie verursachte Flaute im Flugverkehr für erforderliche Instandhaltungsarbeiten an seinem Bahnsystem. Vom 4. Mai 2020 wird die südliche Start- und Landebahn des Airports für rund drei Wochens komplett gesperrt. Erstmals seit der Inbetriebnahme des Airport im Jahre 1992 finden damit notwendige Reparaturarbeiten, die normalerweise nur während der Nachtstunden auf einer Startbahn durchgeführt werden können, tagsüber statt. Die durchschnittlich nur noch rund 50 Starts und Landungen, die täglich in München registriert werden, können während der Instandhaltungsarbeiten problemlos auf der nördlichen Bahn abgewickelt werden. Im Rahmen der anstehenden Arbeiten werden Betonflächen ausgetauscht, Kabelanlagen für die Befeuerung auf der Startbahn erneuert und Betonfugen auf der Startbahn saniert.

Umfangreiche Sanierungsarbeiten werden auch im Folgejahr durchgeführt. Nachdem auch auf der nördlichen Start- und Landebahn Beton- und Asphaltflächen erneuert, Rollbahnkurven angepasst sowie Schlitzrinnen an den Rollwegen ausgetauscht worden sind, wird das Instrumentenlandesystem kalibriert. Am 2. Oktober 2021 wird der Flugbetrieb auf der Nordbahn wieder aufgenommen und dem Münchner Flughafen steht wieder die volle Kapazität des Start- und Landebahnsystems zur Verfügung.

Folgen der Corona-Pandemie

Der internationale Luftverkehr ist durch die Auswirkungen der weltweiten Corona-Pandemie in die schwerste Krise seiner Geschichte geraten. Wie alle Flughäfen gerät auch der vielfach ausgezeichnete Münchner Airport unverschuldet in eine herausfordernde Situation. Der Flugbetrieb ist 2020 pandemiebedingt phasenweise fast komplett zum Erliegen gekommen, mit 11,1 Mio. Passagieren fällt die Verkehrsbilanz 2020 entsprechend

Luftwaffe
MPL05
MPL05

Eine neue Ära im Luftverkehr beginnt, Lufthansa stationiert fünf Airbus A380 in München. Am 28. Juli 2010 wird das Flaggschiff, ein Airbus A380-800, auf den Namen »München« getauft. Zum größten Verkehrsflugzeug der Welt passen auch größte Blasinstrumente: Standesgemäß umrahmen Alphornbläser die feierliche Zeremonie in der Wartungshalle des Münchner Flughafens. | Alex Tino Friedel, Flughafen München

niedrig aus. Aufgrund der Reisebeschränkungen sinkt das Passagieraufkommen in München um rund 37 Millionen auf etwas mehr als elf Millionen und liegt damit um knapp 77 Prozent unter dem Vorjahreswert. 2019 hatte der Münchner Flughafen noch ein Rekordaufkommen von knapp 48 Millionen. Fluggästen verbucht.

Luftverkehr zieht trotz Corona-Pandemie wieder an

Positiv stellt sich die Verkehrsentwicklung 2021 im Jahresverlauf dar. So kann vom Sommer an aufgrund des Wegfalls vieler Restriktionen im internationalen Reiseverkehr eine stark zunehmende Nachfrage festgestellt werden. Während in den ersten sechs Monaten lediglich 2,2 Millionen Passagiere am Münchner Flughafen gezählt werden, sind es im zweiten Halbjahr bereits 10,3 Millionen Fluggäste. Allein im verkehrsstärksten Monat – dem Oktober 2021 – werden genauso viele Reisende registriert wie im gesamten ersten Halbjahr.

Jost Lammers, Vorsitzender der Geschäftsführung der Flughafen München GmbH: »Sobald es die pandemische Lage erlaubt, wollen die Menschen auch wieder reisen. Diese ungebrochene Nachfrage stimmt uns auch mit Blick auf das neue Jahr zuversichtlich.« Und tatsächlich, in den ersten beiden Quartalen des Jahres 2022 stellt sich am Flughafen München wieder eine dynamische Aufwärtsentwicklung ein, Airlines weiten das Flugangebot deutlich aus und am Flughafen werden 13 Millionen Fluggäste verzeichnet.

Und zehn Jahre später werden wegen der Corona-Krise vorübergehend viele Flugzeuge der in München stationierten Lufthansa-Flotte stillgelegt. | Michael Fritz, Flughafen München

Die Verkehrsanbindung

Als signifikanter Mangel und »Geburtsfehler« wird von Anfang an die unzureichende Verkehrsanbindung kritisiert: Die Fahrzeit mit der S-Bahn in die Münchner Innenstadt sei mit 45 Minuten viel zu lang und auch mit dem Auto sei man kaum schneller. Unter dem Titel »Ein Flugzeugträger im trockenen Moos« kritisiert Wolfgang Jean Stock eine Woche vor Eröffnung des neuen Flughafens in der Süddeutschen Zeitung vom 9./10. Mai 1992, dass der Flughafen nicht ans Fernverkehrsnetz der Bahn angebunden ist, sondern nur an das normale S-Bahnnetz mit entsprechend langen Fahrzeiten. Gleichzeitig weist er darauf hin, dass die Anfahrt per Auto auch nur über überlastete Straßen erfolgen kann.

Und der FDP-Landtagsabgeordnete Dietrich Freiherr von Gumppenberg geht noch einen Schritt weiter und spricht vom Flughafen, der am besten nur über die Luft zu erreichen sei.

Ganz so dramatisch sollte es nicht werden, Schritt für Schritt wird nachgebessert, aber während dem Flughafen in den Folgejahren immer wieder höchste Qualitätsstandards bescheinigt werden, bleibt die unzulängliche Verkehrsanbindung sein großes Manko. Der Münchner Flughafen wächst schneller als mancher wahrhaben will. Die Verkehrsanbindung kann jedenfalls mit der rasanten Entwicklung des Airports nicht Schritt halten und hinkt hinterher. Auch ursprünglich einmal abgegebene Versprechen zur Verbesserung der Anbindung können nicht eingehalten werden und die sich in die Länge ziehenden Planungs- und Genehmigungsverfahren stoßen auf Unverständnis, gleichermaßen von Bürgern der Region sowie von Nutzern des Airports.

S-Bahn-Zug der »Airport Linie«, in »Flughafenblau« lackiert und mit dem Logo des Flughafens versehen, an der Haltestelle Besucherpark. Eine Expressverbindung zur Münchner Innenstadt konnte nicht verwirklicht werden. | Werner Hennies, Flughafen München

Mit der Fertigstellung der sogenannten Neufahrner Spange wird am 28. November 1998 zusätzlich zu der im Osten Münchens verlaufenden S8 eine zweite S-Bahn-Linie S1 über den Münchner Westen eingerichtet, aber der große Wurf gelingt damit nicht. Der Zug wird in Neufahrn »geflügelt«, ein Zugteil verkehrt nach Freising, der andere zum Flughafen. Fluggäste sind verwundert (»Must be a German invention«, kommentiert ein amerikanischer Tourist), aber die häufigen Betriebsausfälle werden zu einer argen Belastung. »Immer Ärger mit dem Flughafen«, schreibt denn auch die Bild-Zeitung, meint aber die S-Bahn, die wieder einmal ausgefallen ist. Ausgesprochen unerfreulich verläuft die Anreise vor allem für ausländische Passagiere, wenn sie nach einem Betriebsausfall an einer S-Bahn-Station auf dem Weg zum Flughafen aussteigen müssen, ohne Information in englischer Sprache über den weiteren Fahrtverlauf. Bis endlich ein Schienenersatzverkehr eingerichtet werden kann, drängen sich verzweifelte Fluggäste in eines der wenigen Taxis, sofern überhaupt verfügbar, um doch noch den Flug zu erreichen. Kein Wunder, dass nach solchen Reiseerfahrungen auch das Image des Münchner Flughafens Schaden nimmt. Trotz einer beachtlichen Verkehrsleistung, die die Münchner S-Bahn tagtäglich erbringt, gelingt es nicht, eine direkte Expressverbindung zum Flughafen München einzurichten. Der zukunftsweisende Transrapid mit modernster Magnettechnik (»In 10 Minuten zum Hauptbahnhof …«) scheitert im Jahr 2008 an den finanziellen Möglichkeiten, letztlich aber auch an den Einsprüchen betroffener Bürger, die immer mehr Lärmschutz-

Ein Modell des Transrapids wird am 29. Mai 2008 vom Flughafen München mit einem Schwerlaster zu seinem neuen Standort, zum Firmensitz des Baukonzerns Max Bögl in Sengenthal bei Neumarkt in der Oberpfalz, abtransportiert. Sechs Jahre lang stand der Transrapid am Münchner Flughafen und diente als Informationszentrum für das Projekt. Die Firmengruppe hat den Transrapid zum symbolischen Preis von einem Euro gekauft und will ihn als Innovationssymbol und »Zukunftsmodell« aufstellen. Das 40 Tonnen schwere und 25 Meter lange Ausstellungsstück warb für die ehemals in München geplante Transrapidstrecke. | picture-alliance/ dpa | Frank Leonhardt

Der Landesvorsitzende der Freien Wähler, Hubert Aiwanger, Florian Ritter (SPD), die Landesvorsitzende von Bündnis 90/Die Grünen, Theresa Schopper, ein Mann im Weihnachtsmann-Kostüm, Monika Barzen (Aktionsbündnis contra Transrapid), Richard Mergner (Bund Naturschutz) und Adelheid Rupp (SPD) stehen am Donnerstag, dem 20.12.2007, vor dem bayerischen Innenministerium in München (Oberbayern) mit einem Plakat und Säcken, in denen sich die gesammelten Unterschriften-Listen gegen den Bau des Transrapid befinden. Die Transrapid-Gegner haben dem Staat über 38.000 Unterschriften für ein Volksbegehren gegen den Bau der Magnetschwebebahn zum Münchner Flughafen übergeben. | picture-alliance/ dpa | Tobias Hase

maßnahmen an der 37 Kilometer langen Hochgeschwindigkeitstrasse zum Flughafen einfordern.

Ostbayern wird im Dezember 2018 mit einer attraktiven Direktverbindung zum Flughafen angebunden, endlich ist Regensburg über den »ÜFEX«, den überregionalen Flughafenverkehr, im stündlichen Takt in einer Reisezeit von einer Stunde und 15 Minuten zu erreichen. Dagegen kann der Erdinger Ringschluss auch 30 Jahre nach der Eröffnung des Flughafens nicht verwirklicht werden, aber immerhin ist »Licht am Ende des Tunnels« in Sicht. Die Flughafen München GmbH leistet dazu einen wichtigen Beitrag und verlängert den bereits bestehenden Tunnel, der bislang auf der Höhe des Terminal 2-Satelliten endet, in östlicher Richtung, um S-Bahnen und Zügen künftig das Durchfahren des Airports zu ermöglichen. Nach einer Bauzeit von rund drei Jahren ist der Bahntunnel im September 2021 fertiggestellt.

Die DB Netz AG baut nun den etwa zwei Kilometer langen Streckenabschnitt bis zum Haltepunkt Schwaigerloh im Osten des Flughafens, wo voraussichtlich ab Ende 2025 zunächst eine neue Abstell- und Wendeanlage in Betrieb gehen soll. Irgendwann wird der Ringschluss nach Erding gelingen, voraussichtlich bis zum Jahr 2029 wird mit der Fertigstellung der Trasse zu rechnen sein. Damit aber auch Salzburg und Südostbayern über die Schiene an den Flughafen München angebunden werden können, ist eine weitere 9,5 Kilometer lange Neubaustrecke erforderlich: Über die Walpertskirchener Spange soll eine Verbindung zur Bahnstrecke Mühldorf-Freilassing geschaffen werden. Das Planfeststellungsverfahren dazu wurde Anfang 2021 eingeleitet. Es bleibt ein langer Weg – die Eisenbahn-Hochgeschwindigkeits-Magistrale, die einmal von Paris über München und Salzburg nach Wien und Budapest (»TEN-V Projekt 17«) führen soll, wird noch eine Weile Zukunftsmusik bleiben.

4.000 Meter Zukunft: Die dritte Bahn

»4.000 Meter Landstraße bringen Dich ins nächste Dorf, 4.000 Meter Startbahn zu Zielen in aller Welt«, schon dieser Slogan verweist auf die Bedeutung des Ausbauprojekts. Der Flughafen München wird in absehbarer Zeit das bestehende Start- und Landebahnsystem erweitern müssen. Die Verkehrsstruktur des Münchner Flughafens erfordert ausreichende Kapazitätsreserven, um den Mix von Flugzeugen unterschiedlicher Gewichtsklassen, mit vielen, schon aus technischer Notwendigkeit, kleiner dimensionierten Flugzeugen im Deutschland- und Europaverkehr und großen Flugzeugen im Langstreckenverkehr, aufnehmen zu können. Dabei müssen in München ganz unterschiedliche Verkehrssegmente bedient werden: Einerseits die »Low Cost« und »Punkt-zu-Punkt«-Verkehre in Terminal 1 und andererseits der Drehkreuzverkehr von Lufthansa und der Star Alliance in Terminal 2. Damit wurde der Flughafen München zu einem besonders erfolgreichen Drehkreuzflughafen, denn seine Stärke liegt in der Kombination von dichtem Europaverkehr mit Flügen zu rund 170 Destinationen und dem Langstreckenverkehr zu etwa 50 interkontinentalen Zielen. Etwa 38 Prozent der Passagiere in München sind Umsteiger, die mit Zubringerflugzeugen anfliegen, um dann in Langstreckenflugzeuge umzusteigen. Durch viele kleinere, aber in engen Zeitfenstern eintreffende Zubringerflugzeuge wird ein Umsteigen in die Langstreckenflugzeuge ermöglicht.

Um diesen für den Flughafen München charakteristischen Verkehrsmix zu bewältigen, ist eine Erweiterung des Bahnsystems um eine dritte Start- und Landebahn notwendig. Damit soll die Kapazität von derzeit 90 Bewegungen pro Stunde auf 120 erhöht werden. Rund 30 verschiedene Bahnlagen werden geprüft. Als besonders geeignet kristallisiert sich die »Bahnlage 5b« heraus, die nördlich und parallel zum bestehenden Bahnsystem entstehen soll. Erneut beginnt ein Marathon von Genehmigungsverfahren.

Wegen der sich abzeichnenden Kapazitätsengpässe auf dem bestehenden Bahnsystem beschließt der Aufsichtsrat der Flughafen München GmbH (FMG) am 26. Juli 2005, das Raumordnungsverfahren für den Bau einer dritten Start- und Landebahn einzuleiten. Am 21. Februar 2007 beurteilt die Regierung von Oberbayern die Ausbaumaßnahme in der beantragten Form (Bahnlage 5b) als landesplanerisch positiv. Die FMG habe schlüssig dargelegt, »dass die vorhandene Kapazität des Start- und Landebahnsystems in den kommenden Jahren ausgeschöpft sein werde und dass das mittel- und langfristig zu erwartende Luftverkehrsaufkommen den Bau einer weiteren Start- und Landebahn erforderlich mache«, so die Regierung.

Bei den öffentlichen Anhörungen setzt sich Flughafenchef Dr. Kerkloh auch mit Gegnern des Ausbauprojekts auseinander, die vor dem Unterschleißheimer Ballhausforum demonstrieren. | Werner Hennies, Flughafen München

Am 24. August 2007 reicht die FMG bei der Regierung von Oberbayern den Antrag auf Planfeststellung ein. Vom 5. November 2007 bis zum 4. Dezember 2007 liegen die Planunterlagen, bestehend aus über 10.000 Seiten mit 500 Plänen in insgesamt 47 Aktenordnern, in den Umlandgemeinden zur Öffentlichkeitsbeteiligung aus. Auch im Internet können die vollständigen Planfeststellungsunterlagen eingesehen werden. Fristgerecht gehen bei der Regierung von Oberbayern 59.191 Einwendungen ein (davon sind 57.032 Masseneinwendungen) sowie 123 Stellungnahmen der vom Vorhaben betroffenen Landkreise und Gemeinden, der Träger öffentlicher Belange und sonstiger Stellen.

Öffentliche Anhörungen, Klagen und Bürgerentscheid

Im Planfeststellungsverfahren für eine dritte Start- und Lande-

Eine Ansicht des Flughafen mit geplanter dritter Start- und Landebahn. | Animation Flughafen München

bahn am Münchner Flughafen beginnen am 11. November 2008 die öffentlichen Anhörungen. Zum Auftakt der Erörterungen im Unterschleißheimer Ballhausforum, das Platz für 3.500 Personen bietet, begründet Flughafenchef Dr. Michael Kerkloh noch einmal die Notwendigkeit des Flughafenausbaus und verspricht den Anrainern im Zusammenhang mit der dritten Bahn zugleich faire Lösungen, »die der Region und den hier lebenden Menschen attraktive langfristige Zukunftsperspektiven bieten«. An insgesamt 59 Anhörungstagen werden in großer Ausführlichkeit bis zum 31. März 2009 die Anliegen der vom Ausbauvorhaben betroffenen Bürger erörtert. Die Flughafen München GmbH als Antragstellerin nimmt zur Planrechtfertigung Stellung und erwidert auf die vorgebrachten Einwände. Den Schwerpunkt bilden neben Auseinandersetzungen über die Luftverkehrsprognosen die Studien zur Umweltverträglichkeit und zum Lärmschutz.

Am 26. Juli 2011 erlässt die Regierung von Oberbayern den Planfeststellungsbeschluss zum Bau einer dritten Start- und Landebahn am Verkehrsflughafen München, verbunden mit der Anordnung der sofortigen Vollziehung.

Das Engagement für Natur- und Landschaftsschutz am Flughafen München ist überall sichtbar und weithin anerkannt. Damit ein schonender Flugbetrieb möglich ist, unternimmt der Airport größte Anstrengungen. | Werner Hennies, Flughafen München

Gegen den Planfeststellungsbeschluss der Regierung von Oberbayern gehen beim Bayerischen Verwaltungsgerichtshof (BayVGH) 22 Klagen ein.

Die Landeshauptstadt München, die als Gesellschafterin mit 23 Prozent an der Flughafen München GmbH beteiligt ist, beschließt zur umstrittenen dritten Start- und Landebahn das Votum der Bürger einzuholen. Mit dem Bürgerentscheid vom 17. Juni 2012, das federführend von Bündnis 90/Die Grünen, ÖDP und der Linken als Bündnis »München gegen die 3. Startbahn« initiiert wurde, wird der Bau einer dritten Start- und Landebahn am Flughafen München mit 54,3 % der Stimmen mehrheitlich abgelehnt. Nur 32,8 % der Münchner Bürger beteiligen sich an der Abstimmung.

Nachdem die Zustimmung aller Gesellschafter der Flughafen München GmbH zum Bau der dritten Startbahn erforderlich ist und Beschlüsse in der Gesellschafterversammlung nur einstimmig gefasst werden, steht die politische Entscheidung zur Verwirklichung des Ausbauvorhabens aus. Die Landeshauptstadt München fühlt sich an das Ergebnis des Bürgerentscheids von 2012 gebunden. Genehmigungsrechtlich liegt ein positiver Planfeststellungsbeschluss der Regierung von Oberbayern für den Bau einer dritten Start- und Landebahn vor, der in einem Urteil des Bayerischen Verwaltungsgerichtshofs (VGH) vom 19. Februar 2014 in allen Punkten bestätigt wurde.

Darauf erheben mehrere Kläger, darunter die Stadt Freising und der Bund Naturschutz, eine Nichtzulassungsbeschwerde beim Bundesverwaltungsgericht in Leipzig, um eine mögliche Revision zu erreichen. Am 17. Februar 2015 weist das Bundesverwaltungsgericht die Klagen der Kommunen (Landkreis Freising und Stadt Freising, sowie der Gemeinden Berglern, Eitting, Oberding und Fahrenzhausen) zurück. Im Juli 2015 werden auch die anhängigen Klagen des Bundes Naturschutz (BUND Bayern) und mehrerer Privatpersonen zurückgewiesen.

Intensive Dialoggespräche

Der Bayerische Ministerpräsident Horst Seehofer führt im Herbst 2015 mit Vertretern der Kommunen, der politischen Parteien, der Bürgerinitiativen sowie Wirtschaftsvertretern und den vom Ausbau betroffenen Bürgern in Attaching intensive »Dialoggespräche« und stellt eine politische Entscheidung zum Bau der dritten Start- und Landebahn in Aussicht.

Sein Nachfolger, Ministerpräsident Markus Söder, kündigt im September 2020 an, die Planungen für den Bau einer 3. Start- und Landebahn für den Flughafen München vorerst auf Eis zu legen. Die Pläne für den Bau einer dritten Startbahn am Münchner Flughafen würden auf längere Sicht nicht weiter vorangetrieben.

Vogelschutz und Luftverkehr: Seltene Vogelarten, wie der Große Brachvogel, sind am Flughafen München heimisch, regelmäßig wird eine Population von 80 Brutpaaren gezählt. Die Wiesenbrüter fühlen sich auf den Grasflächen an den Start-und Landebahnen ausgesprochen wohl und haben sich mit den Kranichen der Lufthansa arrangiert. Der Flughafen München ist Teil des 4.525 Hektar großen Vogelschutzgebiets »Nördliches Erdinger Moos«. | Dirk Ullmann, Flughafen München

Der Weg in die Klimaneutralität

Der Flughafen München setzt sich mit großem Engagement für den Klimaschutz ein und ist dem Pariser Klimaabkommen von Dezember 2015 verpflichtet. Schließlich gilt es, die globale Erderwärmung auf deutlich unter zwei Grad Celsius, möglichst jedoch auf 1,5 Grad Celsius, zu begrenzen. Weil der Klimawandel nicht vor nationalen Grenzen halt macht, unternimmt die gesamte Luftverkehrsbranche größte Anstrengungen, um konsequent Klimaschutzziele zu erreichen und klimaschädliche Emissionen im Luftverkehr weiter zu reduzieren. Führende europäische Luftverkehrsverbände haben im Februar 2021 der EU-Kommission in Brüssel ein Strategiepapier vorgelegt, das Wege aufzeigt, wie durch gemeinsame Anstrengungen aller Systempartner – von Flughäfen, Fluggesellschaften, über Hersteller der Luft- und Raumfahrtindustrie bis hin zur Flugsicherung – ein CO_2-neutraler Luftverkehr in Europa verwirklicht werden kann. Mit dem Positionspapier »Destination 2050 – A Route to Net Zero European Aviation« präsentiert die europäische Luftverkehrsbranche einen Fahrplan zur Realisierung eines nachhaltigen Luftverkehrs.[41]

Dabei nimmt der Flughafen München in Sachen Umwelt- und Klimaschutz schon lange eine Vorreiterrolle ein. Sein Engagement zur CO_2-Reduzierung wurde vielfach ausgezeichnet. So erfüllt der Airport etwa die strengen Umweltnormen der europäischen EMAS-Verordnung und der »DIN EN ISO 14001«. Regelmäßig wird der Airport durch unabhängige Umweltgutachter zertifiziert und erhält Gütesiegel nach der »Airport Carbon Accreditation (ACA)« und dem »Carbon Disclosure Project (CDP)«.

Während die Passagierzahlen in München von 28,6 Millionen im Jahr 2005 auf 48 Millionen im Jahr 2019 anstiegen, konnten die CO_2-Emissionen im gleichen Zeitraum signifikant abgesenkt werden. Pro Passagier wurden die CO_2-Emissionen von 5,67 Kilogramm CO_2 im Jahr 2005 auf 3,08 kg CO_2 im Jahr 2019 reduziert. Das entspricht einem Rückgang der Emissionen pro Passagier von 46 Prozent seit 2005. Und dies, obwohl die Bruttogeschossfläche am Flughafen im gleichen Zeitraum unter anderem durch die Inbetriebnahme des neuen Satellitengebäudes im Jahr 2016 um über 370.000 Quadratmeter gewachsen ist.

Spätestens bis zum Jahr 2030 soll der Münchner Flughafen CO_2-neutral betrieben werden. 150 Millionen Euro investiert der Airport bis 2030 zur Erreichung seiner Klimaziele. Noch deutlich anspruchsvoller ist jedoch eine Klimainitiative europäischer

Der völlig emissionsfreie vollelektrische Flugzeugschlepper Goldhofer »Phoenix« E im Einsatz am Flughafen München. | Madeleine Staible, Goldhofer/Flughafen München

Innovative Mobilitätskonzepte: Ein ursprünglich mit Diesel betriebener Passagierbus wurde mit einem Gasmotor ausgestattet, der über einen Generator eine Pufferbatterie lädt und die elektrische Antriebsachse mit Strom versorgt. Der Verbrennungsmotor wird mit flüssigem Biomethan betrieben, das regional erzeugt wird. Dank regenerativem Kraftstoff ist so ein CO_2-neutraler Betrieb möglich. | Stephan Görlich, Flughafen München

Flughäfen, die vorsieht, die von den Airports beeinflussbaren CO_2-Emissionen spätestens bis zum Jahr 2050 auf nahezu null zu reduzieren und den unvermeidlichen Rest durch technologische Maßnahmen wieder aus der Atmosphäre zu entfernen. Im Rahmen der Generalversammlung des Dachverbandes europäischer Flughäfen (ACI Europe) hatte Dr. Michael Kerkloh, Vorsitzender der Geschäftsführung der Flughafen München GmbH (FMG) und Präsident des ACI Europe, am 26. Juni 2019 im zypriotischen Limassol diese Klimainitiative vorgestellt, an der sich über 200 europäische Airports beteiligen. Als einer der ersten deutschen Flughäfen hat der Flughafen München die »Net-Zero-Carbon«-Resolution unterzeichnet.

Um das zunächst einmal angestrebte Ziel eines CO_2-neutralen Flughafenbetriebs bis 2030 zu erreichen, werden die vom Flughafen beeinflussbaren CO_2-Emissionen bis dahin schrittweise um 60 Prozent abgesenkt und die verbleibenden 40 Prozent durch Ausgleichsmaßnahmen – vorzugsweise in der Region – kompensiert.

Unter dieser Zielsetzung sind bereits über 300 Einzelmaßnahmen erfolgreich verwirklicht worden: So wurden an den Hallentoren von Terminal 1 etwa neue Torluftschleier installiert, die Wärmeverluste begrenzen und eine Reduktionen von über 1.000 Tonnen Kohlendioxid pro Jahr erbringen. 700 Tonnen CO_2 pro Jahr können durch die Optimierung der Gepäckförderanlage im Terminal 2 eingespart werden. Allein durch den Austausch der Beleuchtung an einer Fußgängerbrücke konnte eine Einsparung von 40 Tonnen CO_2 pro Jahr erzielt werden. Die Umstellung der Klimaanlage auf Mehrmotorentechnik im München Airport Center schlägt mit einer Einsparung von jährlich 661 Tonnen CO_2 zu Buche, um ein paar Beispiele zu nennen. Jedes Jahr werden durch technische Optimierungen und Effizienzsteigerungen rund 3.000 Tonnen CO_2 eingespart – durch Investitionen, die nachhaltig wirken. Noch besser ist es jedoch, CO_2 erst gar nicht entstehen zu lassen. Bei Neubauprojekten gelingt das etwa durch »nachhaltiges Bauen« mit moderner Klima- und Regeltechnik und durch die Nutzung regenerativer Energien.

CO_2-neutraler Flughafenbetrieb bis zum Jahr 2030: E-Mobility am Münchner Flughafen nimmt Fahrt auf, der Anteil an Elektro- beziehungsweise Elektro-Hybrid-Fahrzeugen auf dem Vorfeld des Münchner Flughafens liegt bereits bei 38 Prozent. Flughafen München | Yorck Dertinger, Flughafen München

Terminal 2 bei Nacht: Inzwischen ist die gesamte Vorfeldbeleuchtung des Münchner Flughafens auf energiesparende LED-Technik umgestellt. Das Foto zeigt den Transformationsprozess: Der Satellit vorne erstrahlt bereits im weißen LED-Licht, in der Mitte sind noch die konventionellen gelben Natriumdampflampen zu sehen. | Michael Fritz, Flughafen München

Elektromobilität und andere Initiativen

Heute sind am Airport über 135 Elektrofahrzeuge und 276 elektrisch betriebene Abfertigungsgeräte, wie Gepäckschlepper, Förderbandwagen, Hubwagen, Treppen und Stapler auf dem Vorfeld im Einsatz. Damit beläuft sich der Anteil an Elektro- beziehungsweise Elektro-Hybrid-Fahrzeugen am Flughafen bereits auf 38 Prozent. Zusätzlich setzt der Flughafen München auf »biofuels«. Fahrzeuge werden zunehmend mit Treibstoffen aus regenerativen Energien versorgt, wie etwa ein mit flüssigem Biomethan fahrender Passagierbus, der wegen seines innovativen Antriebskonzepts im Jahr 2020 mit dem Innovationspreis der Deutschen Gaswirtschaft ausgezeichnet wurde.

Als erster großer Verkehrsflughafen hat der Flughafen München die gesamte Vorfeldbeleuchtung auf energiesparende LED-Technik umgestellt. Das Leuchtmittel LED überzeugt durch besonders lange Lebensdauer und bessere Leuchtkraft sowie ein Minimum an Verbrauch bei höchster Energieeffizienz. Dabei können die ohnehin sparsamen LED Lampen automatisch an die jeweiligen Lichtverhältnisse im Tagesverlauf angepasst und bei Bedarf reguliert werden. Schrittweise wird auch die Beleuchtung in den Parkhäusern, auf Parkplätzen und an den Straßen auf LED-Technik umgerüstet, damit sukzessiv weitere Senkungen der CO_2-Emissionen erreicht werden. Allein durch die Umstellung der Beleuchtung werden am Flughafen München jährlich 16.400 Tonnen CO_2 eingespart, was nicht zuletzt zu einer beträchtlichen Senkung der Energiekosten führt.

Damit Flugzeuge während ihrer Standzeiten am Flughafen nicht ihre mit Kerosin betriebenen Hilfstriebwerke einschalten müssen, werden am Flughafen München an allen Parkpositionen sogenannte »Pre-Conditioned-Air« (PCA)-Anlagen installiert, die Flugzeuge mit Strom und vorklimatisierter Luft versorgen. So können die Klimaanlagen an Bord wesentlich umweltfreundlicher betrieben werden, was die Umwelt mit einer jährlichen Einsparung von 23.500 Tonnen Kohlendioxid entlastet.

Zum Schwerpunkt künftiger Anstrengungen wird der massive Ausbau von Anlagen zur Erzeugung von regenerativer Energie werden, um damit den gesamten Flughafen klimaneutral versorgen zu können. Sicherlich eine große Herausforderung, wächst

»Pre-Conditioned-Air« (PCA)-Anlagen versorgen die Flugzeuge während der Standzeiten am Boden mit vorklimatisierter Luft. | Bernhard Huber, Flughafen München

doch gleichzeitig der Strombedarf, z. B. durch die Elektromobilität, stark an. Schließlich ist die vollständige Reduktion aller CO_2-Emissionen auf »Net Zero Carbon« das langfristige Ziel des Münchner Flughafens – spätestens bis zum Jahr 2050. Bis dahin soll ein weitgehend CO_2-freier Betrieb des Airports erreicht werden. Die zu diesem Zeitpunkt noch am Flughafen entstehenden CO_2-Emissionen sollen dann nicht mehr kompensiert, sondern durch technologische Maßnahmen wieder aus der Atmosphäre entfernt werden.

Ein zu dieser Klimastrategie des Münchner Flughafens ausgesprochen gut passendes Kompensationsprojekt wurde im Oktober 2021 vorgestellt: Nachdem Wälder große Mengen Kohlendioxid aus der Atmosphäre binden, lässt der Flughafen München in Kooperation mit der Gräflich von Arco'schen Forstverwaltung 1.900 Hektar Wald an Standorten in Niederbayern und in der Oberpfalz so gestalten, dass sie als »Klimawald« möglichst viel Kohlendioxid speichern können. So entstehen nicht nur wertvolle Naturräume mit hoher Biodiversität, sondern gleichzeitig auch attraktive Naherholungsgebiete. Eine andere Möglichkeit, CO_2 der Atmosphäre zu entziehen, eröffnet sich bei der Produktion von synthetischen Kraftstoffen für die Luftfahrt. Künftig wird synthetisch erzeugtes Kerosin am Markt verfügbar sein, sogenannte »Power to Liquid (PtL)«-Kraftstoffe, die durch Elektrolyse unter Einsatz von Wasser, CO_2 und erneuerbarem Strom entstehen. Auch wenn beim Verbrennen von »Sustainable Aviation Fuels« (SAF) die gleiche Menge an CO_2-Emissionen wie bei fossilem Kerosin freigesetzt wird, ergibt sich die entscheidende Verbesserung im Produktionsprozess selbst: Für die Herstellung wird CO_2 benötigt, das in diesem Verfahren fast vollständig in Kraftstoff umgewandelt wird. Das wiederum führt im Ergebnis dazu, dass die CO_2-Emissionen durch SAF gegenüber herkömmlichem Kerosin je nach Wirkungsgrad der Produktionsanlagen um ca. 70 bis 100 Prozent reduziert werden können.

Die Verwirklichung eines nachhaltigen Luftverkehrs wird deshalb in besonderen Maße auch von der Betankung von Flugzeugen mit den Flugkraftstoffen der Zukunft abhängen. Am Flughafen München sind ab 1. Juni 2021 die Betankungsanlagen auf den Einsatz von »grünem Kerosin« umgestellt. Nach eingehender technischer Prüfung ist das Tanklager am Airport für klimafreundliche Treibstoffe geöffnet. Damit können am Flughafen München nachhaltige Kraftstoffe angeliefert, eingelagert und vertankt werden, sofern sie den einschlägigen Qualitätsspezifikationen für den Flugkraftstoff »Jet-A1« entsprechen. Im Tanklager, das im Auftrag der Airlines von diversen Mineralölgesellschaften mit Treibstoff versorgt wird, sind damit auch Lieferungen von SAF-Blends, also von konventionellem Kerosin mit einer Beimischung von grünen Kraftstoffen, zugelassen. Die heute eingesetzten SAF-Kraftstoffe werden meist aus Biomasse, also aus nachwachsenden Rohstoffen gewonnen, sogenannte »Biomass to Liquid (BtL)« Kraftstoffe.

Die Entwicklung hin zu einem nachhaltigen Luftverkehr ist für die gesamte Luftverkehrsbranche längst zum wohl wichtigsten Zukunftsprojekt geworden. Am Flughafen München investiert die Deutsche Lufthansa AG gegenwärtig Milliardenbeträge in eine der modernsten und ökoeffizientesten Langstreckenflotten der Welt. 26 höchst innovative und emissionsarme Langstreckenflugzeuge vom Typ Airbus A350 sind inzwischen in München stationiert. Wieder einmal ergänzen sich Airport und Airline, die auch bei der Verwirklichung von Nachhaltigkeitszielen die gleiche Sprache sprechen und beim Klima- und Umweltschutz gleichermaßen ambitioniert vorgehen.

Der Flughafen München ist zu einem grünen Luftverkehrsstandort geworden und an einem der besten Terminals der Welt verkehren energieeffiziente Langstreckenflugzeuge der Lufthansa. Dazu zählt der Airbus A350-900, der so sparsam ist wie kein vergleichbarer Flugzeugtyp und im Durchschnitt nur noch 2,9 Liter Kerosin pro Passagier und 100 Kilometer Flugstrecke verbraucht. Zudem sorgt dieser neue »Flüsterjet« für eine spürbare Entlastung von Anwohnern in der Flughafenregion, denn im Vergleich zu einem Airbus A340 weist die A350 eine in etwa nur noch halb so große Lärmkontur auf.

Besonders im Flugzeugbau zeigt sich, wie moderne Verkehrsflugzeuge durch technologische Entwicklungen noch leiser und energieeffizienter fliegen können. Neue Werkstoffe ersetzen herkömmlich verwendetes Aluminium und durch die Faserverbundtechnologie werden Flugzeuge leichter und verbrauchen weniger Treibstoff. In der Kabine und insbesondere etwa bei der Bestuhlung wird durch Leichtbau mit Hohlräumen und kreuzweisen Verstrebungen mehr Stabilität erzielt, gleichzeitig Gewicht reduziert. Die Natur dient als Vorbild. So kann durch reibungsarme Oberflächen, wie z. B. durch Folien mit einer Haifischhautstruktur, der Strömungswiderstand erheblich reduziert werden. »Winglets«, die 2,40 Meter hohen Verlängerungen an den Flügelspitzen (Airbus A320), bewirken Treibstoffeinsparungen von bis zu vier Prozent und führen zu einem entsprechend verringerten CO_2-Ausstoß. Durch den Einsatz von Triebwerken der Generation »Geared Turbofan«, also von Getriebefans, wird der Lärmteppich gegenüber konventionellen Flugzeugen um 75 Prozent reduziert und Fluglärm beschränkt sich im Wesentlichen auf den Bereich innerhalb des Flughafenzauns. ■

DER FLUGHAFEN ALS INNOVATIONSSTANDORT
Heute für morgen arbeiten

InfoGate am Flughafen München | Diar Nedamaldeen, Flughafen München

Klimaschutz und weit mehr …

SCHON IMMER GILT der Flughafen München als Standort für Innovation und Fortschritt: So entwickelte der Flughafen München in Zusammenarbeit mit dem Südtiroler Lichtspezialisten Ewo eine maßgeschneiderte Lösung für die Vorfeldbeleuchtung. Zum Einsatz kommen »intelligente Leuchten«, die mit dem Intranet verbunden sind und über eine eigene IP-Adresse verfügen. Damit sind die Leuchten dialogfähig und melden sich, wenn zum Beispiel ein Spannungsausfall auftreten sollte. Über ein Info- und Leitsystem können einzelne Leuchten individuell angesteuert werden, aber auch so programmiert werden, dass sie sich automatisch einschalten, wenn ein Flugzeug an der Parkposition eintrifft. Über die Fernwartung gehen Hinweise ein, wann ein Leuchtmittel ausgetauscht werden muss. Durch die Implementierung von IoT (»Internet of Things«) wird eine intelligente Steuerung der Lichttechnik nach der im Tagesverlauf benötigten Lichtmenge möglich, was zu erheblichen Einsparungen des Energieverbrauchs beiträgt. Die für den Einsatz auf den Vorfeldern von Flughäfen entwickelten Lichtmasten haben inzwischen Serienreife erlangt.

In den Terminals des Münchner Flughafens kommen »InfoGates« zum Einsatz, die den Testbetrieb längst erfolgreich bestanden haben. Passagiere mit Fragen und Anliegen erreichen am »InfoGate« über Knopfdruck eine Mitarbeiterin des Informationsdienstes in der durchgehend besetzten Zentrale. Dabei sehen sich im Rahmen einer Videokonferenz beide Gesprächspartner in Lebensgröße und in Echtzeit auf den Bildschirmen. Die für den Flughafen entwickelten Informationssäulen sind heute weltweit gefragt, werden an Flughäfen eingesetzt, finden aber auch in anderen Bereichen Anwendung. So werden zum Beispiel Pilger in Mekka, Saudi-Arabien, mit notwendigen Informationen versorgt. In Deutschland haben Banken und Sparkassen die »InfoGates« entdeckt, um ihre Kunden weiterhin persönlich betreuen zu können, auch wenn Filialen geschlossen wurden. »InfoGates« ermöglichen die Kundenpflege – per Videokonferenz mit Mitarbeitern in der Zentrale.

Mit dem »Information Security Hub« (ISH) hat der Flughafen München ein neues Kompetenzzentrum eröffnet, in dem IT-Spezialisten der Flughafen München GmbH (FMG) zusammen mit Experten aus der europäischen Aviation-Branche Verteidigungsstrategien gegen Angriffe aus dem Internet testen und nach neuen Lösungen im Kampf gegen die Cyber-Kriminalität suchen. Die Anzahl von Angriffen auf die IT-Systeme von Unternehmen und Behörden in Deutschland ist im Zeichen fortschreitender Digitalisierung in den vergangenen Jahren rasant angestiegen. Auch der Flughafen München ist tagtäglich unterschiedlichsten Cyber-Angriffen ausgesetzt. Was ursprünglich der Sensibilisierung von Flughafenmitarbeitern vor den Gefahren des Internets diente, ist zum Schulungszentrum geworden. Security-Experten können dort für ihre Organisation aus- und weiterbilden sowie innovative Technologien und Verfahren auf Herz und Nieren prüfen. Primäre Zielgruppe für die Angebote des »Information Security Hubs« sind Flughäfen, Fluggesellschaften und andere Partner aus der Luftverkehrsbranche. So können zu Schulungszwecken realistische Angriffe auf Computersysteme durchgeführt werden, die dann von Schulungsteilnehmern abgewehrt werden müssen.

Ideenschmiede »LabCampus«

Diese drei Beispiele mögen aufzeigen, wie die ursprünglich ein-

Ein neues Quartier entsteht: die Baustelle von LabCampus von Westen im September 2021. | Michael Fritz, Flughafen München

Arbeitgeber mit starker Anziehungskraft: Mitarbeiter formieren sich zusammen mit dem Vorsitzenden der Geschäftsführung Jost Lammers und dem Personalchef Dr. Robert Scharpf zum Logo des Airport. | Bernhard Huber, Flughafen München

Visualisierung des Ausbauprojekts LabCampus. Die erste Ausbaustufe ist hellgrün markiert. | KCAP Architects & Planners

mal auf die Bedürfnisse des Münchner Flughafens zugeschnittenen Entwicklungen längst auch in anderen Bereichen Anwendung finden. Am Flughafen München arbeiten Tüftler und findige Ingenieure an vielen Projekten, um nachhaltige Lösungen für den Luftverkehr von morgen zu erzielen, die Energieeffizienz zu verbessern oder die Reisekette für Passagiere weiter zu optimieren. Ob es um »seamless travel«, biometrische Gesichtserkennung oder kontaktlose Erfassung von Passagierdaten geht, der Flughafen München ist zu einem Forschungs- und Entwicklungsstandort geworden.

Um den vielfältigen Lösungen für noch effizientere Betriebsabläufe den richtigen Raum zu bieten und um neue Ideen umsetzen zu können, entsteht am Flughafen München das ambitionierte Zukunftsprojekt »LabCampus«, ein unternehmens- und branchenübergreifendes Ideenzentrum, das Firmen und Wissensträger, Start-ups und Global Player, Kreative und Investoren zusammenbringen soll.

Der neue Campus bietet Hightech-Industrien und Schlüsselbranchen, die sich beispielsweise in den Bereichen Luft- und Raumfahrt, Digitalisierung, Energie und Mobilität engagieren, einen einzigartigen Ort für den interdisziplinären Austausch und die Entwicklung neuer Ideen und Produkte, die auf dem Flughafengelände unter realen Bedingungen getestet werden können. Mit Unternehmen wie Siemens und Design Offices sowie Forschungseinrichtungen wie dem Fraunhofer-Institut, der Friedrich Alexander Universität Erlangen-Nürnberg oder der UnternehmerTUM der TU München wurden bereits wichtige Partner als potenzielle Nutzer für den LabCampus gewonnen. Der Flughafen München ist jedoch nicht nur Standort der neuen Innovationsplattform, die Flughafengesellschaft übernimmt bei diesem Zukunftsprojekt auch die Rolle als Kurator, sorgt für den passenden Mix an Branchen und Unternehmen und bringt die richtigen Partner zusammen. Für die Steuerung des Projekts hat die FMG eine eigene Tochtergesellschaft gegründet. »Flughäfen müssen im Zeitalter von Globalisierung und Digitalisierung neue Wege einschlagen, um Chancen der Standortentwicklung zu nutzen. LabCampus ist in diesem Zusammenhang ein zukunftsweisender Schritt«, erklärt Dr. Michael Kerkloh, Vorsitzender der Geschäfts-

Innovationsstandort LabCampus, Außenansicht | Visualisierung KCAP Architects & Partner

führung der Flughafen München GmbH bei der Auftaktveranstaltung zu diesem Projekt am 8. März 2018.

Um den Aufbau und die Entwicklung des neuen Innovations-Campus konzeptionell mitzugestalten, konnte das renommierte Senseable City Lab des Massachusetts Institute of Technology (MIT) mit Sitz in Cambridge, Massachusetts, gewonnen werden. Am Flughafen soll eine innovative »Smart City« entstehen, die Menschen und Unternehmen direkt am Airport ein ideales urbanes Umfeld bietet, um möglichst effizient, kreativ und vor allem gemeinsam unter einem Dach zukunftsträchtige Produkt- und Service-Ideen zu erarbeiten, zu entwickeln und zu testen. Entstehen soll eine »Stadt der Zukunft« und eine »Infrastruktur von morgen«, die modernste Technologien aus den Bereichen Energie, Mobilität und Stadtplanung implementiert und so miteinander vernetzt, dass ein Optimum an Nachhaltigkeit und Lebensqualität erreicht wird.

Das im Bereich des autonomen Fahrens weltweit führende Technologieunternehmen Argo AI nutzt als erster Kunde am LabCampus die Möglichkeiten zur Erprobung und Entwicklung seiner Fahrzeugsysteme. Das 2016 gegründete Unternehmen mit Hauptsitz in Pittsburgh, Pennsylvania, verfügt über Partnerschaften mit dem US-amerikanischen Automobilhersteller Ford und dem VW-Konzern. Letzterer hatte sich mit 2,6 Milliarden US-Dollar an Argo AI beteiligt. München ist Sitz der Europazentrale von Argo AI.

Argo AI betreibt am Münchner Flughafen eine Teststrecke und erprobt unweit der Flugzeugwartungshallen autonom fahrende Fahrzeuge unter realitätsnahen Bedingungen in unterschiedlichen Verkehrssituationen. »[Die Ansiedlung von Argo AI] verdeutlicht das enorme Potenzial des LabCampus als Thinktank und Testlabor für zukunftsweisende Mobilitätskonzepte. Das Engagement von Argo AI ist deshalb auch ein wichtiges Signal an alle anderen Unternehmen, die von den enormen Chancen dieses Innovationszentrums profitieren können«, erklärt Jost Lammers, Vorsitzender der Geschäftsführung der Flughafen München GmbH, bei der Begrüßung des neuen Kunden am 11. März 2021.

Mit LabCampus hat der Flughafen München zusätzlich zu den Bereichen »Aviation« und »Non-Aviation« ein neues Geschäftsfeld eröffnet. Direkt am Flughafen entsteht ein Ort für den schnellen Informationsaustausch von Experten aus aller Welt. Für wenige Tage oder auch Wochen kann gemeinsam an der Verwirklichung von Zukunftsprojekten gearbeitet und geforscht werden, das Innovationszentrum LabCampus am Münchner Airport bietet dazu einzigartige Möglichkeiten. Die Ideenschmiede am Airport wird aber nicht nur zu einer Begegnungsstätte, sondern der Reiz besteht darin, die hier entwickelten technischen Innovationen auch gleich auf dem »Experimentierfeld Flughafen« zur Anwendung zu bringen und auf ihre Praxistauglichkeit zu prüfen. So bleibt der Flughafen München immer auf dem neuesten Stand der Technik. Vielleicht können auch Lösungen für die drängenden Fragen zur Bewältigung von Verkehrsproblemen in urbanen Ballungsräumen vorangebracht werden. Wie werden wir in den »Smart Cities« der Zukunft arbeiten und leben? Welche Mobilitätskonzepte werden wir verfolgen? Man darf gespannt sein, wohin die Reise führen wird. Der Flughafen München jedenfalls hat sein Portfolio erweitert und geht neue Wege. ■

Terminal 2 des Münchner Flughafens mit dem Satellitengebäude, Blick von Osten, ein Luftbild vom 8. August 2016. Im Jahr 2017 wurde Terminal 2 zum besten Terminal der Welt gekürt. | Michael Fritz, Flughafen München

Lufthansa
Lufthansa

Lufthansa

Der Flughafen München mit Alpenpanorama. Luftaufnahme vom 11. Oktober 2019. | Michael Fritz, Flughafen München

Mit einer Wassertaufe der Flughafenfeuerwehr wird dieser Airbus A350 anlässlich der Wiederaufnahme der Lufthansa-Linienverbindung München–Miami am 8. November 2021 feierlich verabschiedet. | Stephan Görlich, Flughafen München

Die Geschäftsführer

Wulf-Diether Graf zu Castell
1949 bis 1972

Hermann Reichart
1973 bis 1988

Roman Rittweger
1988 bis 1990

Willi Hermsen
1991 bis 2002

Dr. Michael Kerkloh
2002 bis 2019

Jost Lammers
seit 2020

Entwicklung des Luftverkehrs am Flughafen München 1992–2021

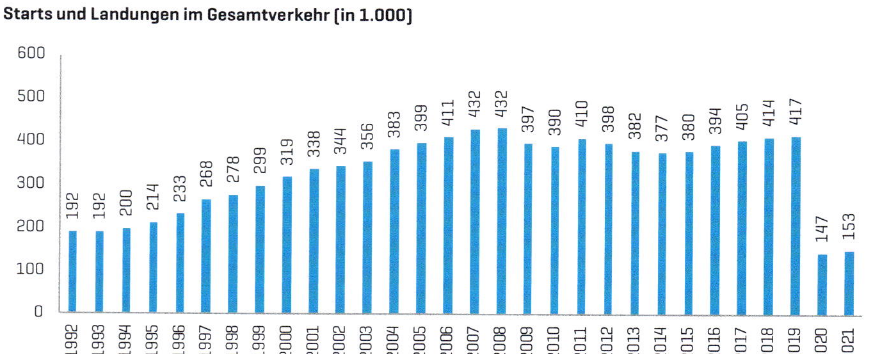

Passagiere im gewerblichen Verkehr (in Mio.)

50
40
30
20
10
0
12,0 12,7 13,5 14,9 15,7 17,9 19,3 21,3 23,1 23,6 23,2 24,2 26,8 28,6 30,8 34,0 34,5 32,7 34,7 37,8 38,4 38,7 39,7 41,0 42,3 44,6 46,3 47,9 11,1 12,5
1992 1993 1994 1995 1996 1997 1998 1999 2000 2001 2002 2003 2004 2005 2006 2007 2008 2009 2010 2011 2012 2013 2014 2015 2016 2017 2018 2019 2020 2021

Flughafen München, Statistischer Jahresbericht 2021[42]

Quellenangaben

1. Reifenstein, Elisabeth (1996). Johanne Wilhelmine Siegmundine Reichard. In: Horst-Rüdiger Jarck, Günter Scheel (Hrsg.), Braunschweigisches Biographisches Lexikon – 19. und 20. Jahrhundert. (S. 479 f.). Hannover: Hahnsche Buchhandlung.
2. Monacensia Literaturarchiv und Bibliothek. Wolken – Ballonfahrt. Von https://www.literaturportal-bayern.de/themen?task=lpbtheme.default&id=26]
3. Keil, Hannelore, Massen und hoher Besuch. Das Flugfeld als gesellschaftliches Ereignis. In: Hage, Erich [Hrsg.], Flugfeld Puchheim. Bayerns erster Flugplatz (S. 101). München: Volk Verlag 2010.
4. Hage, Erich [Hrsg.] (2010). Flugfeld Puchheim. Bayerns erster Flugplatz (S. 96). München: Volk Verlag.
5. Niembs, Gerhard. Piloten in Puchheim. In: Hage, Erich [Hrsg.], Flugfeld Puchheim. Bayerns erster Flugplatz (S. 99)
6. Lülf, Stefan (2017). London–Regensburg–Indien, Die Einbindung bayerischer Städte in der Luftverkehr 1919–1933. Münchner Historische Studien Abteilung Bayerische Geschichte, herausgegeben von Ferdinand Kramer, Band XXVI (S. 28). Kallmünz/Opf.: Verlag Michael Lassleben.
7. Lülf, Stefan (2017). a.a.O. (S. 40 ff.).
8. Schlegel, Ernst (Januar 1919). Denkschrift über die Organisation des Deutschen Flugwesens. Stuttgart: Landesarchiv Baden-Württemberg.
9. Lülf, Stefan. a.a.O. (S. 386/87)
10. Lülf, Stefan. a.a.O. (S. 387)
11. Held, Klaus ([2]2001). Vom Fliegerhorst zur Lufthansa Basis 1919–1926. In: Geflogene Vergangenheit. Luftfahrt in Schleißheim seit 1912 (S. 35/36). Verein zur Erhaltung der historischen Flugwerft Oberschleißheim [Hrsg.]. München.
12. Langsdorff, Gero von. a.a.O. Die Junkers-Hallen. In: Geflogene Vergangenheit (S. 126).
13. Filchner, Gerhard (17.10.2011). Luftfahrt. In: Historisches Lexikon Bayerns. Von http://www.historisches-lexikon-bayerns.de/Lexikon/Luftfahrt
14. Held, Klaus. a.a.O. Vom Fliegerhorst zur Lufthansa-Basis 1919–1926. In: Geflogene Vergangenheit (S. 41).
15. Meyer, Otto, Dr.-Ing. e. h., in Zusammenarbeit mit Botho und Hans von Römer [Hrsg.] (1963). Zur Geschichte des Luftverkehrs (S. 102/103). Augsburg: Privatdruck.
16. Held, Klaus. a.a.O. In: Geflogene Vergangenheit (S. 47).
17. Filchner, Gerhard. a.a.O. (S. 22).
18. Filchner, Gerhard; Gundler, Bettina ([3]2017). Die Geschichte der Flugwerft und des Flugplatzes Schleißheim (S. 22). In: Flugwerft Schleißheim. Museumsführer Deutsches Museum [Hrsg.]. Regensburg.
19. Wachtel, Joachim (2005). Lufthansa, die Erste 1926–1945, Nachts, entlang der »Lichterstraße«. In: Die Zeit im Fluge, Geschichte der Lufthansa (S. 21). Deutsche Lufthansa AG [Hrsg.]. Frankfurt am Main.
20. Pletschacher, Peter (6/1999). Lufthansa Junkers Ju 52. Die Geschichte der alten »Tante Ju« (S. 74). Oberhaching: Aviatic Verlag.
21. Pletschacher, Peter. a.a.O. (S. 10)
22. Bittner, Werner. Lufthansa im Krieg – die Jahre 1939–1945. Streckennetz, Flugdienste, Vertrieb und internationale Geschäftsbeziehungen (S. 8). Emmen (NL): Lanasta
23. Bittner, Werner. a.a.O. (S. 114)
24. Anspach, Ingo. Wie im Flug. Die 50jährige Geschichte der Flughafen München GmbH. (S. 14). München/Zürich: Piper 1999
25. Anspach, Ingo. a.a.O. (S. 14)
26. Michaela Geiger (27.3.2005). »Eine 50jährige Freundschaft«. In: Welt am Sonntag
27. Interview des Autors mit Margot von Engelmann, Mit dem bezaubernden Fräulein Margot nach New York. Von https://www.munich-airport.de/mitdem-bezaubernden-fraeulein-margot-nach-new york-1356101
28. Jentklewicz, Kurt A. St. (1956). Die Luftfahrt trifft sich in München! In: Flugplan des Verkehrsflughafens München, Mai/Juni 1956. Flughafen München-Riem GmbH [Hrsg.]. München.
29. Jentklewicz, Kurt A. St. (1956). Flugplan 1956. (S. 6/7).
30. Jentklewicz, Kurt A. St. (1956). Flugplan 1956. (S. 6/7).
31. Görl, Wolfgang (16.12.2010). Das Inferno von St. Paul. In: Süddeutsche Zeitung.
32. Seel, Ulrich (2010). Der konzeptionelle Entwicklungswandel von Flughafenterminalgebäuden in der Gegenüberstellung zur Entstehungsgeschichte des Flughafen München. In: Dissertation, Fakultät für Bauingenieur- und Vermessungswesen der Universität der Bundeswehr (S. 143 ff.). München-Neubiberg.
33. Nitschke, Klaus (1992). Standortsuche und Standortentscheidung. In: Hildebrand, Wallbaum [Hrsg.] Der Flughafen München. Ein Jahrhundertwerk, Band 1, Konzeption (S. 40). Leo-Verlag, München: Leo-Verlag.
34. Nitschke, Klaus. a.a.O. (S. 41)
35. Steffen, Manfred (1992). Architektur und Städtebau am neuen Flughafen München. In: Landschaft, Erscheinungsbild, Architektur (S. 7). Flughafen München GmbH [Hrsg.]. München.
36. Steffen, Manfred. a.a.O. (S. 7)
37. Steffen, Manfred. a.a.O. (S. 9 ff.)
38. Ergenzinger, Ingeborg. Der Dialog mit der Öffentlichkeit. In: Hildebrand, Wallbaum [Hrsg.] Der Flughafen München. Ein Jahrhundertwerk (S. 122 ff.)
39. Busse, Hans Busso von (1997). Gedanken zum Raum, Wege zur Form (S. 54). Stuttgart und München: Krämer Verlag.
40. Cronauer, Karl A. Bauabwicklung. In: Der Flughafen München. Ein Jahrhundertwerk (S. 41 ff.). Hildebrand, Wallbaum [Hrsg.], Band 2.
41. Von https://www.destination2050.eu/wp-content/uploads/2021/02/Destination2050_Report.pdf
42. aus: https://www.munich-airport.de/_b/000000000000013079559bb623059c6/statistischer-jahresbericht-2021.pdf

Verantwortlich: Lothar Reiserer
Redaktion: Michael Dörflinger
Layout/Satz: Azur Media, Ausburg
Repro: Repro Ludwig
Korrektorat: Ralf J. Klumb | The Wordworms
Einbandgestaltung: GM
Herstellung: Anna Katavic
Printed in Slovakia by Neografia

Sind Sie mit diesem Titel zufrieden? Dann würden wir uns über Ihre Weiterempfehlung freuen. Erzählen Sie es im Freundeskreis, berichten Sie Ihrem Buchhändler, oder bewerten Sie bei Ihrem nächsten Onlinekauf. Und wenn Sie Kritik, Korrekturen oder Aktualisierungen haben, freuen wir uns über Ihre Nachricht an GeraMond Verlag, Postfach 40 02 09, D-80702 München oder per E-Mail an lektorat@verlagshaus.de.

Unser komplettes Programm finden Sie unter www.geramond.de 

Bildnachweis Umschlag:
Umschlagvorderseite: Michael Fritz, Flughafen München
Umschlagrückseite: Michael Fritz, FMG (oben links); Meta Köhler, Flughafen München (oben rechts); Toni Mayr, Flughafen München (unten llinks); Bernhard Huber, Flughafen München (unten rechts)

Die Deutsche Nationalbibliothek verzeichnet diese Publikation in der Deutschen Nationalbibliografie; detaillierte bibliografische Daten sind im Internet über http://dnb.d-nb.de abrufbar.

Infanteriestraße 11a, 80797 München

ISBN 978-3-96453-365-4